INTRODUÇÃO AO ESTUDO DO DIREITO

O GEN | Grupo Editorial Nacional – maior plataforma editorial brasileira no segmento científico, técnico e profissional – publica conteúdos nas áreas de concursos, ciências jurídicas, humanas, exatas, da saúde e sociais aplicadas, além de prover serviços direcionados à educação continuada.

As editoras que integram o GEN, das mais respeitadas no mercado editorial, construíram catálogos inigualáveis, com obras decisivas para a formação acadêmica e o aperfeiçoamento de várias gerações de profissionais e estudantes, tendo se tornado sinônimo de qualidade e seriedade.

A missão do GEN e dos núcleos de conteúdo que o compõem é prover a melhor informação científica e distribuí-la de maneira flexível e conveniente, a preços justos, gerando benefícios e servindo a autores, docentes, livreiros, funcionários, colaboradores e acionistas.

Nosso comportamento ético incondicional e nossa responsabilidade social e ambiental são reforçados pela natureza educacional de nossa atividade e dão sustentabilidade ao crescimento contínuo e à rentabilidade do grupo.

ALYSSON LEANDRO **MASCARO**

INTRODUÇÃO AO ESTUDO DO DIREITO

9ª edição revista e atualizada

gen | atlas

- O autor deste livro e a editora empenharam seus melhores esforços para assegurar que as informações e os procedimentos apresentados no texto estejam em acordo com os padrões aceitos à época da publicação, e todos os dados foram atualizados pelo autor até a data de fechamento do livro. Entretanto, tendo em conta a evolução das ciências, as atualizações legislativas, as mudanças regulamentares governamentais e o constante fluxo de novas informações sobre os temas que constam do livro, recomendamos enfaticamente que os leitores consultem sempre outras fontes fidedignas, de modo a se certificarem de que as informações contidas no texto estão corretas e de que não houve alterações nas recomendações ou na legislação regulamentadora.

- Fechamento desta edição: *10.11.2023*

- O Autor e a editora se empenharam para citar adequadamente e dar o devido crédito a todos os detentores de direitos autorais de qualquer material utilizado neste livro, dispondo-se a possíveis acertos posteriores caso, inadvertida e involuntariamente, a identificação de algum deles tenha sido omitida.

- **Atendimento ao cliente: (11) 5080-0751 | faleconosco@grupogen.com.br**

- Capa: Aurélio Corrêa

- **CIP – BRASIL. CATALOGAÇÃO NA FONTE.**
SINDICATO NACIONAL DOS EDITORES DE LIVROS, RJ.

M362i
Mascaro, Alysson Leandro

Introdução ao estudo do direito / Alysson Leandro Mascaro. – 9. ed. – Rio de Janeiro: Atlas, 2024.

Inclui bibliografia
ISBN 978-65-5977-563-7

Direito. 2. Filosofia do direito. 3. Sociologia jurídica. I. Título.

23-86881 CDU: 340.12(81)

Gabriela Faray Ferreira Lopes – Bibliotecária – CRB-7/6643

SOBRE O AUTOR

Professor da Faculdade de Direito da Universidade de São Paulo (USP), o tradicional Largo São Francisco. Doutor e Livre-Docente em Filosofia e Teoria Geral do Direito pela USP, onde se graduou e desenvolveu sua carreira acadêmica. Fundador e professor emérito de várias faculdades. Advogado e parecerista em São Paulo.

Além de *Introdução ao Estudo do Direito*, é autor dos livros *Filosofia do Direito*; *Sociologia do Direito;* e *Filosofia do Direito e filosofia política: a justiça é possível*, publicados pelo GEN | Atlas. Por outras editoras, é autor de *Crítica da legalidade e do Direito brasileiro; Utopia e Direito: Ernst Bloch e a ontologia jurídica da utopia; Estado e forma política*; *Crítica do Fascismo*; *Crise e Golpe;* e *Althusser e o materialismo aleatório*. Autor, ainda, de grande número de artigos, ensaios e pesquisas no Brasil, além de obras traduzidas e publicadas em vários países, como *Estado y forma política*.

NOTA À 9ª EDIÇÃO

Esta *Introdução ao Estudo do Direito*, desde sua primeira edição em 2007 pela Editora Quartier Latin do Brasil e depois, a partir de sua segunda edição, pela Editora Atlas, alcançou grande repercussão e acolhimento no meio universitário e jurídico brasileiro, com sucessivas edições e reimpressões. A nona edição, que ora se publica, foi revista e atualizada.

Como complemento da leitura e dos estudos, convido também o leitor e a leitora a acompanharem a *playlist* com meus vídeos sobre os temas tratados nesta obra:

http://uqr.to/ckm0

São Paulo, 2023.

O Autor

NOTA

Esta *Introdução ao Estudo do Direito* foi criada com propósitos didáticos, buscando levar o estudante de direito a conhecer os conceitos técnicos mais importantes com os quais irá se deparar durante toda a faculdade de direito e na sua atividade profissional de jurista.

Ao mesmo tempo, contudo, esta obra foi escrita com um objetivo crítico. Num mundo e num tempo nos quais o direito chancela institucionalmente a reprodução capitalista e as injustiças sociais, a alienação, o cinismo e o conservadorismo grassam implacavelmente. Também o ensino rigoroso e profundo do direito está relegado a plano menor, e daí a urgente necessidade de uma visão jurídica crítica, em prol de um mundo futuro de justiça social.

Sirva este livro como possibilidade de abertura de caminhos aos novos juristas do futuro.

São Paulo, de 2003 a 2006.

O Autor

SUMÁRIO

1

O QUE É DIREITO?

Quando se vê uma mãe bater com violência em seu filho, diz-se que isso não é direito. Quando se surpreende um ladrão em pleno furto, fala-se que ele está agindo contra as leis. Quando se assalta um banco, também se diz que não se está agindo em conformidade com o direito. Mas também, para muitos, a atividade bancária de emprestar a juros não é considerada correta, e, para alguns outros, fundar um banco é um ato de muito mais crime do que assaltar um banco.

Não é justo, para alguns, que um mendigo roube o pão. Mas não é justo, para muitos outros, que o mendigo não tenha um pão. Para alguns, o direito é inspirado em livros tidos como sagrados, como a Bíblia. Para outros, o direito é puramente técnico, e se restringiria a um conjunto de leis emanadas do Estado.

Perante tantas coisas que são denominadas ou não por direito, e perante tantas outras em relação às quais se atribui um caráter justo ou injusto, há uma grande dificuldade para identificar aquilo que se chama, especificamente, por direito.

O DIREITO COMO FENÔMENO HISTÓRICO

A primeira dificuldade para delimitar o conceito de direito reside no fato de que, em geral, o jurista quer partir de suas próprias definições idealistas e de noções vagas para, apenas depois, encontrar uma realidade que se adapte às suas teorias. Mas o procedimento deve ser justamente o contrário. É preciso investigar fenômenos concretos e, a partir deles, alcançar uma concepção teórica posterior.

Para entendermos o fenômeno jurídico, é preciso, acima de tudo, utilizar-se da ferramenta da *história*. Sem ela, as definições sobre o direito serão vagas e sem lastro concreto.

Durante muito tempo, chamou-se por direito aquilo que hoje chamaríamos por religião, ou mesmo por política. Quem dirá que os Dez Mandamentos da Bíblia são um monumento *jurídico*? Mas quem poderá dizer que são um conjunto de normas só religiosas e não jurídicas? Na verdade, em sociedades do passado, como a hebreia, não há algo que especificamente seja chamado por direito e que seja totalmente distinto da religião, por exemplo.

Somente quando se chegou aos tempos modernos – quando começou a separação teórica entre direito, política e religião, por exemplo – é que foi possível entender que não houve, naqueles tempos passados, um direito tomado de modo específico.

Mas essa indistinção dos tempos passados não foi algo que aconteceu apenas com o direito. Entre a moral e a religião também se deu o mesmo. O Iluminismo, um movimento filosófico do século XVIII, demonstrou que seria possível compreender a moral independentemente da religião. Para os iluministas, poderia haver uma moral racional válida para todos os homens, universal e superior, independente da religião de cada qual. Mas para os povos do passado essa separação seria muito difícil. Moral e religião estavam misturadas. Só os tempos modernos, devido a certas condições e estruturas sociais, como a organização capitalista, deram *especificidade* à religião, à moral, à política, à economia e também ao direito.

Assim sendo, é o presente que nos ajuda a entender as dificuldades do passado. Se hoje o jurista considera o direito a partir das normas jurídicas estatais, com uma série de ferramentas, temas e consequências próprias, no passado tudo isso poderia ser objeto da religião, sem que houvesse uma delimitação dos seus campos.

Comparado ao passado, o direito ganha especificidade apenas no capitalismo, a partir da Idade Moderna. No passado o direito era inespecífico, misturado à moral e à religião; no presente ele se revela como algo distinto, um fenômeno singularizado. Mas, mesmo assim, a questão ainda permanece, posta agora em outro patamar, mais profundo. Se é somente nos tempos modernos que o direito passa a ser um fenômeno específico, então o que identifica em si o direito de nosso tempo, a fim de que seja distinguido de todos os demais fenômenos sociais?

A QUALIDADE DE DIREITO

Propugnemos um entendimento do direito a partir da soma de duas perspectivas de identificação. É preciso compreender as coisas que são *quantitativamente* jurídicas e aquilo que *qualitativamente* as torna como tais. O direito cobre muitos assuntos – homicídio, roubo, compra e venda, tributos, proteção ao trabalhador. Mas, além de se referir a muitos temas, o direito lida de modo específico com esses próprios temas. Por isso, é a *qualidade* de direito o grande identificador do fenômeno jurídico moderno. Quando se diz que o manejo do solo e até as viagens espaciais podem ser temas jurídicos, isso não quer dizer que a agricultura e o espaço ressaltem necessariamente qualidades jurídicas. O direito, se também chega às questões agrícolas e espaciais, o faz por vias distintas daquelas que são as tradicionais de um agrônomo ou de um aeronauta.

Como muitas coisas podem ser jurídicas – a propriedade, as relações de trabalho, a atividade mercantil, os costumes, a educação, a legislação aérea, a previdência social, o direito administrativo –, não é pelo assunto de que trata o direito que se o identifica. Se muitos assuntos podem ou não podem ser considerados jurídicos, o passo científico mais decisivo para compreender o direito não é, então, entender quais temas são jurídicos (a sua identificação quantitativa), mas, sim, quais mecanismos e estruturas dão *especificidade* ao direito perante qualquer assunto (a sua identificação qualitativa).

A religião pode falar sobre tudo, disciplinar muitas condutas. O direito pode também legislar sobre as mesmas condutas. Mas o direito procede de um modo e a religião de outro. São estruturas distintas, que se relacionam diferentemente com os objetos. Não são objetos nem temas específicos que identificam o direito, e sim determinados tipos de relação desses objetos e temas com outras certas situações sociais. Todos os assuntos podem ser jurídicos quando haja estruturas jurídicas que os qualifiquem.

No passado, não havia uma qualificação dos assuntos como estritamente jurídicos ou religiosos, porque seus mandos se intercambiavam e se confundiam. Somente num certo tempo histórico essa especificidade apareceu, a partir de determinadas relações sociais e econômicas. Nesse momento, deu-se a transformação qualitativa do fenômeno jurídico. Tal transformação se deu com o *capitalismo*, cujas relações sociais geram a qualidade do direito. Como este modo de produção apareceu apenas muito modernamente, pode-se dizer que os instrumentais do direito apenas nos tempos mais próximos da história ganharam especificidade. Ao se ver a indeterminação do direito nos modos de produção do passado, resta clara a ligação específica que há entre o direito e o capitalismo, por conta de suas estruturas e relações sociais.

Em modos de produção primitivos, pré-capitalistas, o que se chamava por direito era muito similar a uma ação ocasional, artesanal. As interações entre pessoas realizavam-se sob formas variadas, e, também a partir delas, davam-se soluções para casos quaisquer de acordo com o poder, a força e as habilidades individuais daquele que mandava, e tais soluções não se repetiam em outros casos parecidos. Além disso, a moral e a religião jungiam sobremaneira os comportamentos. No capitalismo o procedimento é diverso. Há estruturas necessárias que conformam os indivíduos e suas relações. O comércio, a exploração do trabalho mediante salário, a mercantilização das relações sociais, tudo isso deu margem a um tratamento do direito como uma esfera social específica, eminentemente técnica, independente da vontade ocasional das partes ou do julgador.

Com o capitalismo, o direito passa a ocupar um lugar específico no todo da vida social. As relações sociais capitalistas são então, também e necessariamente, relações de direito. A princípio, ressalta aos olhos que essa instância jurídica é o local no qual um ente aparentemente distante de todos os indivíduos, o *Estado*, se institucionaliza e passa a regular uma pluralidade de comportamentos, atos e vinculações sociais. E, além disso, por detrás do Estado há determinadas relações sociais, necessárias, que performam a própria estrutura jurídica.

No escravagismo e no feudalismo, que são anteriores ao capitalismo, não há especificamente uma instância jurídica. Não há uma qualidade de relações que seja só jurídica em meio ao todo da vida social. A religião ordena, regula e manda, e da mesma maneira o rei, o senhor feudal ou o senhor de escravo mandam sem serem subordinados a uma estrutura jurídica externa a si. Se pensássemos que a totalidade das relações sociais fosse um edifício de vários andares, nas sociedades pré-capitalistas não há um andar específico para o direito. No capitalismo, passa a havê-lo. E, no edifício das relações sociais capitalistas, o direito é o andar mais próximo e contíguo ao pavimento do Estado no que tange à sua institucionalização. Mas, ainda mais importante, o direito, como passa a ser o modo pelo qual todas as relações sociais se constituem sob o capitalismo, não só ocupa um andar desse edifício, como é elemento estrutural da sua totalidade.

Em termos históricos, é possível afirmar, então, que esse fenômeno jurídico é tão peculiar ao capitalismo que aquilo que se chamar como direito pré-capitalista tornar-se-á praticamente irreconhecível em face do atual direito. Quando com os olhos de juristas de hoje olhamos o direito da Bíblia, por exemplo, não o reconhecemos como tendo a mesma estrutura jurídica presente. Ele não opera dando direitos subjetivos e deveres, não tipifica o tamanho das penas ou a sua execução, não chama a um ente estatal a operação de suas determinações. Ferramentas como direitos e deveres são desconhecidas no passado. De fato, o direito antigo é outro, diretamente misturado com a religião, e o nosso moderno, capitalista, não.

Essa transformação histórica qualitativa, que é oriunda dos movimentos mais básicos da atividade capitalista, foi a responsável pela especificidade do direito em face dos demais fenômenos sociais. É o capitalismo que dá ao direito a condição de fenômeno distinto do mando do senhor feudal, do mando da igreja, da crença em ordens sagradas. *O capitalismo dá especificidade ao direito.*

No capitalismo, inaugura-se um mundo de instituições que sustentam práticas específicas de explorações. A célula mínima de tais estruturas de exploração é a *mercadoria*. Uns vendem e outros compram. A transação comercial somente se estrutura se comprador e vendedor forem considerados *sujeitos de direito*, isto é, pessoas capazes de se vincularem por meio de um contrato no qual trocam *direitos subjetivos* e *deveres*. Essa troca é intermediada pela autonomia da vontade dos sujeitos. A mercadoria acarreta determinados institutos reputados estritamente por jurídicos. Não é a religião nem a moral que os sustenta. Daí surge especificamente o direito. Seus institutos são resultantes diretos das transações mercantis, porque as possibilitam e as garantem. Entender o direito a partir do movimento mais simples do capitalismo – as trocas mercantis – é captar o ponto que dá a qualificação específica ao direito moderno.

FORMA JURÍDICA E FORMA MERCANTIL

Evguiéni Pachukanis, um importante pensador do direito do século XX, a partir dos estudos de Karl Marx, estabeleceu uma identidade entre a forma jurídica e a forma mercantil. Com tal afirmação, queria ele dizer que toda vez que se estabelece uma economia de circulação mercantil na qual tanto os bens quanto as pessoas são trocáveis, um conjunto de formas sociais se estabelece e uma série de ferramentas jurídicas precisa ser construída em reflexo e apoio a essa economia mercantil.

Para que alguém compre e alguém venda, é preciso que exista, juridicamente, a liberdade de contratar. É preciso que os contratantes sejam sujeitos de direito. É preciso que os sujeitos de direito tenham direitos e deveres. É preciso que um terceiro, o Estado, execute os contratos não cumpridos e garanta a propriedade privada das partes.

No pré-capitalismo, esse conjunto de formas sociais não existia. O escravagismo e o feudalismo se organizam a partir da própria relação pessoal constituída, pela força ou pela posse da terra, entre explorador e explorado. No capitalismo, dado o regime impessoal que determina a produção e a circulação das mercadorias, formas sociais contíguas à forma-mercadoria e uma determinada tecnicidade se impuseram como seus reflexos necessários. Essas formas e técnicas jurídicas específicas se alastram universalmente conforme se desenvolvem as relações capitalistas. Não se trata mais do vínculo de exploração limitado e ensejado por um senhor a seus escravos ou servos. Agora, o capital, indistintamente, explora o trabalho de quem quer que seja. Também no comércio, o lucro se dá mediante a venda a qualquer um que queira comprar. As trocas mercantis passam a ser universais e, portanto, uma forma e uma técnica que lhes dão sustento se esparramam universalmente também. Essas formas e suas correspondentes técnicas são o direito em seu núcleo mais profundo e específico. O capitalista explora o trabalhador valendo-se do artifício de que este, formalmente, trabalha para aquele porque quis, isto é, porque assinou um contrato de trabalho. Ou seja, o vínculo da exploração advém de um instrumento jurídico. O trabalho só passa a ser vendido pelo trabalhador por absoluta necessidade, na medida em que ele é afastado dos meios de produção, mas, formalmente, isso se compreende mediante o artifício jurídico do uso de sua própria vontade. Nascendo as atividades mercantis capitalistas, nascem em conjunto as instituições jurídicas que lhes dão amparo.

As concretas relações de produção capitalistas geram uma instância de práticas jurídicas, controles e repressões. Embora o jurista argumente que seus institutos surgem de um impulso ético ou moral, na verdade o direito advém de concretas relações sociais. Alguns dizem que o instituto jurídico do sujeito de direito nasceu dos imperativos morais e religiosos da dignidade humana. Falso. Muito mais determinante que a eventual dignidade do trabalhador é a sua condição de nada possuir e, portanto, ter de se vender autonomamente à exploração capitalista. É daí que surgiu a noção de sujeito de direito: todos são sujeitos livres para se venderem ao mercado. Mais do que uma simples tecnicalidade, o conceito de sujeito de direito é uma forma necessária ao tipo de relação social capitalista que foi se forjando com a contínua reprodução da troca de equivalentes. O direito subjetivo, a autonomia da vontade e tantos outros conceitos técnicos do direito moderno surgem como formas reflexas imediatas dessas relações fundamentais do capitalismo.

Quando se estabelece, por meio do direito moderno, que todos são livres e iguais formalmente, isto se dá como única forma possível para que todos possam ser, indistintamente, capitalistas ou trabalhadores explorados. Todos podem a princípio comprar e vender, e, portanto, o lucro se torna possível. Mais garantias ou menos garantias ao trabalhador não abolem o fato de que ele é um sujeito de direito tomado no sentido frio e formal da palavra: é mais alguém que pode explorar ou ser explorado na grande engrenagem da movimentação do capital.

É por isso que se pode dizer que o direito moderno seja capitalista. Não só porque suas normas protejam o capital de maneira explícita ou total, porque até mesmo é possível que haja algumas normas contra o capital. Não porque o trabalhador nunca ganhe alguns benefícios. É até possível que haja umas tantas garantias ao trabalhador nas leis. O direito moderno é capitalista porque a *forma* do direito se equivale à *forma* capitalista mercantil.

Não é apenas o *conteúdo* das normas jurídicas que garante o capitalismo. É a própria *forma* jurídica que o faz. Desde o momento em que os indivíduos são tratados como átomos e que o Estado garante a propriedade de alguns contra todo o resto, a transação que garante o lucro e a mais valia está respaldada em determinadas formas como a do sujeito de direito. Ferramentas normativas estatais indistintas, usadas em todas as relações jurídicas, possibilitam exatamente que se constituam todas as relações econômicas capitalistas. A forma jurídica é uma forma de sujeitos de direito atomizados que se submetem ao poder estatal e transacionam conforme mercadorias. A estrutura do capitalismo mercantil enseja as formas do direito, que então passam a possibilitar as próprias relações do capital. As normas e as atitudes específicas dos juristas, muitas delas podem até mesmo se dirigir contra o capitalismo. A forma do direito não. Para as atividades mercantis, a estrutura jurídica lhe é um dado necessário e imediatamente correlato. Tal estrutura jurídica – técnica, normativa, fria e impessoal, apoiada em categorias como o sujeito de direito, o direito subjetivo e o dever –, que vem a ser o fenômeno jurídico tal como o conhecemos modernamente, nasceu apenas com o capitalismo, como sua forma correlata necessária.

No passado, o direito não era uma estrutura técnica específica. No mesmo conglomerado de relações estavam o direito, o poder bruto ou ocasional e a religião, por exemplo. Por isso, no mundo pré-capitalista o jurista era uma espécie de artesão do direito. Não havia uma técnica jurídica impessoal e universalizada que correspondesse a uma atividade mercantil também impessoal e universalizada. Se no passado, então, não se fazia diferença entre arte jurídica e técnica jurídica, no mundo capitalista tal indistinção cai por terra. O direito não é mais o artesanato de uma avaliação da justeza nas coisas e nas situações e nas atitudes das pessoas. Agora o direito é um elemento mecânico, estrutural, técnico, que por sua vez reflete a própria mecanicidade das relações capitalistas. Daí que por jurídicos não se chamarão diretamente mais os fatos, as coisas e as situações concretas, e sim as normas e os procedimentos que, imparciais e mecânicos, servem de sustentáculo à circulação mercantil e à exploração capitalista do trabalho. Tais técnicas, pelas quais imediatamente o jurista costuma identificar o direito, são constituídas pelas formas sociais.

Por isso é que se pode dizer que o fenômeno jurídico, no capitalismo, deu um *salto qualitativo*. O direito é requalificado. Não mais trata das coisas, dos fatos, das situações, das pessoas e de sua justeza, e sim trata de formas sociais, entremeadas no mais das vezes por normas. Mas como é verdade que essas normas tratam, na sua imediatude, das coisas, dos fatos, situações e pessoas, para alguém que veja com olhar desatento parecerá que tudo continuou o mesmo. Não, porque o jurista não mais chegará às coisas por elas mesmas ou pela sua arte de jurista, ou pela justiça ou injustiça que ele julgue intrínsecas à natureza das coisas. Ele somente chegará às coisas por meio das normas técnicas do Estado, intermediadas por uma série de ferramentas e instrumentais do direito, que giram em torno de formas jurídicas, como os conceitos de sujeito de direito e direito subjetivo.

As relações capitalistas de troca tornam todas as coisas e todos os homens mercadorias, produtos aptos a se transacionarem no mercado. Para estruturar de modo necessário essas relações mercantis, surgem as instituições jurídicas modernas.

É o conjunto de instâncias e dispositivos estatais que correspondem imediatamente às relações mercantis capitalistas que identifica *especificamente* o direito nos tempos modernos. Só por meio dessa especificidade se consegue entender a diferença entre o direito, a religião, a filosofia ou a medicina, por exemplo. Esses quatro campos poderiam regular e tratar de um mesmo assunto, como a dignidade humana, por exemplo. Quando se abre a Constituição Federal do Brasil, verifica-se que a dignidade humana é um princípio jurídico. Mas há religiões que também consideram a dignidade humana um dos seus princípios, e algumas até mesmo reputam essa dignidade ao fato de que o homem é criado à imagem e semelhança de Deus. Quando um pensador da filosofia pura escreve uma obra sobre a dignidade humana, dá-lhe tratos e fundamentos teóricos. Quando um médico ministra certo remédio para minorar a dor do paciente, assim o faz buscando preservar a dignidade humana do doente.

O mesmo tema, a dignidade humana, fala a vários fenômenos e setores da atividade social. Mas o direito chega à dignidade humana por meio de certas vias, de tal sorte que o afazer do jurista busca logo de início descobrir, em algum caso concreto no qual se trate de desrespeito à dignidade humana, os direitos subjetivos, os deveres, as normas e os sujeitos de direito que se lhe correlacionem. O direito do passado não. Se chegasse à dignidade humana, ainda que fosse para livrar um homem das mãos de um carrasco, assim não o faria baseado num "direito subjetivo" da vítima. Antes, utilizar-se-ia de armas bastante parecidas com as da religião, ou então a partir de um mero arbítrio. Só a modernidade capitalista deu ao direito sua própria forma, suas armas específicas, como a noção de sujeito de direito. E a razão dessa forma específica é a forma mercantil que lhe corresponde e dá origem. Por isso, se alguém desrespeita a dignidade humana de alguém, o jurista pensa em uma pena equivalente ao desrespeito para ser aplicada ao primeiro e em uma compensação pecuniária em prol do segundo. O direito moderno começa a operar segundo mecanismos de equivalência, portanto, de troca mercantil.

A QUANTIDADE DO DIREITO

A identificação mais importante do direito moderno reside na sua qualidade, e não na sua quantidade. Para as técnicas jurídicas modernas, não é um certo assunto que faz o direito ser direito. É uma certa qualificação do assunto, ou seja, uma dada relação que se opera em torno de tal tema, a partir de formas sociais e jurídicas específicas.

Muitos teóricos do direito, no entanto, assim não consideram. Os juristas conservadores pensam que são certos *temas* que, por si sós, identificam o direito. Isso é típico dos juristas moralistas. Para eles, a família, a propriedade ou a liberdade, dada a relevância moral desses assuntos, seriam temas jurídicos por si mesmos. Antes das práticas jurídicas os regularem, eles já seriam insignemente assuntos de direito. Mas não é de tal modo que o direito opera. Se as instituições jurídicas tratam desses assuntos, é por imposição de relações sociais concretas, segundo determinadas formas. O capitalismo se estrutura a partir da propriedade privada, cuja sucessão e cujo controle se fazem no seio da família, e cuja transação mercantil é livre. A propriedade privada, a família e a liberdade não se levantam ao direito, aprioristicamente, como temas necessários. Pelo contrário, são as necessidades e imperiosidades capitalistas que fazem com que o direito regule e qualifique tais fenômenos. Até hoje o direito não se interessou em regular a compra e venda do ar que respiramos. Se em algum dia isso for objeto de transação mercantil, certamente normas jurídicas em torno do tema surgirão. Não é a moralidade intrínseca do tema que faz o direito, são determinadas relações sociais específicas que impõem o direito aos mais variados temas.

As necessidades mais importantes do capitalismo estão todas elas reguladas juridicamente, porque elas são relações sociais que assumem forma de mercadoria, ganhando por extensão forma jurídica. A partir daí os sujeitos que compram e vendem e se compram e se vendem, a propriedade, sua transação, passam a ser formas necessárias das relações sociais. O direito se estrutura a partir desse núcleo. De fato, os primeiros códigos surgidos na era moderna são os que atendem diretamente aos interesses básicos do capitalismo. O Código Civil garante a propriedade e regula os contratos. O Código Penal pune os desprovidos de capital que roubam o bem de um proprietário. Mas o direito se estende por muitos temas que, embora não relacionados diretamente às necessidades capitalistas, estão indiretamente ligados com o todo das relações sociais que o sustenta.

O núcleo duro do direito fala sobre a propriedade, os contratos, as relações mercantis. Mas há normas jurídicas que organizam o próprio Estado e outras normas que organizam o trânsito nas cidades e nas estradas. O que estas últimas têm de ligação com as primeiras? Há normas jurídicas que tratam diretamente de questões ligadas à reprodução do capital, mas há normas jurídicas que tratam de assuntos ocasionais e perfunctórios.

Muitos dizem que esta é a prova de que o direito não seria necessariamente ligado ao capitalismo. Mas erram. A mesma lógica que anima o cerne da exploração capitalista irá alimentar o arrabalde dessa exploração. Para o cerne das relações sociais capitalistas, instituem-se formas jurídicas como o de sujeito de direito, dever e direito subjetivo. Ora, são essas mesmas formas que se desdobram para que o fenômeno do trânsito se torne também jurídico. Não há uma lógica jurídica que funcione para as relações estruturais capitalistas e outra oposta que funcione para relações menores ou perfunctórias. A lógica do direito é a mesma, operando sobre formas necessárias, e foi forjada em função das relações mercantis e produtivas capitalistas.

Por isso, se o capitalismo vai tornando, com o tempo, tudo mercadoria, também as técnicas jurídicas modernas, como suas correlatas, vão se apoderando de todas as relações sociais. O trânsito se tornou uma relação mercantil, trabalhada por suas formas. Alguém bateu seu carro em alguém e, portanto, paga algo de indenização. Se, além disso, matou alguém, paga mais e paga também um certo tempo de reclusão penal. Todos os que se envolvem no trânsito são sujeitos de direito, operando deveres e direitos subjetivos. São a mesma coisa a mercantilização do trânsito e a chegada do direito sobre tal fenômeno. Como não há local onde não possa chegar a transformação capitalista das coisas em mercadorias e a subjetividade jurídica, também não há local onde não cheguem as modernas técnicas jurídicas.

Para tentar argumentar que o direito não funciona de acordo com uma lógica geral parelha às próprias estruturas capitalistas, juristas de boa vontade tentam dizer que certas normas do direito vão contra as estruturas sociais capitalistas. Dão como exemplo os direitos sociais, como o direito do trabalho. De fato, o direito do trabalho é mais tendente à proteção do trabalhador do que o direito civil, e nisso vai um mérito advindo das lutas dos trabalhadores. Mas o direito do trabalho não é contra as formas do sistema capitalista. É um elemento jurídico desse mesmo sistema, que apenas garante que a exploração do trabalho pelo capital não chegue a menos de um salário mínimo, por exemplo. A forma jurídica, a forma mercantil e suas lógicas são as mesmas.

No século XX, com o surgimento dos Estados de bem-estar social, que davam direitos aos necessitados, e mesmo com o surgimento de Estados que arrogavam ser socialistas, como a União Soviética, houve uma série de normas jurídicas de proteção aos trabalhadores, convivendo ao lado das tantas normas ainda autoritárias desses mesmos Estados. Esse direito de apoio aos necessitados e aos trabalhadores não negou, no entanto, o fato de que essas sociedades ainda estavam assentadas sobre forma mercantil, explorando o trabalho e girando em torno do lucro das mercadorias. Em alguns casos, chegou-se, no máximo, ao capitalismo de Estado. A estrutura institucional do direito moderno corresponde, sempre, a uma estrutura mercantil que lhe apoia. A diferença entre os Estados e as sociedades, neste caso, é o quanto de proteção a mais ou a menos se dá ao trabalhador dentro da lógica capitalista, portanto sem se furtar, no fundo, à sua exploração.

Por isso, não convivem, ao mesmo tempo, direitos saídos de uma lógica formal capitalista e direitos que lhe sejam de forma lógica contrária, originados de outra fonte. Onde quer que chegue o direito moderno, chegará por meio da mesma lógica jurídica que lhe é própria, espelho da lógica mercantil. O assombroso é que a mercantilização das coisas – a sua *reificação*, para usar um conceito que foi caro ao filósofo húngaro Lukács – chega a tudo e a tudo domina, e daí o direito a tudo isso chancela e opera, sob uma aura de *universalidade*. Acima dessa reificação, por todas as relações sociais, no capitalismo, opera a forma de mercadoria e, portanto, a forma jurídica, que permite a generalização da troca de equivalentes.

Vale lembrar, além disso, que o direito opera onde fala e onde não fala. A omissão do direito também é uma política jurídica. Se o direito nada fala sobre os direitos dos mendigos, essa é uma política jurídica de abandono. Operando a omissão do direito na estrutura das formas jurídicas, há algo juridicamente afirmado: a subjetividade jurídica do mendigo corresponde, na prática, ao estoque de riqueza que tem, ou seja, quase nada, não lhe sendo juridicamente possível então apossar-se de bens alheios. O *quantum* de direitos subjetivos do mendigo é também a ausência do direito subjetivo do mendigo a uma condição social melhor. Juristas muito tecnicistas e imediatistas, que só enxergam o direito nas normas jurídicas, ao não encontrarem normas sobre o assunto, diriam que os mendigos não são problema do direito. Mas a omissão do direito sobre o tema é uma afirmação jurídica, pois, no seio das próprias formas do direito, estão dadas as quantidades de presenças e ausências de direitos subjetivos aos sujeitos de direito. O direito se esparrama sobre tudo, até mesmo quando é negado e omitido.

Assim sendo, não é pelo mérito, pela quantidade nem pelo assunto que se há de identificar o direito moderno, e sim pela qualidade – pelas suas formas e ferramentas técnicas estatais específicas –, correlata da forma mercantil que o é. A depender das relações sociais de exploração, de certas estruturas, necessidades, interesses e vontades da sociedade, tudo poderá ser chamado por jurídico. Pode-se dizer, então, que é vasto e largo o limite da incidência das técnicas jurídicas modernas nos fenômenos sociais humanos. E é bem nesse vasto limite que se situam as fronteiras quantitativas da questão jurídica. Quantos assuntos são jurídicos e sobre quantas coisas trata o direito? A princípio, tudo pode ser jurídico. A forma jurídica é a forma da equivalência universal das mercadorias.

FORMA JURÍDICA E ESTRUTURA SOCIAL

Qualitativamente, o direito se estrutura a partir de formas específicas, que são correlatas das formas sociais do capitalismo. Quantitativamente, o direito pode se esparramar, a partir de suas formas e estruturas técnicas, para a totalidade dos temas sociais. Mas essa qualidade jurídica e sua quantidade se articulam estruturalmente com uma série de outras formas e relações sociais, ideologia, valores e aparatos institucionais. A forma jurídica se conforma de modo relacional e estrutural na sociedade capitalista.

A qualidade de direito surge por conta de determinadas e específicas relações sociais. Na história, somente as interações sociais de tipo capitalista se fazem por meio de formas que são, também, jurídicas (como a subjetividade jurídica). O direito só aí se levanta, entrelaçado em estruturas sociais também especificamente capitalistas. Tais estruturas não são estáticas, porque estão envolvendo exploração, dominação, poder, concorrência e conflito. Classes sociais, grupos e indivíduos se apresentam em uma constante interação na qual seus interesses são contrapostos, de modo dinâmico. As estruturas sociais capitalistas se assentam em relações conflituosas, permeadas pela luta de classes, que chegam até mesmo a colocar em xeque, circunstancialmente, as próprias relações e as bases das formas do capitalismo.

Tais relações sociais estabelecem dinâmicos e variados padrões hierárquicos, valorativos, morais e ideológicos. Ao seu modo, a sociedade capitalista estrutura relações sociais sexistas, racistas, xenófobas, conflituosas religiosamente etc. O direito tanto corrobora para formar tais estruturas sociais quanto é implicado por elas.

O fenômeno jurídico pode interpenetrar todos os demais na sociedade, mas, ao mesmo tempo, também é interpenetrado por todos os demais fenômenos. Trata-se de uma via de mão dupla. A totalidade dos fenômenos sociais se comunica com o direito. O direito penetra e é penetrado pela totalidade.

Por isso, não só na quantidade e na qualidade do que trata o direito, mas também nas estruturas que formam e são formadas pelas relações sociais, o direito perpassa e é perpassado por essa totalidade. Por exemplo, as contradições do capitalismo estão no direito; a psicologia está no direito; os valores religiosos estão no direito. E, também, o direito regula institucionalmente questões religiosas, as questões psicológicas e questões pertinentes ao capital. No limite, o fenômeno jurídico é apenas mais uma das manifestações, nesse caso revestido e constituído por uma forma específica, de expressão da totalidade dos fenômenos sociais.

Mas claro está que a totalidade das coisas que constitui o direito, ao interferir no seu nível quantitativo e na sua dinâmica, está perpassada, obviamente, pelo nível qualitativo da forma jurídica. A formação religiosa do juiz influencia nos seus julgados, mas, acima de tudo, há a forma jurídica que processualizou uma demanda que chegou às mãos do juiz, tornando os sujeitos de direito réus, e que investiu tecnicamente o juiz na competência de julgar. A posição religiosa do juiz se faz presente num quadro maior das formas e estruturas do direito. A qualidade jurídica é o fato preponderante; a quantidade é fenômeno complementar ou suplementar. E, conforme sua posição no todo social, as formas e relações sociais que perpassam o direito são-lhe tanto estruturais quanto circunstanciais.

Há variados padrões estruturais que ligam o direito à totalidade social. A religião influencia o direito como o direito influencia a religião, mas a religião não fez do direito o fenômeno qualitativo que ele é. A influência da religião no direito é parcial. O mesmo não se pode dizer da lógica mercantil capitalista que deu às técnicas jurídicas modernas sua razão de ser. A qualidade de direito advém de sua estrutura necessária e aderente ao capital. Os demais fenômenos da totalidade entram também no direito, mas de maneira parcial.

O caráter revolucionário de se estudar a estrutura da *totalidade* dos fenômenos sociais como fenômenos que informam o direito está no fato de que, ao jurista, nada lhe deve escapar nem nada lhe deve ser estranho, porque é no todo estruturado que reside a razão de ser do direito. Para a plenitude do estudo jurídico, é preciso descobrir os fios escondidos que ligam as tantas relações sociais ao direito, a principal delas o seu caráter necessariamente capitalista.

Nas sociedades capitalistas, ao mesmo tempo se apresentam tipos diferentes de exploração dos trabalhadores e também de machismo, homofobia, xenofobia, nacionalismo, regionalismo, racismo e dominação religiosa, por exemplo. As formas jurídicas e a vida jurídica concreta são permeadas por múltiplos padrões de relações sociais. Muitas dessas relações são circunstanciais, mas outras, como a dominação estatal, são vínculos e formas estruturais ao capitalismo.

Somente com a análise das estruturas sociais capitalistas é possível identificar que as formas do direito se fazem também sempre acompanhar de formas políticas específicas. No capitalismo, é no Estado que se concentra o monopólio do poder físico, dos julgamentos e da normatização política da sociedade. As classes, grupos e indivíduos perdem seu poder de dominação direto em favor de um terceiro que, se instituindo como apartado e neutro, permite e garante que as relações capitalistas se estabeleçam plenamente. O Estado é esse terceiro político necessário às estruturas da sociedade capitalista.

O direito, assim sendo, é uma forma da sociedade capitalista, perpassada por outras formas, sendo disputado e também constantemente moldado, parcialmente, por práticas sociais variadas. Além da forma e da posição nas estruturas sociais, o direito é permeado pela luta de classes e pelas dinâmicas dos conflitos e das interações sociais gerais.

Mas é preciso lembrar que a totalidade sobre a qual o direito se esparrama e que forma o fenômeno jurídico é orientada por essa razão de ser qualitativa, que se desdobra e volta a implicar a realidade. O todo social perpassa o direito, mas algo nessa totalidade lhe é mais, qualitativamente. O capitalismo dá existência singular ao direito, e ao mesmo tempo o direito sustenta institucionalmente as próprias atividades mercantis capitalistas.

Se o todo social é um edifício e o direito nele ocupa um andar específico, sendo as relações produtivas capitalistas o alicerce do prédio, essa imagem é apenas didática, porque na verdade o direito estaria por todo o prédio e todo o prédio passaria pelo andar específico do direito. O direito regula as relações econômicas, as relações políticas, dá liberdade religiosa, de imprensa etc.; portanto, ele avança por todos os andares desse grande edifício que é o todo social. Ao mesmo tempo, todas as outras relações penetram nesse pavimento específico que seria o do direito. O direito é permeado por necessidades econômicas e interesses políticos, está ligado aos impulsos psicológicos, representa certo modo de visão cultural e religiosa do mundo etc. Mas ele não é qualquer fenômeno dentro desse todo. Ele só existe como tal em um certo edifício na história, e não em outros. É o edifício da sociedade capitalista que o qualifica especificamente. Portanto, o edifício da sociedade capitalista difere de outros não pela quantidade de andares, mas pelo fato de que é construído de modo específico, sendo que as colunas de todo esse prédio são jurídicas. As técnicas jurídicas modernas, estatais, com sua especificidade, esparramam-se pelo todo social capitalista e este todo as perpassa completamente.

O direito se perfaz nas estruturas sociais, perfazendo-as ao mesmo tempo. As relações sociais capitalistas constituem suas formas, como a jurídica, e estas as reconfiguram. Tal dinâmica é permeada de conflitos, contradições e lutas sociais. É apenas no seio dessa totalidade estruturada de relações sociais que se pode desvendar a verdade do fenômeno jurídico.

Contudo, o jurista tecnicista, que em geral quer esconder a relação do direito com o todo – seja com o capitalismo, que lhe dá a qualidade, seja com as demais relações, que se lhe somam quantitativamente em maior ou menor grau –, identifica o direito apenas com a norma jurídica. Pinça um fenômeno isolado do direito e quer fazer dele a razão de ser da explicação jurídica, sem relacionar a norma com os demais fenômenos. Estes são os juristas limitadores, que procedem a um *reducionismo* na explicação do direito, escondendo os liames do direito com a sociedade para não explicitarem os seus reais vínculos.

É preciso sempre partir do princípio da totalidade, contrário ao do reducionismo. Os fenômenos culturais e psicológicos, ainda que mais ou menos determinantes, estão também conexos estruturalmente com os fenômenos jurídicos. O juiz racista condena o réu negro por causas culturais da sociedade, e não só por causas legais. Aquele que disser que não há causas extralegais na atividade judicante simplificou perigosamente o fenômeno jurídico.

E, por conta disso, não é só com os olhos técnicos normativos que o jurista entenderá o direito na sociedade. O fenômeno jurídico não será jamais plenamente alcançado apenas pelas próprias vias imediatamente declaradas pelo direito, legais, normativas. Somente o estudo de normas jurídicas isoladas não é suficiente para isso. São outras ferramentas e conhecimentos em conjunto, como a história, a economia, a política, a psicologia, a filosofia, a sociologia, que levam o jurista a constatar a especificidade do direito na história e o modo de entrosamento dos demais fenômenos com o fenômeno jurídico.

DIREITO E CAPITALISMO

São as formas sociais do capitalismo que estruturam a forma jurídica. Ao contrário dos estamentos feudais, que selavam politicamente a sorte de grupos inteiros, o capitalismo opera na subjetivação e na atomização dos agentes da exploração. Os indivíduos trocam, isoladamente, sua força de trabalho por salário. Como tal troca é jurídica, à mercantilização da produção corresponderá a forma sujeito de direito. O campo jurídico, no capitalismo, passa a ser não só o da vontade de burgueses, mas sim o de formas e técnicas necessárias à própria reprodução das relações sociais burguesas. O direito é capitalista não apenas porque seus criadores ou agentes o sejam. A *forma* do direito é capitalista.

Em diferença do passado, o capitalismo não é mais o domínio direto de um senhor em face de seus escravos ou seus servos. Um aparato político apartado dos possuidores do capital se levanta nas sociedades capitalistas: o Estado. Olhando-o de início, parece independente da vontade dos burgueses. Mas também essa forma política estatal (tal qual a forma jurídica) é capitalista não apenas porque quem a maneja seja burguês. Estado e direito são capitalistas na forma pela qual se enredam estruturalmente no todo das relações sociais.

Com os olhos de hoje, o artesanato jurídico pré-capitalista parece muito falho e injusto, e de fato o é. Em sociedades escravagistas e feudais, nas quais as instituições são débeis, o direito era realizado como uma arte porque outra coisa não poderia ser. Em geral, olhando-se ao passado pré-capitalista, viu-se em mais vezes o direito justificar a exploração do que transformá-la. Na antiguidade, por depender da vontade de quem mandava, o direito era inseguro, incerto, e na maioria das relações e situações sociais era uma injustiça que se confirmava. Mas o capitalismo, que é institucionalizado por meio do Estado, do direito e das leis, também é uma estrutura social injusta, com a diferença de que as injustiças são seguras, previsíveis e consolidadas. O direito garante que o capitalismo seja seguramente injusto.

Por isso, havendo no passado e havendo no presente dois tipos diferentes de injustiça, a crítica ao capitalismo não deve ser a volta ao passado, mas sim a superação, a chegada ao futuro, em uma sociedade socialista, na qual não haja divisão nem exploração de classes, e, portanto, seja extinto o direito, este direito que é o fenômeno jurídico moderno, técnico, institucional, estatal, a benefício da circulação mercantil.

Somente com a superação do capitalismo será enfim possível chegar-se às pessoas, às coisas, aos fatos e às situações diretamente, na medida em que as relações sociais estejam reconfiguradas sem as explorações econômicas estruturais. Se no passado pré-capitalista isso foi tentado artesanalmente em algum momento, era, no entanto, impossível que fosse conseguido, porque as sociedades pré-capitalistas eram estruturalmente distorcidas pela escravidão. A aplicação do justo no passado era uma arte que privilegiava uma minoria de senhores, quando não feita diretamente por eles. Só uma sociedade futura, socialista, que supere o capitalismo, poderá enxergar, com olhos diretos e sem subterfúgios da forma jurídica, a crueza e a injustiça do que é uma pessoa sem comida. No capitalismo, sempre alguém dirá que a comida pertence a alguém, e se alguém não a tem deve comprá-la, e, se roubá-la porque não tem dinheiro para comprá-la, esse alguém irá preso. O capitalismo – bem como o escravagismo e o feudalismo ao seu modo o foram – distorce qualquer mirada à justeza das coisas em si. Ao invés de procurarmos a solução da fome, procuramos apenas o que as normas jurídicas falam sobre a fome.

O direito é um andar necessário e específico do grande edifício das injustiças do capitalismo. A superação do capitalismo, sendo a superação das formas sociais da mercadoria, será, também, a superação do mundo tecnicista dos juristas. O fim desse andar específico do direito é o fim do próprio edifício presente, para a construção de um novo, que funcionará sob nova lógica, libertadora e igualitária. É assim que se deve entender a afirmação – corrente entre os juristas progressistas e críticos, como os marxistas – que diz que a extinção do capitalismo será também a extinção do direito.

De fato, o capitalismo impessoaliza a todos, torna o mundo um movimento mecânico que gira apenas em prol da exploração do trabalho e em prol dos lucros. Quem garante essa impessoalidade capitalista é a própria impessoalidade jurídica. Ninguém diz, no nosso direito capitalista, que o favelado está numa situação injusta quando não possui um chão para morar. Para o capitalismo, como todo chão já tem um proprietário, para resolver esse problema a única solução possível, dentro da técnica jurídica, será a de deixar qualquer um comprar seu chão, ou, no máximo, que o Estado compre a terra do particular, sempre por meio dos contratos previstos pelo direito, garantindo a propriedade privada e sua equivalência mercantil. Não interessa que multidões não tenham dinheiro para comprar seu pedaço de chão. No mundo da técnica impessoal do direito, o favelado em si pouco importa.

Para que haja uma sociedade na qual a justiça e a injustiça sejam visíveis a partir da própria situação do favelado, é preciso remover o entulho dessa mecânica jurídica, que nada mais é que o reflexo das próprias formas sociais capitalistas. O direito individualiza as subjetividades e sua sorte e sustenta a apropriação privada e a divisão do mundo em classes. E as sociedades do capitalismo, ao tornarem juridicamente a todos iguais, desprezam a todos e legitimam que haja o domínio apenas de classes que detenham o capital. Por isso, o fim do capitalismo é o fim do direito como uma forma social específica de equivalência, técnica, impessoal e abstrata, porque somente numa sociedade socialista, que se preocupe com cada qual e com todos, um outro tipo de manifestação poderá então ser a medida justa das coisas, das pessoas, dos fatos e das situações, deixando de ser a estrutura mecânica que chancela a exploração do capital.

A arte do jurista de fazer justiça torna-se praticamente impossível de se desenvolver na sociedade capitalista. O jurista é impelido a ser um mecânico, técnico de normas, adstrito às formas sociais da equivalência da mercadoria. Suas aspirações, seus desejos, suas saudáveis utopias de um mundo justo são enterrados pela prática sufocante da realidade e pela distorção estrutural da sociedade. Daí que a postura crítica do jurista deve ser a da transformação da própria sociedade capitalista. Somente tal alteração fará perecer o tecnicismo indiferente que vem sendo unicamente reconhecido por direito, fazendo com que brotem das situações o seu caráter justo e o injusto.

O jurista só terá chance de ser autêntico duas vezes: quando no futuro, de fato, o direito for convertido em arte, ou seja, quando o capitalismo e suas formas sociais e jurídicas forem superados e em seu lugar a sociedade, fraterna e socialista, puder julgar a cada situação e a cada coisa de acordo com sua justeza – com a extinção da forma de subjetividade jurídica, do *ter por direito* em face da maioria que não tem – ou então, atualmente, quando o jurista se engajar na luta pela *transformação* do mundo capitalista num mundo fraterno e socialista. Esta última hipótese revolucionária é, no presente, a única possível que nos resta em prol de nossa autenticidade.

2

UMA EVOLUÇÃO HISTÓRICA DO DIREITO

O direito se revela na história. Por meio dela é que se entende que variados fenômenos foram chamados por direito, nos tempos mais diversos, podendo a partir daí estabelecer as semelhanças e diferenças entre eles. Ao mesmo tempo, a história é a manifestação das relações de poder, dominação, exploração, ordem, ideologias, valores e lutas que dão sentido ao direito. O direito é um dos constituintes da história; é ela que permite entender o direito.

Se analisarmos o direito historicamente, veremos, no passado, estruturas que são chamadas por jurídicas e que são bastante diferentes das nossas atuais. Basta pensarmos num grande exemplo. O direito romano, o mais destacado do passado, é, em grande medida, um direito muito peculiar, numa organização política que não é igual à dos Estados modernos, e onde a força impera acima das leis, e não só por meio delas. Do mesmo modo, o feudalismo tem estruturas políticas, sociais e jurídicas bastante diversas das nossas. O modelo de direito atual só vai se formar a partir da Idade Moderna, quando surgem também os modernos Estados, com a estruturação de uma sociedade capitalista, que se assenta em formas sociais específicas. Por isso, as sociedades que são pré-capitalistas têm outras formas de direito, que organizam relações diversas das nossas atuais, podendo-se até dizer que, em geral, essas sociedades sequer conheceram o direito, no sentido moderno da palavra.

AS ORIGENS HISTÓRICAS DO DIREITO

O mundo moderno inaugura uma nova forma de organização econômica, social e institucional que persiste até a atualidade, o capitalismo. O direito em sociedades pré-modernas tem características bem distintas das nossas. Ainda que alguns povos tenham se estruturado comercialmente, não chegaram a uma sociabilidade plenamente capitalista.

A estrutura social da antiguidade faz com que o seu direito seja, na verdade, uma forma de *dominação direta*. A escravidão é um vínculo de domínio direto do senhor em relação ao escravo. Se pensarmos no poder do *paterfamilias*, ele tem a característica de um poder absoluto. Vale dizer, o *paterfamilias* não tem regras estatais que limitem seu poder sobre seus subordinados. Nas mais antigas sociedades, os liames de parentesco ou de comunidade excluem o diverso, o estranho, o estrangeiro, o mais fraco, subjugando-os, escravizando-os. Essa relação é de domínio físico, envolve a brutalidade e não regras jurídicas, sendo determinada muitas vezes pela posse da terra ou pela capacidade de guerrear.

As ordens sociais primitivas não têm, portanto, semelhança com as formas de dominação modernas. A dominação antiga tem um caráter direto, exercendo-se pela força ou pela posse direta da terra. Poderíamos ilustrar essas relações com a seguinte regra de dominação: senhor → escravo; ou, então: senhor → servo. Um domina diretamente o outro. Quando perde o domínio, acaba a relação de exploração. No passado, ninguém conserva o direito de ser senhor quando sua força termina.

No escravagismo, o mando direto do senhor sobre o servo podia-se construir também junto com uma justificativa edulcorada, que não revelava a verdade de suas causas sociais. Em alguns povos, dizia-se que o senhor mandava no escravo porque Deus o quis. As explicações míticas ou religiosas serviram, muitas vezes, como legitimação da ordem de dominação. Por isso, pode-se ver na Bíblia, por exemplo, Javé fazendo uma aliança com o povo hebreu, dando-lhe favoritismo, e o povo hebreu dizendo que era seu direito fazer a guerra contra o estrangeiro para garantir seu território sagrado, ou então que tinha o direito de esperar os favores de Javé.

Mas conforme a organização social do mundo antigo vai se tornando complexa, o direito começa a aparecer como um fenômeno próprio no meio de tantos outros fenômenos sociais. O direito deixa de ser um produto resultante da moral, da religião ou dos mitos, e passa a ser uma estrutura própria de explicações e legitimações do domínio. Nas sociedades antigas que foram mais estruturadas, como a grega e a romana, buscou-se em geral compreender o direito como uma esfera própria, com suas regras e princípios, a partir dos quais fosse possível uma organização social.

Os gregos antigos já especulavam, racionalmente, a respeito do que seria o justo, produzindo então uma *filosofia* sobre o tema. Os romanos, que nem tanto especulavam sobre o que seria o justo, buscaram diretrizes jurídicas para a decisão dos problemas práticos que se lhes apresentavam. Daí um caráter mais concreto e menos especulativo do direito romano, que buscava se adaptar às necessidades dos conflitos na *prática*.

No entanto, mesmo o direito romano, que tinha uma estrutura voltada à resolução prática dos conflitos concretos entre os seus cidadãos, não apresenta um direito como nós o conhecemos modernamente. As regras do direito romano não operam a partir das figuras jurídicas modernas, como sujeito de direito e direito subjetivo, e não são estatais, isto é, perpassadas por um poder político apartado do domínio econômico e físico direto das partes. Pelo contrário, elas se vinculam a uma série de rituais míticos, sagrados, e mesmo aquilo que pareceria representar uma intervenção estatal, como a atividade dos pretores, é uma maneira artesanal de resolver conflitos. Não se trata de uma aplicação automática e impessoalizada de regras estatais, mas sim de uma resolução arbitrária de cada caso tendo em vista suas peculiaridades e seus reclames. O poder do julgador é variável conforme a própria afirmação dos senhores. Na verdade, não há um Estado romano como há um Estado moderno. O pretor pode ser alguém da confiança das partes, em geral uma pessoa mais velha, mais sábia. Alguém poderia dizer que o pretor se parece com um juiz moderno, mas outros poderiam dizer também que ele se parece com um pai resolvendo uma briga de dois filhos, ou com um líder religioso que resolvesse uma questão entre seus fiéis. Tal dificuldade de identificação da figura do julgador do passado se dá porque o Estado, como algo isolado da família e da religião, não existiu na antiguidade.

Por não haver uma instância jurídica separada do resto da sociedade antiga, dizia o jurista Celso, definindo o direito no *Digesto*, que *jus est ars boni et aequi* (o direito é a arte do bem e da equidade). Os romanos entenderiam a sua atividade muito mais como arte do que como técnica, ao contrário da estrutura moderna do direito. E importa ressaltar ainda, no caso do direito romano, que não havia uma teoria geral sobre as técnicas jurídicas. Por sobre qualquer técnica reiterada, há o acaso do poder que se sustenta pela força.

O direito romano tomou o vulto que teve no mundo antigo devido às peculiaridades da sociedade romana, um império com alto grau de exploração de outros povos e sociedades, sustentado numa rica economia escravagista. O comércio, que possibilitava a troca de produtos dos cidadãos romanos, passou a ensejar uma série de relações jurídicas que outros povos não conheceram. Por isso, comparada a outras sociedades antigas, Roma conheceu mais figuras incipientes de transações jurídicas que as demais. Mas, mesmo essas figuras tipicamente romanas, como os seus contratos, não são estruturadas da mesma maneira que as relações jurídicas do direito moderno. Nelas ainda reside um caráter parcial, faltando-lhe formas estruturais como a subjetividade portadora de direitos ou uma universalidade da reprodução de procedimentos, que surgirá apenas como correlata da própria universalidade da reprodução do capital.

No mundo medieval também não houve uma organização jurídica autônoma e relativamente independente do mando do senhor feudal. A sociedade feudal muito pouco dependeu de tipos jurídicos para sua organização. A dominação dos senhores feudais dava-se, muito mais, com base na pura vontade senhorial que se impunha em face da vassalagem, na tradição, no domínio exclusivo e hereditário da terra. O vínculo de exploração feudal se valia, ainda, de argumentos religiosos, como o da vontade de Deus de que o senhor e o servo assim se mantivessem, e, num plano geral, o que se queira chamar por direito medieval acabava por ser, então, uma forma de raciocínio religioso a benefício dessa dominação.

O mundo antigo e o mundo medieval não conheceram estruturas jurídicas como as modernas. Não havia elementos como o Estado, a circulação mercantil, a exploração do trabalho de maneira assalariada, que distinguem e formam o direito moderno. Pelo contrário, em sociedades de economia escravagista ou feudal o que mais se verifica é o domínio *direto*, de senhor para escravo, de senhor para servo, do chefe da tribo ou do grupo em relação aos seus. A força física, a violência bruta, a guerra, a tradição, a religião, os mitos, a posse direta da terra, são eles que fazem o papel daquilo que modernamente chamamos por direito.

O DIREITO MODERNO

Na Idade Moderna surge, pela primeira vez, uma organização jurídica do tipo que conhecemos até a atualidade. Na verdade, com o fim do feudalismo, vai acabando o mando direto do senhor sobre o servo e entram em seu lugar as atividades tipicamente burguesas, como a compra e venda. Dá-se início, então, a uma estrutura econômica de tipo capitalista.

Constituem-se, nesta época, vários fenômenos sociais que estão intimamente relacionados. Para que se realize a atividade mercantil e se desenvolva a nascente classe burguesa, é preciso que haja territórios livres e unificados que facilitem o comércio, além da necessidade de existir um ente que garanta as relações comerciais dos burgueses. Surge então a figura do *Estado* moderno, que unifica os territórios feudais e começa a criar legislações, chamando a si o poder de decidir sobre os conflitos sociais.

A atividade mercantil começa a criar mecanismos novos para seu desenvolvimento. As suas ferramentas institucionais serão a base do moderno direito. Basta lembrar, como exemplo, que o comércio dos burgueses italianos fez surgir os títulos de crédito, como as letras de câmbio. Ao mesmo tempo, desenvolveram-se as modalidades dos contratos, possibilitando o surgimento de um direito privado.

Vai se notar, desde o princípio, uma diferença fundamental entre a atividade capitalista e a atividade feudal ou escravagista. Enquanto essas últimas são explorações diretas, que dependem da força, da violência, da religião ou da tradição, a atividade capitalista, pelo contrário, é sempre uma exploração *indireta*. Para que os negócios sejam feitos é preciso a existência de um terceiro, que não seja nem o comprador e nem o vendedor, e que garanta que o produto seja entregue de um para outro e seja pago o valor devido. Ora, este terceiro, que não é nenhuma das partes, mas que garantirá o capital e o lucro que venha do contrato, é o Estado institucionalizado juridicamente, entrelaçado à forma jurídica que faz de cada qual um sujeito de direito. Ele estaria acima de qualquer particular, teria poder sobre os indivíduos, obrigaria a todos e executaria os contratos que não foram cumpridos.

Claro está que o Estado moderno surge porque as relações mercantis capitalistas demandam uma série de aparatos técnicos, institucionais e formais que estão diretamente relacionados a um ente político e jurídico distinto dos próprios burgueses. O Estado, no capitalismo, não é um terceiro qualquer entre duas partes: é o Estado, institucionalizado juridicamente, que faz de cada qual um sujeito de direito, que lhe dá, formalmente, direitos e deveres. Assim sendo, ainda que tenha havido instâncias políticas no passado que pudessem ser parecidas com o Estado moderno, elas não se assentavam, no entanto, na esfera da circulação mercantil capitalista, e, por isso, eram terceiros que funcionavam como intermediários entrepartes sem lhes emprestar uma lógica autônoma. No passado, o que se queria chamar de Estado, sem o sê-lo, mandava diretamente, por conta própria, nos particulares, ou então nem mandava soberanamente, dado que sua força adviria de uma concessão dos senhores. No capitalismo, o Estado se estrutura a partir da própria lógica mercantil, que faz de toda pessoa um sujeito de direito, a vender-se no mercado sob as garantias da chancela estatal. A forma política estatal se apresenta entrelaçada à forma jurídica, e ambas as formas são específicas do capitalismo.

Por isso, desde o início, onde há capitalismo há também a necessidade do Estado, como elemento intermediador das suas atividades econômicas, garantindo suas transações. Não bastasse o comércio, o Estado é fundamental também para a exploração do trabalho. No capitalismo, o trabalhador não é levado ao trabalho como no feudalismo ou no escravagismo, pela impossibilidade de outros meios ou pela força. Não é a coação física que o obriga, mas o contrato de trabalho. Devido às suas necessidades e a sua condição proletária, o trabalhador vende sua força de trabalho ao capital, mas o faz assumindo uma obrigação, um contrato de trabalho, que, ao contrário da escravidão, não se impôs pela coerção física, e sim por meio de sua deliberação pessoal. Será o contrato de trabalho que assegurará este vínculo. O direito, portanto, é essencial tanto ao comércio quanto à exploração do trabalho, os dois alicerces fundamentais do capitalismo.

Ao contrário das dominações pré-capitalistas, a dominação capitalista é feita sempre por um intermediário, o *direito*. É por meio de suas formas que as relações sociais do capital se estabelecem. Vejamos as suas modalidades principais, a mercantil e a produtiva. Na exploração mercantil: *vendedor ® contrato mercantil assegurado pelo direito estatal ® comprador*. Na exploração produtiva: *capitalista ® contrato de trabalho assegurado pelo direito estatal ® trabalhador*. Nessas duas típicas modalidades da exploração capitalista, só é possível a dominação porque o direito assegura suas relações e a propriedade privada, além de ter estabelecido a forma de sujeito de direito às partes.

Quanto mais forte o Estado, mais ele tem condições de se sobrepor a cada um dos burgueses e fazer cumprir, pois, os contratos entre os próprios burgueses. Se o Estado tem um grande território, isto possibilita a um burguês fazer negócio em qualquer parte desse espaço porque em qualquer local o Estado o garantirá. O Estado dá base material à acumulação burguesa. Ao mesmo tempo, depende materialmente da atividade burguesa para subsistir, haurindo tributos, por exemplo. Por isso, o Estado, sustentando o direito, ainda que faça algumas normas contra determinados interesses burgueses, é sempre uma organização cuja forma se relaciona com os interesses gerais da burguesia.

No início da Idade Moderna, com o Absolutismo, o Estado era dominado pela nobreza e pelo monarca de modo incontrastável. Nesse primeiro momento do capitalismo, embora o Estado já funcionasse como garantidor aos contratos, porque já se impunha como poder soberano, não buscava ainda respeitar e executar todas as regras contratuais burguesas, mas, fundamentalmente, garantir privilégios para a nobreza, que então se opunha aos burgueses. Por isso as revoluções burguesas, como a Revolução Francesa, lutaram pelo fim do Absolutismo, para, em seu lugar, declarar os direitos universais do homem e do cidadão. Quando o Estado passasse a respeitar direitos iguais de todos, ele não mais privilegiaria os nobres e, a partir daí, tratando igualmente a todos, estaria na prática privilegiando a burguesia, porque todos estariam igualmente obrigados a respeitar os contratos e um horizonte econômico, cultural e político de uma classe agora dominante.

Esse Estado que não age de acordo com os mandamentos do rei, e que imponha regras que teoricamente valeriam para todos, "universais", é chamado costumeiramente de *Estado de Direito*, porque ele legisla e julga, ou seja, faz o direito, mas ele, Estado, também se submete ao seu próprio direito. Neste caso, diz-se que os governantes do Estado não são absolutistas, mas se encontram *sob* as leis. Essa ideia de um Estado de Direito – no qual as leis governam os homens e não o contrário – começa a se expressar na filosofia do direito a partir do século XVIII, no Iluminismo, em autores como Montesquieu. Essa teoria é de fundamental importância para o tipo de organização social desejada pela burguesia.

O pano de fundo para que o direito se sobreponha à vontade dos reis e senhores feudais é a própria chegada do mundo moderno ao circuito universal das trocas, quando a exploração do trabalho passa a ser contratual. Nesse momento, os trabalhadores passam a estruturar suas relações sociais sob forma contratual, tornando-se, então, sujeitos de direito. O desenvolvimento do vínculo contratual nas relações de produção estabelece a plenitude do circuito das relações sociais capitalistas, dando-lhe sua forma e figuras fundamentais.

A partir do momento em que a burguesia toma o poder nos Estados europeus, como na França do final do século XVIII em diante, o Estado será então, definitivamente, o elemento garantidor dos interesses capitalistas. Se todos respeitarem as leis, os contratos serão cumpridos e o Estado executará os que não os cumprirem. Para que os particulares se obriguem plenamente uns aos outros nos contratos, o Estado burguês passa a legislar a respeito dos vínculos obrigacionais, determinando suas formas, seus procedimentos. É no início do século XIX que surgem as primeiras grandes legislações a respeito dos contratos e do direito privado, sob a forma de códigos, principalmente o Código Civil, que trata de assuntos de interesse burguês. O Código Civil francês, promulgado por Napoleão, é de 1804, e, desde lá, outros Estados também promulgaram suas leis, garantindo e regulamentando as obrigações.

As legislações do século XIX refletem o estabelecimento de sociedades que se fundam nas relações de produção contratuais e na mercadoria como seu esteio. A forma jurídica contratual e da individualidade portadora de direitos é correlata à forma mercantil. No entanto, como no século XIX tais formas jurídicas passam a ser legisladas e anunciadas tecnicamente, o jurista começa a tratar do direito apenas pela sua face imediata, olvidando-se de que o surgimento da técnica corresponde a determinadas estruturas das relações sociais.

A partir do século XIX, o Estado, dominado pela burguesia, começa a regulamentar exaustivamente, por meio das suas normas, o interesse burguês e as formas de exploração capitalistas. Em correspondência, desde o século XIX começa a haver, no pensamento jurídico, uma insistente proposta de se entender o direito apenas como um conjunto de normas postas pelo Estado, chamando-se este movimento de compreensão do direito de *positivismo jurídico* ou *juspositivismo*.

A ideologia do positivismo jurídico é sempre muito interessante às classes dominantes, porque apregoa o cumprimento da ordem imposta pelo Estado, bloqueando estruturalmente contestações. As classes burguesas controlam o Estado e estipulam, por meio das normas estatais, os seus interesses. Começa a se apregoar que todas as regras a serem seguidas pela sociedade deverão ser apenas as regras postas pelo Estado. Essa ideologia, chamada de positivismo (a palavra positivismo vem de "posto", ou seja, a lei imposta pelo Estado), não dá margem à contestação da ordem, sendo eminentemente conservadora e, portanto, favorável aos interesses burgueses.

Com o surgimento dos grandes códigos que tratam das relações privadas, como os códigos civis, a partir do século XIX, o mundo ocidental começa a trabalhar com o direito de maneira peculiar. Ele não será mais entendido como uma especulação sobre o que é mais justo, nem como uma arte de resolver conflitos concretos, mas, sim, como um conjunto de instituições e normas (que então já são até códigos, dada sua complexidade) posto pelo Estado e garantido por ele. Para o jurista trabalhar com o direito, assim, não seria mais necessário um questionamento sobre o que seria o justo ou qual a arte mais correta para a aplicação das leis. Bastaria, a partir daí, a técnica de manejar as leis estatais, sabendo entendê-las umas relacionadas com as outras. O direito moderno acaba reduzido, então, a uma *técnica* normativa.

A contemporaneidade irá acentuar esse tipo de organização do direito. Sendo tomado apenas no seu aspecto positivo (posto pelo Estado), o direito fica reduzido a um mero entendimento técnico a respeito de como operacionalizar normas estatais. Quando Hans Kelsen, no século XX, escreve uma marcante e famosa obra, a *Teoria pura do Direito*, estará propondo estudar teoricamente o direito sem nenhuma interferência de dados sociais, históricos, valorativos, ideológicos, restando, apenas, uma análise das normas estatais. Essa sua teoria leva ao máximo todo um movimento histórico que fez do direito uma técnica em benefício da ordem e da dominação.

A RECONFIGURAÇÃO HISTÓRICA DO FENÔMENO JURÍDICO

O estudo da história contribui para observar que, a depender das estruturas sociais, coisas distintas foram chamadas por direito. A técnica jurídica moderna é o nosso direito. Mas, tal como o mundo do passado considerava o direito algo próximo de uma sabedoria religiosa, o futuro, para além do capitalismo, pode até mesmo considerar por jurídicos outros fenômenos que não os nossos técnicos. Não há o fenômeno jurídico em si, ideal ou fora da história; há manifestações que foram consideradas jurídicas, de modo distinto, ao variar da história.

As sociedades pré-capitalistas não conseguem separar uma forma jurídica da dominação direta dos senhores. As eventuais diretrizes ou os julgamentos que se façam sem a vontade direta do senhorio, no passado, são ocasionais, dependentes de valores religiosos ou morais. As relações sociais de produção antigas não passam por vínculos de direito, mas sim por vínculos de força ou vassalagem.

Daí que a reflexão sobre o direito antigo o torna topologicamente volátil. Para a proposição dos filósofos, o direito ocuparia um local próximo a uma reflexão ideal sobre a distribuição dos bens. Para os religiosos, o direito seria a emanação da vontade dos deuses.

Num dos maiores clássicos do pensamento jurídico de toda a história, a *Ética a Nicômaco*, Aristóteles, chamado a situar o campo do direito e da justiça, identificou-o na atividade de dar a cada qual o que é seu. Não em normas nem em Deus, mas na distribuição dos bens sociais, ônus e bônus, buscava Aristóteles situar o problema do direito e da justiça. Para essa tradição clássica – que perpassou o direito romano e que na Idade Média foi até vista de algum modo, por exemplo, no pensamento de São Tomás de Aquino – o direito e a justiça tratavam diretamente das coisas, de dar, ou seja, a geografia do direito dizia respeito à distribuição.

A noção do direito como a justeza nas coisas foi a proposição de Aristóteles numa sociedade pré-capitalista. Hoje, podemos dizer que Aristóteles, por falar de uma sociedade em modo de produção escravista, como era o caso da sociedade grega, não tenha alcançado uma boa medida naquilo que imaginava fosse uma justa distribuição dos bens entre os atenienses. Os escravizados ficavam alijados dessa distribuição. Mas, ainda que discordemos do âmbito e do conteúdo do que seria tido como justo, resta o fato de que a questão do direito antigo girava em torno desse ato de dar, de distribuir, falando diretamente das coisas e das pessoas, e não das normas jurídicas ou dos direitos subjetivos, como será o caso das sociedades atuais.

No capitalismo, a partir da modernidade, o problema se inverteu. A regra de ouro de Aristóteles, em vez de ser lida como um problema de distribuição dos bens, falando diretamente das coisas, das pessoas e das situações, passou a ser lida como se fosse referenciada em direitos subjetivos, lastreados em mera normatividade. Assim sendo, não importando o conteúdo nem o procedimento, até mesmo a regra de ouro aristotélica perdeu sentido e passou a ser entendida apenas como uma norma que, tecnicamente, determina por ela mesma o sentido para a justiça. Ou seja, mais do que o mérito do ato de dar ou distribuir, o direito passou a ser identificado apenas como a norma que estipula tais atos e os direitos subjetivos correspondentes.

A questão do direito, para Aristóteles e para os filósofos clássicos, mas também para os juristas do direito romano e do direito medieval, não se encontrava meramente nas normas, mas sim nas coisas. Daí que, para eles, a justiça era uma atitude de encontrar a *natureza das coisas*, e, descobrindo essa natureza, o jurista deveria agir no sentido de conformar as pessoas, os bens, os fatos e as situações a tal natureza, do que resultaria então o justo.

Tomemos para isso um exemplo a partir da visão antiga do pensamento jurídico. A enxada pode servir, nas mãos de um trabalhador, para lavrar a terra. É da natureza da enxada tal uso. Mas se alguém se vale da enxada para golpear a cabeça de outrem, ferindo-o de morte, diríamos que o justo uso da enxada foi perdido. Tal ato é injusto, e deve ser corrigido. O problema do direito estaria tanto na atitude de quem desferiu o golpe quanto na situação que se deu, na injustiça de se golpear alguém. O direito e a justiça estariam sendo observados na atitude da pessoa e na situação ocorrida, não necessariamente numa norma.

Dizia-se no passado, por isso, que seria preciso que o bom jurista fosse um artista do direito, para bem entender cada situação concreta, sua justeza, a natureza das coisas ali envolvidas. A norma era importante para alcançar essa justeza, mas não apenas ela. A equidade, que é a arte de entender cada caso concreto, é superior, para Aristóteles, à própria lei.

Ora, na antiguidade, nos modos de produção pré-capitalistas, nos quais a técnica ainda não estava totalmente assentada, o direito estava visível muito mais nas coisas e nas situações do que propriamente nas normas. O fenômeno jurídico, de fato, era considerado muito maior que a sua mera normatividade.

Já no capitalismo, o direito é identificado de modo distinto. A exploração dos trabalhadores pelo capital se faz de modo mercantil. O vínculo entre ambos se apresenta como uma troca de direitos subjetivos entre sujeitos livres e iguais. À forma de mercadoria corresponde a forma de sujeito de direito. Além disso, constitui-se uma instância política na sociedade formalmente apartada das classes e dos indivíduos, o Estado. As formas do direito, as normas estatais e todos seus correlatos técnicos – ordenamento jurídico, sujeito de direito, validade, vigência, obrigação, dever e direito subjetivo – passam a ser o campo no qual se identifica o assunto jurídico. Isso se deve, de modo claro, às necessidades prementes da exploração capitalista, sejam mercantis, sejam produtivas. É porque se explora o trabalho assalariado por meio de uma vontade do trabalhador em se dispor mediante paga que se criam os institutos do sujeito de direito e da autonomia da vontade, garantidos não pelo explorador burguês, mas sim por essa instância que se vende como "imparcial", o Estado.

Se o fenômeno jurídico antigo se media em determinadas coisas, o fenômeno jurídico moderno se mede em outras. A sabedoria em deslindar os fatos era uma espécie de virtude jurídica do passado. O conhecimento técnico normativo é a virtude do jurista moderno. Um velho sábio que soubesse captar a verdade por detrás das falsas discussões de uma briga seria um homem justo no passado. Mas um jovem sem virtudes que decorou leis é o grande jurista da modernidade capitalista. O tradicional fenômeno jurídico, de dar, de distribuir, de corrigir e educar, que em muito se confundia com a religião, a moral, a ética e os costumes, esse artesanato da justiça do passado pré-capitalista ficou totalmente deslocado em relação ao direito moderno. Para nós, direito é técnica, não arte. As relações sociais do capitalismo impõem formas necessárias ao próprio direito. À enxada e seu uso, a contemporaneidade indaga a respeito de sua propriedade pelo sujeito de direito que a tem ou pela eventual tipicidade penal do ato que este cometer. Subjetividade jurídica e norma jurídica falam mais alto que situação jurídica.

Do direito pré-capitalista para o direito capitalista, mudam as formas de relação social. Se o fenômeno jurídico na antiguidade tratava de tudo diretamente, porque, no mando imediato ou artesanalmente, a tudo se pode ponderar a sua natureza justa, o direito moderno tratará de tudo por meio das formas sociais e jurídicas do capitalismo: subjetividade jurídica, direito, dever, autonomia da vontade, vínculo, obrigação etc. Nessas formas, o direito tratará daquilo que as normas jurídicas e os institutos jurídicos estatais tratarem.

A totalidade de que trata o direito no capitalismo quer dizer: tudo somente será jurídico mediante as formas da própria sociabilidade jurídica capitalista e, também, se as normas assim o quiserem ou não o quiserem. No passado, no direito pré-capitalista, é o contrário: tudo pode ser justo ou injusto por si mesmo ou pela livre e artesanal apreciação do jurista ou dos brutos poderes. Na verdade, a universalidade do fenômeno jurídico moderno não está na cobertura de todos os temas, mas sim nas formas e nas técnicas que se reputam universais.

3

O FENÔMENO JURÍDICO CONTEMPORÂNEO

O direito moderno, típico das sociedades capitalistas, se assenta em formas sociais específicas - a forma de subjetividade jurídica é espelho da forma mercantil - e em bases institucionais muito específicas - estatais -, podendo então ser identificado num conjunto de formas, normas estatais e relações sociais específicas de dominação. Nesse quadro, que é haurido da própria dinâmica social, a técnica jurídica exerce, nas sociedades capitalistas, uma garantia da sua reprodução social contínua. No seio das formas e técnicas, o direito também sustenta e é sustentado por uma dominação ideológica. Tratando e constituindo a todos como sujeitos de direito iguais, o campo jurídico abre margem a considerar os vínculos sociais como advindos da mera autonomia da vontade de indivíduos livres, quando não o são. O direito contemporâneo se assenta numa dupla característica de exploração e dominação: como *técnica* específica de reprodução social e como *ideologia*, ambas correlatas.

O DIREITO COMO TÉCNICA

Ao contrário da vontade direta dos senhores no escravagismo e no feudalismo, no capitalismo as interações sociais são intermediadas por formas jurídicas, correlatas da forma mercadoria. Inúmeras conformações sociais se estabelecem nesse circuito de relações: os indivíduos passam a portar direitos subjetivos, vinculam-se a partir de uma declaração de vontade que se identifica como autônoma, estabelecem uma troca universal de equivalentes. É nesse quadro geral da forma jurídica que se levanta a técnica jurídica moderna.

O direito nas sociedades capitalistas tem o papel de estruturar, a partir de um núcleo específico, inúmeras relações sociais. Sem o direito, não seriam possíveis os contratos, nem os lucros advindos da circulação mercantil nem as garantias da propriedade do capital. Com o direito, torna-se possível concretizar qualquer contrato previsto juridicamente, porque o eventual inadimplemento desse contrato será executado não pela parte lesada, mas pelo Estado. Assim, qualquer capitalista poderá vender, emprestar dinheiro a juro ou contratar funcionários em qualquer local dentro de um país, porque, caso esses contratos sejam descumpridos, o Estado os executará mediante uma ação judicial proposta pelos seus advogados.

Sem o direito, as relações de exploração seriam bastante diminutas, pois dependeriam apenas da força física ou da astúcia dos exploradores. Com o Estado, no entanto, um terceiro, muito maior que qualquer parte, passa a fazer as vezes dos interesses contratados, dando-lhes uma grande envergadura de possibilidades. O direito garante a propriedade, a circulação mercantil e a exploração produtiva cada vez maiores e mais vultosas, possibilitando assim um acúmulo sempre crescente de capitais.

A técnica jurídica torna-se responsável por estruturar a atividade capitalista de muitos modos. Por meio de suas instituições, constitui o Estado, qualifica seus agentes, suas possibilidades e seus modos de ação, e principalmente, ao fazer de todas as pessoas sujeitos de direito, e ao tratar a todos indistintamente como iguais perante a lei, o direito constitui e chancela a livre atividade capitalista, que explora o trabalhador como um átomo. Por meio dos seus procedimentos, o direito garante o capital tanto por meio da execução dos contratos quanto retirando dos indivíduos a possibilidade do uso da violência. Chamando a si a força física e monopolizando-a, o direito assegura um determinado tipo de ordem e respalda a propriedade privada, o que possibilitará ao burguês entesourar o capital.

A evolução histórica do capitalismo revela que o papel do direito se dá em todas suas modalidades e possíveis relações. As atividades mercantis já demandam instituições jurídicas que garantam tanto o capital quanto a execução do contrato. A exploração da produção também passa pelo direito, respaldando desde a propriedade dos meios de produção até o vínculo do trabalho assalariado. O capitalismo financeiro comporta-se sob o resguardo do Estado, que sustenta o valor das ficções jurídicas.

O direito identifica-se com o capitalismo desde o núcleo basilar deste, a circulação mercantil. Os institutos jurídicos estatais garantem os contratos, a salvaguarda da propriedade privada e a exploração do trabalho pelo capital. O Estado, agindo de acordo com as leis, dá estabilidade e previsibilidade à reprodução capitalista.

O DIREITO COMO IDEOLOGIA

No seio das relações sociais, a forma jurídica estabelece uma dominação não só por meio das suas estruturas técnicas, mas também por meio da sua *ideologia*. Quando o direito das sociedades capitalistas, por meio das suas normas, declara que todos são iguais perante a lei, na verdade está procedendo a uma dominação ao mesmo tempo técnica e ideológica. Técnica porque está excluindo o privilégio da nobreza, por exemplo, e tratando de maneira formalmente igual ao contratante e ao contratado, e isso é de interesse ao capitalismo, na medida em que o Estado executará a qualquer um que contratar caso não cumpra o contrato. Ideológica porque deixa entender uma igualdade que é só normativa, mas não concreta. Ao tratar igualmente o capitalista e o proletário, o direito nivela, com a mesma medida, dois sujeitos desiguais, sem igualar suas condições. Assim, ao invés de demonstrar a desigualdade real entre as partes, o direito a esconde.

O discurso jurídico está assentado sobre as bases de uma autonomia dos indivíduos iguais também para o plano político: a democracia se vende como a opinião numérica de indivíduos iguais, desconhecendo que alguns, pelo seu poder material, impõem-se perante os demais. A ideologia que o direito sustenta não revela imediatamente a realidade das contradições sociais em que se funda. O direito, em geral, está afirmado sobre princípios como o da igualdade e da liberdade, mas surge de – e se aplica a – sociedades que não são nem verdadeiramente livres nem verdadeiramente iguais. Dessa forma, o direito não é um corretivo estrutural da desigualdade e um promotor da efetiva liberdade, mas age, sim, para camuflar as injustiças estruturais por meio de normas aparentemente justas no que tange à sua forma.

O trabalhador que contrata com o patrão a venda da sua força de trabalho o faz não só por liberdade de escolher a quem se vender, mas por necessidade de ter que se vender. Como o trabalhador não possui capital, ele necessita dispor de sua força de trabalho a alguém. Ele só é livre para escolher – quando pode – o seu empregador, mas é coagido necessariamente a se vender, como trabalhador, a alguém. No entanto, para o direito, este contrato é entendido como livre manifestação da vontade tanto do patrão quanto do empregado. Aquilo que é uma relação originada das imposições da necessidade capitalista é traduzido, em termos jurídicos, como autonomia da vontade. Ao mesmo tempo, sendo o capitalista e o seu empregado considerados iguais perante a lei, essa igualdade formal torna-se um sustentáculo da desigualdade real.

A ideologia jurídica não é apenas uma máscara: ela também opera constituindo as relações sociais. A sociedade capitalista é lastreada na individualidade. As subjetividades se percebem como autônomas, isoladas, com vontade própria, liberdade e igualdade de troca de vontades com os outros, justamente para que operem o circuito das trocas mercantis e da própria exploração do trabalho a partir de uma troca de sua produção por salário. No seio das formas sociais e jurídicas, a ideologia da liberdade e da igualdade não é somente uma mentira: há também uma constituição de um padrão de relacionamento social, estrutural e sistemático. Ideologia e direito estão intimamente ligados.

No capitalismo, pelas formas do direito passa então um domínio também ideológico, cuja reprodução geral se aproveita em benefício dos interesses das classes dominantes. Em sociedades pré-capitalistas, esse domínio ideológico era exercido por outras instâncias sociais, não pelo direito. No feudalismo, na Idade Média, era a Igreja, ao dizer que a servidão era resultado da vontade divina, que estava exercendo um papel de dominação ideológica similar ao que o direito exerce no capitalismo.

No capitalismo, o direito é entendido, ideologicamente, como uma ordem justa, racional e necessária. Essa ideologia – que é vulgar ao povo e ao jurista mediano – de que *o direito é a justiça*, é responsável pelo conservadorismo da atividade dos juristas. A partir do momento que considera a ordem jurídica como justa e racional, o jurista trabalha no sentido da *conservação* e da reprodução da ordem tecnicamente dada pelo direito, e não no sentido da *transformação* social. Por isso a ideologia jurídica, no seu limite, leva à conservação das injustiças capitalistas e leva também ao mais perverso tipo de totalitarismo. A lógica jurídica que dá o capital ao capitalista e segrega todo o povo da riqueza é, igualmente, aquela do caso da Alemanha nazista: também o fascismo hitleriano argumentava ser seu direito justo e racional, e seus juristas, acostumados ao positivismo, ao trabalharem com as leis emanadas do Estado nazista, estavam empreendendo o extermínio legalizado e desumano de pessoas. A mesma identificação do direito como justiça se faz também no que tange à *ordem*. O tipo de exploração social capitalista passa a ser considerado como *a* ordem, e não apenas como mais uma delas.

É por causa desses problemas que o direito se apresenta sobre um quadro dialético bem claro: na sua aparência imediata e na sua estrutura formal, o direito se apresenta como justo, igual, racional e livre. E, materialmente, ele estrutura e ampara uma sociedade injusta e desigual. Toda vez que identificamos o direito só como técnica neutra ou como a ordem justa, encaminhamos a sua compreensão para um claro e danoso conservadorismo ou até a um calamitoso reacionarismo, em defesa da exploração capitalista.

A CIENTIFICIDADE DO DIREITO

Nas questões referentes à *ciência do direito* pode residir um dos grandes motes da ideologia jurídica. Em boa parte dos que afirmam ser o direito uma ciência, o resultado dessa perspectiva é um empobrecimento do fenômeno jurídico, que passa a ser visto, quase sempre, como uma estrutura mecânica e vazia de funcionamento das normas jurídicas. O discurso sobre a ciência do direito pode ser construído como uma forma excelente de dominação da ideologia jurídica: parece se fundar em uma construção inteligente, concatenada, fechada em suas próprias premissas, mas desvia o olhar do jurista para algo que o direito não é, ou, ao menos, reduz o direito a apenas uma parcela daquilo que efetivamente ele é.

Na Idade Contemporânea, a partir do século XIX mas principalmente no século XX, foi comum a muitos pensadores a busca de uma postulação científica do direito. O ideal que inspirava esses juristas era similar àquele que na física, por exemplo, deixou de lado as superstições ou os falsos entendimentos religiosos e passou a trabalhar com fatos, cálculos, constantes matemáticas. Buscou-se, de maneira análoga, fazer da compreensão do direito o mesmo que se dava na compreensão dos fenômenos da natureza: uma ciência.

Vários obstáculos se interpuseram a essa tentativa. Em primeiro lugar, o direito não é um fenômeno como os da natureza. A lei da gravidade, estudada pela física, é plenamente diferente da lei do Código Civil, por exemplo. Ora, se o direito é uma manifestação eminentemente social, histórica, que não se mede nem se estrutura assentada em regularidades físicas, da natureza, como estudá-lo, então, cientificamente?

O direito é um fenômeno histórico. Em sua evolução, houve vários entendimentos a seu respeito. Se os antigos romanos chegavam a dizer que o direito é uma arte, no mundo moderno não se diz o mesmo, pois o direito agora está mergulhado em formas sociais necessárias e procedimentos já estabelecidos previamente, regulados por normas, hierarquias e técnicas. Assim, se quiséssemos captar numa mesma ciência duas abordagens distintas sobre fenômenos também distintos, essa ciência estaria muito prejudicada.

A depender do que se considera por direito, muitos fenômenos entrarão ou ficarão de fora da extensão geográfica do objeto a se identificar. O que dizer de um caso específico como o da escravidão? É um fenômeno antijurídico, jurídico ou alheio ao direito? E, se definíssemos o direito, que sempre legitimou a escravidão na história, como uma arte de fazer justiça, a escravidão então, que é o resultado da violência, da exploração, da dominação, da brutalidade, seria apoiada numa arte? Para evitar esse tipo de identificação maleável e a fim de que não se tratasse o direito com definições impróprias e parciais, os juristas modernos buscaram entendê-lo segundo critérios formalmente universais, ditos científicos, pensando-se que, agindo dessa maneira, descobrir-se-ia o que há de *necessário* em todo e qualquer direito.

Se se dissesse, por exemplo, que houvesse algum elemento que identificaria o direito em qualquer povo ou em qualquer tempo, aí então estaria cumprida a tarefa de uma possível ciência do direito. Se essa ciência jurídica houvesse, seria possível entender o que há de comum tanto ao direito europeu quanto ao direito brasileiro quanto ao direito muçulmano ou ao comunista ou ao romano antigo ou ao dos estadunidenses, e isso em todos os tempos.

Para chegar a este elemento universal que identificaria o direito, muitos autores, como o austríaco Hans Kelsen, apontaram a *norma jurídica*, emanada do Estado, como a constituinte fundamental do direito, a ser analisada por uma ciência do direito. A norma jurídica, para o jurista, seria tal qual o átomo para o químico. Sem dizer se as normas são boas ou ruins, sem fazer juízo de valor, disseram esses juristas que a ciência do direito seria a ciência que estudasse as normas estatais, porque o direito, cientificamente, se resumiria apenas nisso. Essa concepção, por mais que tenha angariado muitos adeptos, é, no entanto, altamente problemática.

Dizer que todo direito é resumido apenas a normas estatais e que a ciência do direito deve se voltar apenas a elas esconde a historicidade do Estado, a vagueza de um normativismo genérico e um desacerto quanto ao núcleo do fenômeno jurídico. Em primeiro lugar, a especificidade do Estado não serve a qualquer organização social da história. Se quiséssemos chamar por Estado tanto o Império Romano quanto as organizações políticas institucionalizadas da atualidade estaríamos incidindo num grave erro. O Estado é, fundamentalmente, um fenômeno moderno. Assim sendo, a ciência do direito, ao identificar o direito às normas do Estado, não consegue ser uma ciência universal sobre o direito. No mínimo será preciso situar historicamente o objeto de estudo.

E, ainda assim, num tempo específico, que é o moderno e contemporâneo, não é pacífica a identificação do direito à norma estatal. Há inúmeras normas seguidas pela sociedade atual que não são emanadas pelo Estado, e que impõem condutas tal qual o direito estatal, dado o grau de sua coesão nas estruturas da reprodução social. Há determinadas instâncias ideológicas que determinam o direito e estão fora das normas jurídicas. Mais que isso, dentro do território soberano do Estado, pode haver grupos que não reconheçam as normas do próprio Estado. No Brasil, costuma-se falar que há normas que não pegam. Então, se não pegam, a própria sociedade cria outras normas que não são necessariamente estatais? Para dar conta de tantas situações extranormativas, uma teoria que queira apenas definir o direito como um conjunto de normas estatais talvez não consiga chegar a um resultado universal, que possa explicar, fora da história e da especificidade das relações sociais concretas, os fenômenos que costumamos identificar por jurídicos.

Acima disso, a dificuldade em fixar a ciência do direito nos limites da norma jurídica estatal está no fato de que a própria normatividade está condicionada por formas sociais necessárias: o estudo da forma jurídica é que deve ser o núcleocentral desse entendimento. No seio das relações sociais capitalistas, a forma-sujeito opera de modo mais determinante que a normatividade. Tanto assim que as normas estatais podem ser eventualmente descumpridas, mas a forma de uma subjetividade portadora de direitos é a embocadura geral da dinâmica da interação capitalista.

A busca da ciência do direito tem sido a de identificar elementos que se comportem universalmente, em todos os tempos e situações, como jurídicos. Mas trata-se de uma busca infrutífera, dado o caráter fundamentalmente histórico do seu objeto: o olhar sobre o direito deve partir de uma ciência histórica e social concreta do fenômeno jurídico, renunciando ao genérico para alcançar justamente o específico, que identifica a forma jurídica moderna.

Não é possível, assim sendo, extrair a ciência do direito com um olhar apenas interno ao afazer dos juristas. É necessário extrair a ciência do direito a partir das suas últimas determinações, com base na totalidade das ciências. O direito não se revela, cientificamente, apenas com seus próprios instrumentos de técnica jurídica. Para se dizer que o direito moderno tem diferenças em relação ao direito antigo, está-se utilizando uma ciência humana – no caso a história – para tentar entender o fenômeno jurídico.

Ao assim proceder, dá-se um passo fundamental na caminhada do entendimento científico do direito: reconhece-se a necessidade do concurso de várias ciências para se compreender o fenômeno jurídico. É impossível buscar reduzi-lo a uma mera visão unilateral, como se o direito se esgotasse apenas numa movimentação mecânica das normas jurídicas. Todo aquele que quiser buscar uma essência absoluta da ciência do direito há de falhar: em especial nas ciências humanas, não há fenômeno que seja isolado, desconexo, independente. A visão unilateral impede justamente a compreensão da dinâmica histórica e social. Somente o concurso de todas as ciências humanas poderá dar conta de uma melhor definição de objetos específicos das relações sociais e determinações que sobre eles incidem.

Por essa razão, se quisermos um elemento que identifique universalmente o direito, em todas as circunstâncias e em todos os tempos, ou usaremos conceitos tão vagos que deles não consigamos muitos resultados, ou então utilizaremos conceitos que correm o risco de excluir outros elementos que também contribuam para identificar, a mais, a menos ou diferentemente, o direito. Se alguém nos disser que o direito é a força que impõe certas normas, este conceito é extremamente vago, porque há forças que não são jurídicas. E, se dissermos que o direito se resume às normas estatais, este conceito corre o risco de ser estreito, porque o direito se funda em relações sociais mais amplas.

A questão de se saber o que é direito não se separa de entender as próprias estruturas e contradições das sociedades historicamente existentes. É por isso, na verdade, que o direito precisa ser entendido *na* história. Se quisermos chamar por direito um tipo específico de organização social, ao olharmos o passado histórico veremos se há organizações próximas, distantes ou sequer assemelhadas às nossas. Daí que poderemos até dizer que aquilo que na antiguidade se chamava por direito era uma coisa, e aquilo que modernamente chamamos por direito é outra. Somente a partir disso será possível estudar e entender as razões da especificidade do fenômeno moderno em face do passado.

Mas o modo pelo qual identificamos, num vasto campo de relações sociais humanas, o direito como a norma estatal, ou como as normas da razão humana, ou como o poder, ou como a força, ou como a dominação, é resultante, fundamentalmente, das concepções que desposamos e dos interesses que regem nossa vida prática. Por isso, a ideologia daquele que pensa e estuda o que é o direito é decisiva para a sua própria perspectiva científica. Aquele que estiver alienado da compreensão das contradições e da dinâmica das estruturas sociais, que possuir uma concepção de mundo meramente tecnicista, que somente queira resumir o direito à praxe forense, sem se perguntar de mais nada, tenderá a compreender o direito só como produto das normas do Estado. Mas quem tiver um olhar distinto, uma experiência diversa, por exemplo, a partir das classes trabalhadoras ou dos grupos oprimidos, ou então das periferias das grandes cidades, onde as leis do

Estado não resultam em garantias efetivas nem em proteção contra os desmandos das autoridades, poderá compreender o direito como uma ordem de dominação e exploração, e não como um aparato de reprodução imediata de técnicas normativas. Pelo olhar de alguém que é torturado por um policial, o conceito de direito é totalmente diferente do olhar daquele que peticiona ou julga no fórum.

As disputas sobre a definição do que seja direito revelam também, mais profundamente, as concepções de mundo, as ideologias e, principalmente, as posições sociais e de classe daqueles que lidam com o fenômeno jurídico. As concepções sobre o direito que se reputam "puras" ou neutras envolvem, na verdade, uma perspectiva particular, uma situação histórica, social e ideológica daqueles que as definem. Não há uma neutra ciência universal do direito. A definição do direito que se diz "pura" ou não ideológica é, pois, uma interpretação sobre fatos e ideias, respaldada, com mais ou menos habilidade, em um horizonte de informações de outras ciências, fatos e ideias.

Há ciências que, pelo fato de tratarem de objetos palpáveis, perceptíveis a olho nu, poderiam pelo menos dizer que, mesmo havendo diferentes interpretações, unificam os interesses de estudo em função do objeto que estudam. Mas o direito é diferente dessas ciências, ditas da natureza. O direito trata de formas de relação social. Há quem veja a escravidão e diga que ela nada teve a ver com o direito, e há os que digam justamente o contrário. Haverá os que digam que a miséria do povo não é problema do direito, e haverá os que pensem que o direito tem relação estreita com tais problemas, porque sua omissão é um modo de proceder. Por isso, uma definição do que seja o objeto de uma possível ciência do direito é ao mesmo tempo histórica e ideológica. Histórica porque o objeto é percebido variavelmente, no decorrer das sociedades. Ideológica porque os objetos e seus limites poderiam ser outros, e os métodos de interpretação também outros, e as escolhas, então, revelam visões e posições de mundo específicas. Por todas essas razões, quanto mais compreendermos as ideologias em jogo e os conflitos sociais na história, mais entenderemos o que se chama, vulgar ou "cientificamente", por direito.

A questão de se saber se há uma ciência do direito passa pelo conceito de ciência que se queira utilizar e passa pelo recorte do fenômeno jurídico que se queira aplicar a esse estudo científico. Mas não se deve tratar isso como mero diletantismo de escolha: há encaminhamentos teóricos que nos ajudam a entender melhor as relações sociais que constituem o direito. Quando alcançamos o que está por detrás do Estado, como as formas da reprodução da exploração econômica, as classes sociais, a hegemonia cultural e a ideologia, aproximamo-nos das quais são as específicas relações que constituem o direito.

Uma compreensão plenamente científica dos fenômenos sociais há de alcançar suas determinações: o que os constitui, suas causas, seus fatos e práticas. Traz-se, para a compreensão do direito, um dos principais instrumentos do entendimento científico humano, a *dialética*. Ela nos faz compreender todas as relações sociais, históricas e naturais que perfazem um certo fenômeno. Se fechamos o campo da análise do direito e passamos a entendê-lo apenas como um conjunto de normas estatais, não nos permitimos descobrir as formas e relações que ensejam as normas e os aplicadores delas, ou o vínculo entre o Estado e a economia, ou entre a ideologia dos juristas e suas classes sociais. Noutras palavras, quando não descobrimos o que está por detrás daquilo que o vulgo chama de direito, não estamos descobrindo suas determinações nem estamos construindo um conhecimento dialético.

O direito apresenta-se como um vasto campo de relações que devemos analisar e, para isso, são necessárias inúmeras ciências que venham, em conjunto e aglutinadas entre si, definir certos objetos que historicamente possam ser nomeados por "jurídicos", e a partir daí entender suas razões estruturais. É preciso reconhecer que a técnica que permeia as normas jurídicas é grande parte desses objetos, mas não tudo. Por isso, uma ciência do direito ou é um conhecimento amplo, dialético, envolvendo várias ciências e analisada dentro da história social, ou então ela será um conhecimento empobrecido, meramente técnico e restrito.

CIÊNCIA DO DIREITO E CRÍTICA

Alcançar os contornos do direito contemporâneo é tarefa que não pode se esgotar em mera identificação de elementos técnicos que lhes sejam reputados universais. Se é verdade que, sob o capitalismo, formas sociais a tudo e a todos se impõem, elas são de um tempo histórico específico, advindas também de específicas relações e práticas. Quando se busca uma pretensa universalidade do direito a partir de sua técnica, isto revela que as sociedades capitalistas são eminentemente reguladas por formas jurídicas e sociais, atreladas ainda a formas políticas estatais, e daí que decorre a afirmação reducionista de que o direito seja cientificamente reduzido a um conjunto de normas estatais. Ao mesmo tempo, a persistência nesse modelo positivista de explicação do direito serve para alimentar a reprodução e a conservação das mesmas relações econômicas, políticas e sociais capitalistas e serve, também, como ideologia do direito como justiça formal.

A compreensão do fenômeno jurídico contemporâneo demanda um pensamento crítico, que saiba ver para além da aparência técnica e do discurso do direito. A análise histórica e a contribuição de outros saberes, como a economia, a política, a sociologia, a filosofia, dentre tantos outros mais, unificados a partir de uma visão crítica, retiram a explicação jurídica de sua superficialidade técnica e impedem um discurso alienante sobre seus fundamentos.

Tradicionalmente, o direito tem sido analisado pelo ângulo da sua legitimidade. Busca-se quase sempre ressaltar a autoridade que o direito tenha para impor à sociedade seu conjunto de regras. O jurista, em geral, é ensinado desde muito cedo a procurar as fontes de legitimação da ordem jurídica. Para isso, ele aprende que o direito pode impor suas leis porque advém do Estado, e o Estado é soberano porque vem do povo, e é uma instituição necessária porque é considerada a expressão do bem comum. Outros, ainda, já sabendo que o Estado não é necessariamente a expressão do bem comum, mas de grupos que o controlam e dominam, dizem que o Estado é soberano porque é a expressão de um contrato social. Para esses, os indivíduos da sociedade, por sua vontade própria, se organizam por meio estatal, e daí o Estado teria legitimidade para impor as leis a todos. Mas também, nesse caso, não se demonstra a prova desse contrato social, tampouco que a sociedade tenha desejado uma estrutura política e jurídica estatal que seja a responsável por manter as desigualdades, por exemplo.

Por essa razão, toda vez que o jurista se encaminha para tentar legitimar necessariamente a ordem, acabará enveredando por caminhos sinuosos de respostas abstratas e idealistas: o Estado é o bem comum, o Estado é a vontade do povo, ou, então, o Estado pode impor suas leis porque votamos democraticamente nos dirigentes do Estado, por nós constituídos em nossos representantes. Todas essas respostas são legitimadoras da ordem, da mesma maneira que, no passado, se dizia que a ordem era de tal modo porque Deus assim o quis. O discurso do direito, na atualidade, é o substituto do Deus do passado como justificativa das injustiças que são resultantes, no entanto, da história e da vida social humana.

É preciso, então, encaminhar a compreensão do direito não mais para a construção de teorias sempre legitimadoras da ordem, mas para verificar, na realidade histórica, como é que o direito se estrutura, domina e contribui para a exploração social. Portanto, querer entender o direito é se perguntar, ao contrário de por que o direito é legítimo, sobre por que o direito é imposto, para que se presta, e buscando quais fins específicos. Ao proceder assim, o jurista começa a lidar mais concretamente com o fenômeno com o qual trabalha e estuda. O direito, pois, se revela historicamente como uma forma social específica, que constitui os indivíduos em sujeitos de direito, além de ser um específico instrumento político e institucional capitalista, de poder, dominação e exploração, cabendo entender as razões e os contornos desse fenômeno.

4

A TEORIA GERAL DAS TÉCNICAS DO DIREITO

É voz comum ouvir dos profissionais do direito que a sua atividade quotidiana é uma *ciência* do direito. Mas, a fim de que se considerasse o direito uma ciência, seria preciso entender, a fundo, as causas, as estruturas, as razões e as implicações do fenômeno jurídico. Não é isso que o jurista médio quer ou faz quando fala da ciência do direito: no mais das vezes, aquilo que se reputa por ciência é simplesmente a escrita de uma petição, de uma sentença, uma argumentação fundamentada em certas leis ou certas jurisprudências. Esse conjunto de atividades, antes de perfazer uma ciência, pode ser mais bem compreendido como somatório de *técnicas* jurídicas.

É preciso fazer a distinção entre a ciência e as técnicas do direito, para que, ao lado da prática, haja uma compreensão profunda e plena do fenômeno jurídico. Aquele que aprendeu a recorrer de uma sentença fazendo uma apelação conhece uma técnica do processo civil ou penal, mas não necessariamente alcançou ainda o grau de conhecimento das razões profundas e estruturais do fenômeno do monopólio da violência nas mãos do Estado, que gera a processualização das demandas e, consequentemente, aquele recurso de apelação em específico. Saber cientificamente o que é o direito é passar para além da técnica, buscando seus *porquês* na nossa sociedade, *de onde* surge a técnica, *como* surge e *a que* se presta.

A MODERNA TÉCNICA JURÍDICA

Embora sejam vistas por todos os lados, praticamente iguais nos mais variados países, as técnicas jurídicas não são procedimentos universais ahistóricos. Não existiram de todo o sempre. Não são a mesma coisa desde o Império Romano até chegar à atualidade. Pelo contrário, o direito romano, que muitos tentaram igualar ao direito moderno, é-lhe fundamentalmente diverso. As técnicas romanas eram artesanais. Buscava-se lá uma adequação dos pleitos às necessidades, aos fatos. Ao invés de mirar as normas acima de tudo, o jurista romano mirava as coisas, as pessoas. Trata-se de um tipo peculiar de técnica jurídica, ocasional, situacional, dependente da força e do poder daquele que subordinava.

A modernidade, por sua vez, se vale de outros tipos de técnicas. Não se olha mais às coisas, às pessoas e às circunstâncias acima de tudo. No mundo moderno, o primeiro e imediato critério da técnica jurídica, que ressalta aos olhos, é o uso da norma jurídica estatal. Trata-se de uma técnica normativa. O jurista, ao invés de proceder a um artesanato situacional na resolução dos conflitos, torna-se um técnico formal, que manipula estruturas mecânicas já estabelecidas, institucionalizadas. A diferença entre o jurista antigo e o moderno é a mesma entre um artesão da marcenaria e um empregado numa indústria de móveis de massa.

As variadas técnicas que se sucederam na história do direito não mudaram por acaso. Elas atenderam a necessidades e relações sociais muito claras e específicas. As sociedades pré-capitalistas, como a escravagista e a feudal, não estão estruturadas numa dominação por meio do Estado. São modos de produção cuja dominação é direta. É a força ou a posse direta dos meios de produção que garantem a subordinação. Nesse tipo de domínio, a resolução de conflitos e o labor jurídico nunca são pré-fabricados.

Já no capitalismo, as estruturas sociais se arranjam de modo muito particular. Suas técnicas jurídicas são essencialmente repetíveis, tal qual a equivalência mercantil de tudo e todos. Uma determinada forma, estatal e normativa, constituindo e subordinando sujeitos de direito, garante tal repetição. A possibilidade de reprodução é sua característica maior. Mais importante que o bom legislador ou o bom juiz ou o bom aplicador do direito ou as circunstâncias é a estrutura formal que os controla. Daí que, nas sociedades capitalistas modernas, o cerne do afazer imediato do direito foi deslocado do jurista e das situações para as normas. Elas são mais estáveis, elas estabilizam melhor a sua própria reprodução.

Ocorre que, para além da técnica normativa estatal, o direito, no capitalismo, tem um núcleo forjado em formas sociais específicas. As múltiplas normas jurídicas manejam figuras de operacionalização como sujeito de direito, direito subjetivo, autonomia da vontade, liberdade e igualdade. São essas formas que instituem os campos sociais por onde agem as técnicas jurídicas. A forma sujeito de direito, por exemplo, advém de formas sociais capitalistas como a forma mercantil. As técnicas jurídicas operam sempre sobre esse pano de fundo social.

A passagem da forma de ser do direito antigo para o moderno é também uma mudança de horizontes a respeito da própria justificação. O direito não mais se definirá como arte, mas sim como técnica. Claro que a arte jurídica antiga estava mergulhada de técnica, e a técnica jurídica moderna mergulhada de arte. Trata-se, na verdade, de uma inversão daquilo que mais prepondera no fenômeno jurídico, não necessariamente de uma exclusão total.

Mas, quanto mais a sociedade capitalista foi se enraizando, expandindo-se e se tornando complexa, mais seu direito foi abandonando a referência à injustiça ou à justiça das coisas, das pessoas e das circunstâncias, passando a se lastrear numa justiça formal, institucional. A partir do momento em que a burguesia passou a controlar os Estados nacionais, em especial desde o século XIX, a forma normativa do direito passou a ser considerado como uma espécie de fim em si mesmo. Não importa o resultado de um julgamento, não importa a qualidade de uma lei, importa que ambos tenham sido realizados a partir de procedimentos técnicos já estabelecidos pelo Estado.

Daí que muitos já tenham percebido que o direito moderno, capitalista, não está preocupado estruturalmente com a justiça. Antes, está preocupado com sua forma, com as instituições, com a sua própria reprodutibilidade. Todo o aparato de tribunais, legisladores, operadores do direito, passa a se orientar para um fim específico: não se indaga se o direito está sendo justo ou contribuindo para a justiça social. Salvaguarda-se sempre o funcionamento dessa máquina sem se preocupar com suas origens ou seus fins.

TÉCNICA, FORMA, PODER E CONTROLE

No que respeita à sua origem, as técnicas jurídicas resultam de certas estruturas sociais específicas. Se o capitalismo se assenta na liberdade dos indivíduos para se venderem como explorados no mercado de trabalho, então as técnicas jurídicas têm que refletir, de algum modo, essa condição dos indivíduos. Tomar a individualidade como subjetividade jurídica é, pois, correlato da própria estrutura mercantil, na qual a mercadoria se troca mediante portadores livres e iguais.

A técnica jurídica se assenta em estruturas sociais que configuram formas sociais e jurídicas. No capitalismo, as trocas convertem as partes em sujeitos de direito. Tal forma se impõe à técnica, fazendo com que esta a absorva. O sujeito de direito, que é uma forma extraída de determinadas relações sociais concretas, é reconfigurado, posteriormente, pela técnica jurídica, que então lhe declara a condição jurídica, o estoque de direitos subjetivos correspondentes, as capacidades de disposição dos direitos etc.

Historicamente, as formas jurídicas vão se replicando em técnicas jurídicas. Não se trata de uma duplicação inútil ou de uma mera repetição, mas sim de uma *consubstanciação* entre forma e técnica. A forma jurídica, que exsurge das relações sociais, passa a ser também manejada internamente pelo jurista, por meio de técnicas. Na sociedade contemporânea, será com o estabelecimento do circuito universal das trocas nas relações de produção – a exploração do trabalhador assalariado – e também com o concurso da forma política estatal que as formas jurídicas se perfazem em técnicas jurídicas.

A existência do Estado reconfigura a posição do poder jurídico na sociedade. A forma jurídica, que é uma forma social, só se consubstancia em técnica jurídica quando se encontra com a forma política estatal. No quadro das estruturas da reprodução do capitalismo, a política se separa dos agentes da produção, e no campo estatal será depositado o manejo das técnicas do direito. A forma jurídica revela a estrutura concreta das relações sociais; a técnica jurídica revela os contornos internos ou imediatos do afazer do direito.

E, no que diz respeito às suas finalidades, as técnicas jurídicas procedem a um controle dos operadores do direito, a fim de que manipulem os instrumentais jurídicos sempre de acordo com as estipulações já dadas. Mesmo em casos novos, em situações desconfortáveis, o direito pode até lançar mão de novas referências, mas sempre dentro do quadro de domínio do poder estatal.

O estabelecimento da forma jurídica se faz acompanhar pelo controle dos operadores do direito, garantindo a reprodução imediata e constante das técnicas jurídicas estabelecidas. No final das contas, a sua implicação estrutural é o próprio controle da sociedade moderna. Os comportamentos, os relacionamentos, a posse dos bens, a propriedade, o trabalho, a exploração do trabalho alheio, todos os grandes fenômenos da sociedade capitalista são perpassados pelo direito.

Não há espaço institucional, dentro das técnicas do direito moderno, para que as necessidades de adaptação às circunstâncias, as emoções, os sentimentos, as vontades de mudança ou de concretização da justiça abalem a reprodução automática da forma. O jurista é investido num papel de agir apenas de acordo com as possibilidades que lhe são dadas pelas normas jurídicas. O operador do direito, exercendo um poder que domina o cidadão comum, por meio de uma competência que lhe é dada pelo Estado, é também um elemento da grande máquina do controle social e, portanto, opera o poder e é operado por ele.

O jurista, manipulando a forma jurídica, não age de modo muito distinto daquilo que lhe é determinado ou esperado pela técnica. O que se veja de diferente por um advogado, por um juiz, por um promotor, por um policial, por um legislador, é, na verdade, um agir nas rebarbas da forma. O advogado não legislará, porque não lhe é conferido esse poder formalmente. Ele poderá advogar com sentimentos, mas isso é apenas uma acomodação menor dentro das estruturas e dos trâmites nos quais o advogado já está conformado. O operador do direito é um elemento do poder, que se impõe perante os demais da sociedade, mas também já é previamente programado pelo poder. O filósofo francês Michel Foucault bem tratava dessa questão, quando dizia que o poder passa pelas pessoas, em rede.

Se pensarmos que é porque há atividade capitalista que todos são sujeitos de direito, as técnicas jurídicas se demonstram, assim, ferramentas de manejo de formas que já se apresentam relativamente dadas ao jurista, cabendo-lhe apenas construir suas nuances para cada norma específica. As técnicas das quais o jurista se utiliza para a dominação e o controle social não advêm meramente da vontade do jurista. O seu cerne não é opcional. A existência de um controle da validade das normas jurídicas é um procedimento padrão em todos os Estados capitalistas modernos. Mudam radicalmente os seus modos de proceder, mas não a necessidade de controlar a validade normativa. Tal imperiosidade de controle não é uma criação ocasional da mente do jurista, apenas sua institucionalização em cada Estado é obra singular do pensamento jurídico. A técnica de controle da validade das normas resulta das próprias estruturas do poder político estatal e de suas relações com a sociedade. Como visto que o capitalismo isola o Estado como ente "neutro", é preciso um controle técnico da validade das normas.

De modo geral, os Estados contemporâneos se utilizam, para a operacionalização do direito, de categorias como a do sujeito de direito e a do direito subjetivo. O sujeito de direito não é uma ferramenta inventada por juristas. É uma categoria que se estrutura como forma social, resultante de relações necessárias do próprio capitalismo. Em face das formas sociais, a margem de manobra do jurista existe, mas em um limite bastante reduzido. No Brasil, considera-se capaz de fazer negócios o sujeito de direito que, pessoa física, seja maior de dezoito anos. Em outros países, essa idade pode ser maior ou menor. Diriam alguns, então, que o conceito de capacidade e o conceito de direito subjetivo são invenções do jurista, porque cada direito nacional os construiu de modo específico. Não, a forma da capacidade e do sujeito de direito resulta estruturalmente da sociedade capitalista. Dizer se a maioridade se dá com 18 ou 21 anos é a margem de escolha livre dos juristas, mas a própria forma de capacidade e de sujeito de direito é resultante de relações estruturais e necessárias. As rebarbas e a conformação a cada situação, claro, são situacionais, dependentes das vontades políticas e da inteligência de juristas específicos. Mas o funcionamento geral dessa estrutura resulta necessário, dado o tipo de arranjo das relações sociais existentes.

O capitalismo se estrutura a partir de um modo específico de exploração do trabalho. A estruturação das classes é controlada por meio de uma série de técnicas, como as do direito. As instituições do Estado também se põem a benefício dessa técnica. A propriedade privada, a garantia do entesouramento dos lucros e da mais valia, a exploração mercantil e produtiva, são imperativos do capitalismo que têm imediata correspondência no direito. Nos países capitalistas, a usucapião pode ou não existir; ela deve ser feita contando-se prazos de tantos ou quantos anos, mas, em todos os países capitalistas, há a regra geral do direito à propriedade privada. Às formas de dominação do capitalismo correspondem formas de dominação jurídica.

A dominação imposta pelos institutos jurídicos não é apenas repressiva, é também propositiva. As técnicas do direito penal punem quem rouba a propriedade privada do burguês, mas as técnicas do direito civil possibilitam o acúmulo de propriedades pelo próprio burguês. De um lado, o direito reprime, e de outro, abre margem à exploração. O controle social, assim, não é apenas feito por meio da negação de possibilidades a alguns, mas também por meio da afirmação de possibilidades a outros.

A própria existência de um direito moderno revela, por si só, a expressão mais alta desse controle ao mesmo tempo negativo e positivo na sociedade. A existência do direito estatal é a forma que proíbe as lutas sociais e individuais, a não ser que sejam filtradas pelo Estado e por suas normas. O direito dá margem a que o cidadão pleiteie suas garantias, mas, ao mesmo tempo, só reconhece como cidadão quem o próprio direito quiser, e só deixa o cidadão pleitear seus direitos se, antes, o próprio Estado já os tiver declarado. Ou seja, mesmo aquilo que é um pleito positivo já é filtrado previamente pelas grandes estruturas do controle social, político e jurídico.

CIÊNCIA DO DIREITO E TÉCNICAS JURÍDICAS

Desde o século XIX, quando o direito passou a ser enfim plenamente monopolizado pelos Estados nacionais burgueses, há constituições e leis prevendo a forma de criação das novas normas sem depender mais da vontade aleatória dos reis. Institucionalmente, buscam-se fundar alguns padrões invariáveis que sirvam para conformar e compreender toda a estrutura jurídica de cada direito nacional. Assim, certos princípios como o de que uma lei só é válida se emanada da autoridade competente, ou então de que todo negócio jurídico só é válido se o sujeito que o celebrou tiver capacidade jurídica para tanto, são princípios que se tornaram comuns aos Estados atuais.

Inúmeros teóricos do direito, observando essa universalização de princípios e procedimentos jurídicos, pensaram ter chegado a um núcleo de ferramentas, técnicas, regras e procedimentos que seria necessário a todos os direitos. Chamaram a esse núcleo de *ciência do direito*, o que, conforme já foi visto, não é um termo apropriado, porque não dá conta de todos os fenômenos envolvidos no próprio direito.

Hans Kelsen, em seus livros e, em especial, na *Teoria Pura do Direito*, pretendeu reduzir a compreensão do direito ao estudo apenas das normas jurídicas estatais. Tal seria, para Kelsen, um fundamento técnico universal para todos os direitos. Mas o que se dava era uma grande teoria geral de todos os ferramentais normativos do direito moderno, que é sim essencialmente estatal. Kelsen chamou a isso de ciência do direito quando, na verdade, tratava-se de uma teoria geral sobre as técnicas jurídicas modernas.

Para tratarmos o direito como ciência, deveríamos envolver um grande conjunto de fatos e fenômenos sociais, valendo-nos do concurso de muitas outras ciências. A técnica jurídica, no entanto, é mais restrita, e não é uma ciência, embora também deva ser estudada pela ciência.

Pode-se comparar essa correlação entre ciência e técnica, no direito, à mesma correlação em outros setores do conhecimento. Para dimensionarmos essas diferenças, façamos uma comparação com as questões médicas. Na medicina, há um conjunto de técnicas universalmente utilizáveis e importantes – assepsia, diagnósticos, procedimentos cirúrgicos e até uma ética dos médicos –, mas tudo isso não é ciência, é um conjunto de técnicas. Nem se pode dizer que esse conjunto de técnicas seja universal porque em outros tempos e em outras culturas pode haver diferenças, embora alguns creditem essas diferenças mais à *falta* de cultura que propriamente a uma *outra* cultura médica.

Saber abrir tecidos e órgãos, saber dar pontos em ferimentos e aplicar injeções são procedimentos típicos da medicina. Aquele que sabe assim proceder é um bom técnico em medicina. No entanto, a ciência médica não se resume em boas técnicas cirúrgicas. Pelo contrário, precisa dimensionar o que se considera por saúde e doença, quando é importante uma intervenção cirúrgica, quando se pode considerar um paciente curado, investiga sobre a causa das doenças e suas curas, ou seja, a ciência se pergunta sobre os fundamentos do seu próprio objeto de estudo, enquanto as técnicas têm um caráter mais pragmático, de aplicação.

A ciência da medicina há de estudar esse conjunto de técnicas – o médico que se ocupa da cirurgia há de operar com assepsia, tomando os cuidados necessários e após um diagnóstico que tenta ser o mais possível preciso. A ciência se ocupa da técnica, mas é maior que a própria técnica. Quando um médico assume, junto ao seu paciente, o risco de não proceder a uma intervenção cirúrgica para preservar sua precária saúde de um mal ainda maior, está num contexto da medicina que não se restringe apenas às técnicas médicas. O que não dizer, então, de todo o complexo de estudos sobre remédios, curas, tratamentos, que são constituídos de técnicas mas que, somente em seu todo, perfarão uma ciência médica.

Da mesma maneira, diríamos que a análise das normas jurídicas estatais é uma técnica jurídica, mas dizer-se que a ciência do direito seja só a análise das normas estatais talvez seja subestimar a abrangência do fenômeno jurídico, porque é preciso entender que ele é maior e mais complexo do que apenas as normas do Estado. Em primeiro lugar, e mais importante, a ciência do direito não se encerra nas normas porque os núcleos fundantes do direito são formas jurídicas que exsurgem de relações sociais, e não das técnicas normativas. Além disso, a própria técnica normativa não é pura e isolada. Quando se verifica que a vigência de uma nova lei prejudica grandes setores da sociedade, que condiciona seu manejo ou mesmo pleiteia sua revogação, o jurista há de se valer dos seus ferramentais técnicos mas também dos políticos, dos culturais, dos meios de comunicação, da opinião pública, para entender que o problema da norma é jurídico, mas não só.

Do mesmo modo que se diz que um médico que se dedica apenas à técnica médica é um médico ruim, o jurista dedicado apenas à técnica jurídica é um mau jurista – um rábula ou um leguleio, nos dizeres de antigamente. Pensar cientificamente sobre o direito exige que se saiba não apenas manejar as técnicas, mas entender as razões que estão por detrás dessas técnicas – daí a diferença entre o mero operador das técnicas do direito e um jurista pleno, que conheça os fundamentos dessa técnica. Mas a ciência do direito ainda é maior: ela coloca em xeque as próprias razões da técnica, e vai verificar os fenômenos jurídicos em horizontes maiores, chegando à própria sociedade, que é o seu lastro necessário.

A TEORIA GERAL DAS TÉCNICAS JURÍDICAS

As ferramentas operacionais do direito, que não podem ser confundidas com a ciência jurídica, são um conjunto de técnicas que se revela muito importante à atividade prática dos juristas. É por meio de tais técnicas que o operador do direito se orienta e age, conformado já às estruturas de poder que lhe são impostas pelo direito e que o qualificam. Esse conjunto de ferramentas do jurista, que não deve ser tomado como uma ciência, configura, certamente, uma *teoria geral das técnicas* do direito.

Muitos juristas, já desde o século XIX, evitando o termo *ciência* do direito, dada a sua inadequação para o tratamento apenas de instrumentais práticos gerais, falam, então, da *teoria geral* do direito. Mas também o nome teoria geral do direito é inapropriado, tendo em vista que não há uma técnica universal, utilizada em todo o sempre por todos os direitos. Na atualidade, por exemplo, o capitalismo revela técnicas jurídicas específicas, diversas daquelas do Direito Romano. Quando se fala de uma teoria geral do direito, parece querer se buscar um conjunto de técnicas eternas. Mas elas nunca existiram. São todas históricas, ligadas às estruturas específicas de determinados tipos de relação social.

É possível afirmar que nos Estados contemporâneos, de extrato capitalista, há ferramentas e conceitos jurídicos – amplamente utilizados – que perfazem uma técnica jurídica específica. Por isso, embora não seja possível falar de uma teoria geral de todo o direito em todos os tempos e estruturas, é possível sim falar de uma teoria geral das técnicas do direito das sociedades capitalistas contemporâneas.

Tal teoria geral das técnicas do direito contemporâneo tem o estatuto, na verdade, de uma *tecnologia* do direito. Não é um conjunto ocasional de técnicas. Não é um amontoado de ferramentas jurídicas. Pelo contrário, é um todo estruturado dessas técnicas, com referências claras, estabilizadas, voltadas a determinados objetivos. Há uma teoria construída na sistematização de tais procedimentos e ferramentas do direito. Não se trata apenas da soma de ações ocasionais, mas de uma unidade de técnicas jurídicas. Por isso, não são apenas técnicas esparsas, mas constituem uma tecnologia, cujo saber é administrável em unidade.

Na antiguidade, era até possível encontrar, a cada ferramental jurídico aplicado em determinadas situações, uma técnica em específico, diferentes inclusive umas das outras em termos de lógica de unidade. Mas o conjunto das técnicas do direito contemporâneo, a sua teoria geral, é uma verdadeira tecnologia. Há um conhecimento, um estudo, um sustentáculo teórico a essas técnicas. Daí tecnologia, porque há, claramente, a possibilidade de uma teoria geral dessas técnicas.

Ainda assim, continua sendo bem diferente a tecnologia jurídica moderna da ciência do direito. Tal tecnologia é o arranjo estruturado de uma série de técnicas, portanto um conhecimento mais raso sobre o direito. Já a ciência do direito é um conhecimento bastante mais profundo. A teoria geral das técnicas do direito é uma totalização interna das ferramentas jurídicas. A sua soma e a lógica de unidade que lhes cimenta constitui uma teoria maior que cada uma das técnicas em específico. Mas a ciência do direito é ainda maior que as técnicas, porque investiga as causas desse modo de ser técnico do direito, entendendo as estruturas sociais que sustentam as estruturas jurídicas. Para tanto, a ciência do direito não apenas faz a soma do conhecimento técnico jurídico interno: há de se estender também pela própria sociedade e pela história, extraindo da relação com elas, com o seu exterior, o direito.

Operada nas últimas décadas por vários filósofos e juristas no mundo, e, no Brasil, destacadamente por Tercio Sampaio Ferraz Jr., uma importante classificação distintiva do conhecimento jurídico tem sido postulada. Trata-se da distinção entre *dogmática* jurídica e *zetética* jurídica.

Por *dogmática* jurídica se compreenderia uma reflexão restrita do direito, referindo-se ao conhecimento ligado à teoria geral das técnicas jurídicas, às questões que envolvem a prática do direito, as normas jurídicas, a aplicação do direito. Por *zetética* jurídica se compreenderia toda a reflexão a respeito das origens, da história, das causas e das relações sociais do direito, seus objetivos e finalidades. A zetética seria um estudo amplo, que investigasse as estruturas do fenômeno jurídico. O estudo dogmático do direito seria então fechado, e o estudo zetético, aberto. Tal diferença, salienta Ferraz Jr., é apenas didática, porque o fenômeno jurídico se apresenta de maneira total.

A dogmática jurídica, assim, seria a típica teoria do jurista a respeito de seus ferramentais técnicos. À ciência do direito estaria reservado um papel bastante mais amplo, e, deve-se dizer, crítico.

A abertura à zetética ou o fechamento apenas à dogmática revelam o posicionamento do jurista em face do seu conhecimento e em relação à sociedade. A tecnologia jurídica não tem o estatuto de ciência, mas, sim, apenas o de teoria geral das técnicas. Mas o jurista médio, despreocupado da compreensão profunda do fenômeno jurídico, em geral se limita a pequenas técnicas, e, quando delas transcende um pouco, no máximo há de chegar a essa teoria geral. A zetética jurídica tem sido procurada e alcançada por poucos no direito.

A TÉCNICA JURÍDICA CONTEMPORÂNEA E SEUS MÉTODOS

A teoria geral sobre as técnicas jurídicas sistematiza ferramentas da prática do jurista. Quase sempre essas ferramentas são utilizadas em vista da prática, sem uma especulação a respeito de suas causas. Por isso, muitos hão de considerar que a tecnologia jurídica pode se contentar em dar meras explicações úteis, práticas, que auxiliem o jurista no dia a dia, deixando para a filosofia ou a ciência do direito o papel de explicar profundamente o fenômeno jurídico.

Mas a análise da técnica jurídica não pode se limitar à sua função na lide prática; não é possível explicar algo sem tomar pela raiz sua compreensão. Mesmo quando se queira identificar a técnica tendo em vista sua aplicação, o seu fundamento é maior que sua mera utilização. Como há de se explicar o conceito de direito subjetivo apenas a partir do seu uso forense? Ao assim proceder, reduzir-se-ia o conhecimento do jurista à mera reunião de arrazoados das atividades rotineiras e de praxe.

Embora a teoria geral das técnicas jurídicas proceda a partir de conhecimentos práticos, ela mesma só se sustentará quando se lastrear no todo da explicação do fenômeno jurídico. Sem isso, ver-se-ão explicações que se arrogam a condição de gerais sobre o direito, mas que são, meramente, de uma técnica chã. Mesmo a teoria geral das técnicas jurídicas, se for menos que a ciência do direito, apenas o é quantitativamente. O mesmo grau de qualidade teórica deve ser aplicado na explicação geral do fenômeno jurídico e na explicação de suas partes.

No corpo das técnicas jurídicas que se universalizaram a partir da tomada do poder pela burguesia nos Estados nacionais (a partir da Revolução Francesa, por exemplo), está um fato central: o direito foi reduzido apenas à sua expressão legal, e por lei se entenderá somente a norma criada pelo Estado. Em torno desse cerne vem residindo a teoria geral das nossas técnicas jurídicas.

Essa redução do direito às normas estatais leva o nome de *positivismo jurídico*. A origem da palavra é o direito *posto*, ou seja, o direito imposto pelo Estado às pessoas. De alguma maneira, a história da teoria geral das técnicas do direito acabou sendo a história do positivismo jurídico. Os grandes pensadores positivistas do direito foram aqueles que desenvolveram esse complexo cabedal de técnicas.

Embora tais juristas positivistas variem suas concepções a respeito do próprio direito, são eles em geral uníssonos ao fazer um procedimento de *redução*, querendo limitar o direito às normas estatais. Podem esses juristas justificar diferentemente a razão de ser dessas normas – Jhering creditava-as à luta e aos interesses, Duguit às pressões sociais, Kelsen nem se preocupava cientificamente com a questão –, mas todos eles confluem para a análise do direito apenas a partir das normas jurídicas.

Para a prática dos juristas, nunca se revelou ideologicamente interessante perguntar sobre as razões das normas, para que elas servem e a que fim se prestam. Os teóricos positivistas, em geral, apenas se debruçavam sobre as características formais dessas normas. Esse procedimento, de não se perguntar de onde as normas vieram e para que fins existem, mas apenas de entendê-las em si mesmas, nas suas características formais, leva o nome de *análise*. A analítica, portanto, é o grande método de procedimento dos juristas positivistas.

O procedimento analítico é aquele que se faz por meio de divisões, classificações, comparações, diferenças. Análise significa quebra. Esse procedimento fragmenta a totalidade das relações sociais em pequenos pedaços, e trabalha com alguns deles apenas. Em geral, o método analítico se debruça sobre o que já é dado (no caso do direito, sobre as normas) e não pergunta sobre suas origens e seus objetivos. Busca somente entender os fragmentos que compõem toda norma, aqueles que estão presentes em algumas normas, mas não em outras, daí fazendo diferenças entre tipos de norma etc. Esse procedimento analítico não contesta as normas, não contesta o direito, nem pergunta sobre as relações sociais e históricas, os conflitos e os interesses que estão por detrás das normas. Assim, o positivismo jurídico, procedendo de maneira analítica, não é um conhecimento crítico, é apenas um conhecimento técnico.

A analítica jurídica se constituiu no método por excelência dos teóricos gerais do direito. Hans Kelsen levou esse método filosófico ao ápice. O fenômeno jurídico, para a analítica, deve ser retalhado. O poder, a dominação, o controle social, a ideologia, os interesses, a cultura, os valores, nada disso entra em linha de conta na explicação do direito. Apenas as normas jurídicas, por elas mesmas e referindo-se umas às outras, passam a ser analisadas. Resulta daí que o direito, pelo método analítico, embora mais fácil de ser manipulado, porque reduzido a um pedaço apenas de seu todo, resulta desfigurado.

Embora nos séculos XIX e XX muitos pensadores do direito tenham colocado em xeque o caráter restrito do método analítico, na atualidade, com o conservadorismo típico dos nossos tempos, há um movimento de renovação do método analítico no direito que está se valendo de uma nova vertente, a *linguagem*.

Dado o fato de que todo o direito é uma forma de comunicação – a fala, os gestos, a linguagem escrita das normas, das petições, das sentenças etc. –, é verdade que também estudar o fenômeno jurídico a partir da linguagem e da comunicação é aproximar-se de uma melhor compreensão real do direito. A comunicação é um dado universal da existência (até alguém que não quer se comunicar está comunicando que não quer se comunicar), e sua compreensão auxilia na análise do direito. A argumentação de um juiz, o palavreado de uma lei ou o ritual do tribunal do júri podem ser analisados de modo melhor se nos valermos dos signos, sinais, da retórica e da comunicação envolvidos. Certamente a comunicação é um dos elementos fundamentais para a compreensão do fenômeno jurídico.

No entanto, vários juristas reducionistas, valendo-se do método analítico, ao invés de se debruçarem sobre a linguagem e sobre a comunicação para ampliar as possibilidades de compreensão da totalidade do fenômeno jurídico, vêm limitando e estrangulando o direito apenas a esse parcial enfoque. Ao assim procederem, tratam da linguagem apenas dentro dos limites da própria analítica normativa.

O positivismo jurídico é o método por excelência da redução do problema jurídico aos limites do normativismo. Mas, na filosofia, há outros métodos de reflexão que não sejam meramente analíticos ou reducionistas. Há vários caminhos do pensamento contemporâneo que constroem distintas filosofias do direito. Tais pensamentos são mais profundos e mais consequentes na apreensão da verdade concreta do fenômeno jurídico que o juspositivismo. Estudá-los representa compreender melhor o direito. Um exemplo que rompe com a limitação do juspositivismo é o do método dialético, cuja construção se deu com Hegel e Marx. O método dialético não considera as coisas apenas como são: vai buscar as raízes históricas, as razões sociais, os conflitos de classe, os interesses, as finalidades. A dialética busca entender as contradições envolvidas nos fenômenos estudados. O método dialético, assim, compreende de maneira ampla, *total*, qualquer objeto que ela esteja estudando. A analítica, ao contrário, é um conhecimento *parcial*, que não vai à totalidade das relações envolvidas em seu objeto de análise. O método dialético, no direito, há de buscar as estruturas profundas nas quais estão assentados o direito, o Estado e a sociedade, identificando suas formas, seus caracteres, suas contradições e sua realidade.

Em geral, a dialética, o método por excelência da filosofia de Karl Marx, é evitada pelo jurista conservador e reducionista, porque dá uma dimensão crítica da totalidade do fenômeno jurídico. Compreender o todo é também compreender as determinações, as estruturas e as contradições desse todo, e impulsionar, criticamente, a transformação social. Mas os conservadores rejeitam que se possa observar as coisas na totalidade, por medo de perderem o controle social.

Tal qual o marxismo, há outras perspectivas que evitam o reducionismo do juspositivismo. O decisionismo de Schmitt e a microfísica do poder de Foucault são também métodos filosóficos de amplitude maior que a analítica juspositivista e de resultados muito mais plenos que o mero trabalho em torno do fenômeno jurídico como se fosse apenas seu momento normativo, como o fazem os juristas positivistas. No próximo capítulo, ver-se-ão os variados caminhos do pensamento jurídico contemporâneo.

A necessidade de uma compreensão que chegue às relações mais profundas do direito com a sociedade e com a história não exclui a importância da analítica das normas jurídicas. Pelo fato de que o direito contemporâneo se demonstra como uma técnica, é relevante que se conheça o modo de operação dessa técnica, mas sem se limitar a ela. Daí que a analítica tem um papel importante na compreensão das técnicas do direito, mas ela deve ser entendida em um contexto crítico, muito mais amplo.

DIDÁTICA DA TEORIA GERAL DAS TÉCNICAS DO DIREITO

O que se chama, atualmente, por teoria geral das técnicas jurídicas tem se ocupado meramente das normas estatais, porque no mundo contemporâneo o direito foi reduzido aos limites normativos dos Estados. Para essa teoria geral, alguns temas, então, passam a ser tratados de modo mais importante. Em torno da norma jurídica se estabelece o núcleo fundamental dessa análise. Hans Kelsen, na *Teoria Pura do Direito*, propôs-se a estudar a norma a partir de dois ângulos, a estática jurídica e a dinâmica jurídica. Após vencidas essas duas etapas é que se daria a preocupação a respeito de como interpretá-las e aplicá-las. Esse modelo de estudo proposto por Kelsen, se, de uma parte, revela-se de valia didática e analítica, não corresponde, no entanto, a uma divisão do fenômeno jurídico, que é um todo não fragmentário.

Pode-se dizer então que a tecnologia jurídica impõe algumas etapas para a compreensão técnica fechada do direito. O primeiro passo das teorias que pretendem aprofundar a análise do direito, tratando de compreendê-lo como uma expressão normativa, é o de saber o que é, propriamente, uma *norma jurídica*. Haverá alguma característica que identifica todas as normas jurídicas e que as diferencia de outras normas, como as leis da ética ou até mesmo as leis da natureza? Esse tipo de indagação é a analítica das normas *em si mesmas*. Kelsen propõe chamar esse passo dos estudos de *estática jurídica*, porque só quer saber do núcleo comum a todas as normas. Comparando com a química, seria como saber o que há de comum a todos os átomos (possíveis combinações a partir de prótons, elétrons e nêutrons).

O segundo passo é entender as normas a partir das suas relações com outras normas. Essa análise das normas *em conjunto* é chamada por Kelsen de *dinâmica jurídica*, até mesmo porque verifica-se, nessa etapa, o modo pelo qual as normas são criadas de outras normas e são revogadas por outras. Comparando ainda com a química, seria como se estudássemos os átomos em conjunto, em moléculas, interagindo entre si.

Um outro passo da teoria geral das técnicas jurídicas é a preocupação com os mecanismos de compreensão e de interpretação do jurista ao manejar as leis. Sendo o direito contemporâneo essencialmente escrito, nas leis, nos autos, nos processos, é preciso saber como o jurista conhece e *interpreta* as leis e o direito. Essa etapa é chamada de *hermenêutica jurídica*.

Um passo seguinte, que vem ganhando corpo e se destacando recentemente da hermenêutica jurídica, é compreender os mecanismos a partir dos quais o jurista, de posse das normas e tendo-as interpretado, toma as *decisões* jurídicas que lhe incumbem.

Quando o advogado de um criminoso resolve argumentar a partir de um certo ponto de vista e de dadas fundamentações legais, acreditando que conseguirá uma condenação menor ao seu cliente, ele está procedendo a uma decisão a partir de todo o conjunto de referências com as quais trabalha. Quando o juiz prolata uma sentença, decide a partir de determinados impulsos, justificando-se a partir de um cabedal de normas jurídicas. A esse passo da teoria geral das técnicas jurídicas dá-se o nome de *decisão jurídica*.

Como se sabe, no entanto, a reflexão sobre o direito não pode parar apenas no conhecimento das normas estatais. Quando se indaga ao jurista positivista sobre questões como a origem do Estado, a relação entre capital e direito, a criação das normas, a justiça e a conveniência das normas, ou mesmo sobre a legitimidade da ordem, do Estado, do direito, o positivista responde que isso é problema filosófico, sociológico, como se destacasse o direito por setores de conhecimento. Tal procedimento de divisão das preocupações até pode se revelar útil à didática (por isso, nas faculdades de direito, há disciplinas isoladas como sociologia do direito, filosofia do direito, história do direito e introdução ao estudo do direito), mas o direito, na realidade, se apresenta como fenômeno único, cujo estudo deve partir de uma reflexão que se valha de todos os instrumentais teóricos e científicos, sem fragmentá-los.

5

O PENSAMENTO JURÍDICO CONTEMPORÂNEO

Na contemporaneidade, o jurista vai abandonando, paulatinamente, as explicações sobre o direito que estavam ligadas à moral e à religião, buscando situar o fenômeno jurídico em bases mais concretas, que se querem reputar científicas. As velhas concepções jurídicas apresentavam fundamentos muito variados. Havia desde buscas da prudência da natureza das coisas, desde afirmações de normas rígidas divinas até a procura por uma razão universal e constante que forneça as bases para o conteúdo do direito. Embora tão variadas sejam essas explicações, todas foram, historicamente, agrupadas sob o rótulo de *jusnaturalismo*.

As visões contemporâneas sobre o direito não seguem um caminho único. Concordam todas pela negação, dissociando-se das perspectivas jusnaturalistas, mas variam quanto à afirmação propositiva do que seja a identificação do direito. Em meu livro *Filosofia do Direito* (Atlas, capítulos 12 a 15), proponho e desenvolvo uma leitura a respeito do pensamento jurídico contemporâneo que possa ser compreendida em *três caminhos*. Buscando captar alguma unidade na diversidade do pensamento jurídico, trata-se de uma sistematização didática, agrupando muitos modos distintos de ver o direito em três possíveis grandes horizontes.

TRÊS CAMINHOS DO PENSAMENTO JURÍDICO CONTEMPORÂNEO

Um fato histórico e social concreto marca os paradigmas do pensamento jurídico contemporâneo. Desde a modernidade, o *Estado* adquire um papel central e proeminente na construção do direito. Por isso, num fluxo crescente, o direito deixou de ser associado à moral e à religião e passou a ser compreendido como um fenômeno de manifestação estatal. Tal passagem não se deu apenas no que tange ao pensamento jurídico, foi da própria realidade do direito.

Dada tal concentração do fenômeno jurídico nas mãos do Estado, a primeira tendência do pensamento jurídico contemporâneo é a de proceder à imediata identificação entre essas duas instâncias. O direito seria um fenômeno contido nos limites do Estado. Assim procedendo, o jurista marca, no âmbito estatal, um campo estrito no qual se daria a identificação científica do direito. Os que promulgam uma identidade substancial entre o Estado e o direito postulam um caminho do pensamento jurídico contemporâneo conhecido como *juspositivismo*. A compreensão do fenômeno jurídico, para tal corrente, é a do direito posto pelo Estado.

Mas há muitos pensadores que não se limitam à automática identificação científica do direito ao Estado. Tentando alargar a compreensão do fenômeno jurídico, dizem que o Estado é apenas o momento de confecção ou de expressão final do direito. Há muitos outros fenômenos prévios que dão constituição e sentido ao próprio Estado e ao direito. O estatal e o jurídico são manifestações emanadas de um poder que não se encontra apenas nas atribuições e competências formalmente postas, mas reside em campos tão esparsos como as estruturas da reprodução econômica, a força militar, o poderio político, econômico e cultural etc. Identificar tais causas de poder é avançar para além da imediata confusão entre os fenômenos jurídico e estatal. Os pensamentos jurídicos que avançam para além dos limites da relação Estado-direito, embora apresentem variadas visões próprias, podem ser todos identificados como um *não juspositivismo*.

É possível que uma visão ampla do fenômeno jurídico, não juspositivista, chegue inclusive às raias da crítica do direito e da sociedade. Há poderes que sustentam o Estado. Há uma ideologia que orienta o plano político e jurídico. Quando a investigação buscar compreender os fundamentos mais profundos dos fenômenos sociais contemporâneos, há de encontrar as causas do que torna a ideologia contemporânea o que é, entendendo porque as relações de poder que impõem o direito o constroem sob forma estatal. Nesse momento, chega-se à totalidade das relações sociais. Nesse todo, o direito não é mais explicado apenas dentro de seu momento imediato e formal de associação com o Estado, mas também pelas raízes profundas constituintes desse todo social. O fundamento último de tal compreensão da totalidade, na contemporaneidade, é o próprio capitalismo. Pode-se denominar esse caminho mais alto e mais amplo de investigação do pensamento jurídico contemporâneo como *crítico*, porque investigando o todo e suas estruturas específicas, põe em xeque a própria realidade sobre a qual se trabalha.

Os variados caminhos da compreensão do direito são também perspectivas teóricas que refletem em posições políticas práticas do jurista em face da realidade jurídica e social. O juspositivismo é uma perspectiva própria dos que assumem uma posição social e política conservadora. Como a reprodução da sociedade capitalista contemporânea se funda também por meio do próprio direito positivo, considerá-lo o horizonte único da análise jurídica é manter exatamente a mesma estrutura que dá lastro à exploração social do presente. As perspectivas não juspositivistas, e em especial a visão crítica, permitem desmontar o maquinário das estruturas jurídicas e sociais, fazendo com que o jurista assuma uma posição crítica, transformadora, em face dessa realidade. Os pensamentos conservadores têm mais aderência a caminhos juspositivistas. Os pensamentos progressistas e transformadores, tendo por base a realidade efetiva das estruturas sociais, trilham caminhos de compreensão do direito críticos.

A cada qual desses caminhos corresponde um fundamento filosófico próprio, destacando-se juristas que desenvolvem tal horizonte do pensamento para as específicas questões do direito. O juspositivismo tem em *Hans Kelsen* seu grande formulador. *Carl Schmitt* é o destacado exemplo de um pensamento jurídico contemporâneo não juspositivista. O mais notável pensador crítico do direito foi Evguiéni Pachukanis. Seus pensamentos são três extratos puros de três formas de compreensão do direito na atualidade. É vasta a lista de pensadores do direito que se aproximam de suas ideias, concordando com suas formulações ou discordando de pontos específicos de suas teorias.

Havendo uma multiplicidade de reflexões sobre o direito contemporâneo, embora haja teóricos marcantes em cada um de tais caminhos, há um conjunto bastante rico e plural do pensamento jurídico atual. Mais apropriado é falar em juspositivismos, não juspositivismos e visões críticas do direito, no plural, por conta da variedade de horizontes que se agrupam apenas em benefício da didática.

OS PENSAMENTOS JURÍDICOS JUSPOSITIVISTAS

Por juspositivismo compreende-se uma associação necessária do fenômeno jurídico ao fenômeno da autoridade estatal. As raízes históricas de tal pensamento já vêm de há muito, mas a construção sistemática de um modelo de identificação do direito ao Estado surge, vigorosamente, apenas no século XIX. Nessa época, os Estados nacionais europeus já se encontram sob controle da burguesia, que então dita seus interesses por meio de normas jurídicas estatais.

Mas, de sua origem, no século XIX, até chegar aos seus postulados plenos, no século XX, vários pensamentos juspositivistas se desenvolveram. Momentos históricos com demandas sociais específicas, apoios em métodos filosóficos distintas, necessidades jurídicas teóricas e práticas geram diferentes acepções das doutrinas do direito positivo. Didaticamente, é possível apontar o desenvolvimento de três grandes vertentes históricas juspositivistas: juspositivismo *eclético*, juspositivismo *estrito* e juspositivismo *ético*.

O juspositivismo eclético

No século XIX, quando o direito positivo se afirmava nos Estados europeus burgueses, ainda havia uma grande proximidade das ideias jusnaturalistas. O pensamento jurídico, durante muito tempo, argumentava haver um conteúdo intrinsecamente moral às normas jurídicas. O juspositivismo, rompendo com o jusnaturalismo, privilegia o trabalho com normas estatais, limitando a ciência do direito somente ao posto por elas. Mas, quando indagado a respeito da origem dos conteúdos dessas normas jurídicas estatais, os primeiros juspositivismos consideram que o direito positivo resulte de fontes externas ao próprio Estado, como a moral, a cultura ou os valores sociais. A forma já é juspositiva, mas se considera o conteúdo das normas prévio ao Estado. Pode-se chamar a esse juspositivismo do início do século XIX de eclético. Embora já trabalhando apenas no campo das normas postas pelo Estado, constrói o eixo de fundamentação e legitimidade dessas normas em elementos estranhos ao próprio Estado. O ecletismo, neste sentido, quer dizer a respeito do apoio em fontes variadas para a explicação do fenômeno jurídico.

A tradição da ciência do direito do século XIX considera os institutos jurídicos, revestidos pela forma estatal, como instrumentos advindos de outras causas, culturais, que instrumentalizam o Estado. A *Escola Histórica*, movimento de juristas do início do século XIX na Alemanha, que teve como expoentes Windscheid e Savigny, apontava para o direito como expressão do *espírito do povo* (*Volksgeist*). Cada povo possuía sua própria cultura e seus valores, e o direito exprime exatamente esse espírito. Por tal razão, variando o espírito, varia o direito positivo. Para a Escola Histórica, há povos civilizados e direitos nacionais melhores que outros, porque suas fontes são culturas melhores. Trata-se da legitimação do direito positivo na cultura.

Ainda no século XIX, em sua segunda metade, Rudolf von Jhering, saindo da Escola Histórica e tomando rumos próprios em seu pensamento, aponta para o direito positivo como aquele que atenta a determinadas finalidades, construído por determinados interesses. Tais interesses não são o espírito do povo, mas podem ser até mesmo manifestações do posicionamento do indivíduo contra o todo social. Para Jhering, os institutos jurídicos positivados pelo Estado resultam dessa luta dos indivíduos e grupos pelo direito. Em via reversa, as normas jurídicas devem ser as garantidoras de que os indivíduos possam lutar. Trata-se de uma visão tipicamente liberal, na qual o interesse – tomado como interesse individual – é o que deve dar forma e conteúdo ao direito.

Abominando o advento de direitos sociais, que ofereçam conteúdos jurídicos de proteção social, Jhering louva uma espécie de individualismo do juspositivismo. A luta construiu as garantias jurídicas individuais, e esses institutos jurídicos devem garantir a luta. A célebre afirmação de Jhering de que quem não luta pelos seus direitos não os merece revela o seu liberalismo. O Estado não há de dar, de iniciativa própria e de modo protetor, o que cada um deve lutar para conseguir. Em Jhering, ainda se trata de fazer uma identificação do direito positivo do Estado a um determinado conteúdo específico de valor, no caso o do liberalismo burguês.

O juspositivismo eclético baseia-se em dados da cultura, que são sociais, elásticos, históricos, valorativos, considerando-os elementos de amálgama junto à forma estatal. No século XX, embora esse movimento teórico diminua sua influência, ainda continua sendo base de explicação de muitos pensadores do direito. No Brasil, Miguel Reale é quem mais se destacou numa perspectiva de juspositivismo eclético, com sua proposta de uma teoria tridimensional do direito.

Para Miguel Reale, não se pode identificar o direito somente à norma jurídica estatal. Há outros núcleos significativos que constituem o fenômeno jurídico. Toda norma jurídica exprime determinados valores, construídos no bojo da própria sociedade, culturalmente. Além disso, é uma específica situação concreta dos fatos sociais que engendra o impulso pela gênese das normas, que tem também em vista de aplicação fatos. O tridimensionalismo é uma apreensão do direito também a partir de quadrantes juspositivos, mas em horizontes ecléticos, maiores que estes, porque empreende um amálgama culturalista às normas de direito positivo.

O juspositivismo estrito

No século XX, os valores estáveis que orientavam o conteúdo do direito burguês no século XIX começam a esmorecer. O liberalismo econômico não é mais o esteio necessário para a reprodução da exploração capitalista. O intervencionismo estatal ganha corpo, tanto no nível econômico quanto no nível de uma reengenharia social. O período das grandes guerras demanda distintos temários jurídicos conforme as circunstâncias. Num quadro no qual não há mais lastro estável para o direito positivo no que tange ao *conteúdo*, resta então explícito que os Estados nacionais se assentam apenas sobre a *forma* normativa. O século XX conhece e desenvolve, então, uma percepção de juspositivismo pleno. Trata-se da identificação estrita do fenômeno do direito à forma estatal.

Hans Kelsen, logo nas primeiras décadas do século XX, levará os pressupostos de um juspositivismo estrito aos limites extremos. A *Teoria Pura do Direito* é sua obra distintiva.

Para Kelsen, é verdade que o direito seja um fenômeno social, complexo, enredado em condicionantes e variantes da realidade. Mas a análise do direito como ciência revela uma coerência e uma necessidade de critérios formais estáveis. A teoria pura de Kelsen abstrai de valores, considerações morais, cultura e ideologia. Se ela não revela a pureza do fenômeno jurídico concreto, assim encaminha o estatuto do direito enquanto uma ciência.

O juspositivismo estrito de Kelsen é uma constatação das próprias variações extremas de conteúdo do direito dos Estados capitalistas contemporâneos. Numa gama que vai do bem-estar social ao nazismo, é a forma jurídica normativa que restou como constante do direito estatal contemporâneo, e não um determinado padrão de conteúdo dessas mesmas normas. Mas, ao mesmo tempo em que é um resultante de uma circunstância histórica específica, o juspositivismo é também uma reiteração desse mesmo padrão. Considerando por ciência do direito a redução a essa exata forma normativa, o juspositivismo reesquadrinha as luzes sobre a geografia do fenômeno jurídico: o que se privilegia em termos teóricos se encaminha como o horizonte visível da prática jurídica.

Os pressupostos de Kelsen são bastante formalistas. Sua fundamentação teórica busca raízes na filosofia de Immanuel Kant, filósofo idealista alemão do século XVIII. Para Kelsen, grandes questões teóricas do direito são resolvidas a partir de um privilégio da razão em face da realidade. A racionalidade preside grande parte da ciência do direito, como uma necessidade universal.

Hans Kelsen procede a um reducionismo do fenômeno do direito em termos teóricos. Somente a norma jurídica estatal identifica cientificamente o direito. Para compreender a normatividade do direito, não é preciso vasculhar as fontes sociológicas, políticas, históricas e culturais do poder. O método de Kelsen é analítico. Análise, neste sentido, quer dizer quebra do todo, trabalhando apenas dentro do pedaço normativo do direito. A análise faz comparações, sistematizações, estabelece semelhanças e diferenças, esmiuçando o fenômeno estudado dentro de um espectro restrito.

A analítica é o método que identifica o juspositivismo estrito contemporâneo. Kelsen encontra, também no século XX, discípulos e seguidores de seus horizontes analíticos, embora com vertentes específicas dentro desse mesmo método. Norberto Bobbio é um conhecido pensador do direito de vertente analítica, que também reduz a ciência do direito aos limites da norma estatal, procedendo a uma reflexão formal a respeito de seus fundamentos e suas consequências. Para algumas questões, no entanto, como a que trata do poder como fundamento do ordenamento jurídico, Bobbio é menos reducionista que Kelsen.

Alf Ross e Herbert Hart são outros dois pensadores do juspositivismo estrito, com muita influência na segunda metade do século XX. Próximos da tradição do direito anglo-saxão, para ambos há uma necessidade de compreender a analítica do juspositivismo a partir de alguns quadrantes realistas. A ciência do direito se revela como algo mais próximo da realidade dos tribunais do que da mera logicidade especulativa das normas. A tradição inglesa, escandinava e norte-americana, na filosofia, é a do empirismo. A apreensão da realidade, por meio de percepções, sensações e experiências concretas, é o seu método imediato. Para Ross e Hart, as normas devem ser entendidas de modo analítico, reduzidas ao seu contexto institucional e estatal, mas sempre a partir de um fundo realista. A norma não se revelará como aquilo que o entendimento do cientista assim o apontar, mas sim o que os tribunais, na prática concreta, disserem que o seja.

As perspectivas realistas do juspositivismo remontam às correntes do realismo escandinavo, por exemplo, numa tradição que se inicia com o sueco Axel Hägerström, passando por autores como Karl Olivecrona, afasta-se ao mesmo tempo do jusnaturalismo e do formalismo racional legalista como fontes do direito. Os dados psicológicos ou mesmo o poder visto no nível factual passam a ser explicações mais adequadas para a identificação do direito segundo o realismo escandinavo. Correntes de juspositivismo realista também remontam, nos Estados Unidos, a pensadores como o juiz Oliver Holmes Jr. e Roscoe Pound.

O juspositivismo estrito ainda ganhou novos ares, nas décadas finais do século XX, quando analisado em somatória aos instrumentos da filosofia da linguagem. A compreensão do direito positivo passa a se fazer também com uma perspectiva linguística, considerando os operadores do direito como agentes que se comunicam. Theodor Viehweg é um dos pioneiros nesse sentido. No Brasil, Tercio Sampaio Ferraz Júnior se destaca na perspectiva da análise comunicacional da teoria geral do direito.

No campo da sociologia do direito contemporânea, também há perspectivas que, reconhecendo o vínculo do direito com o todo social, destacam e privilegiam os momentos internos de reprodução do próprio sistema jurídico. Niklas Luhmann, tratando da sociologia do direito, aponta para uma teoria dos sistemas, encontrando elementos de constância e enclausuramento do fenômeno jurídico contemporâneo. Ao lançar luzes sobre a *autopoiesis* do sistema jurídico normativo e institucionalizado, sua autoconstrução e autorreprodução, Luhmann se encontra, no campo da sociologia do direito, trabalhando em paralelo ao juspositivismo de tipo pleno.

O juspositivismo ético

Desde o rescaldo da Segunda Guerra Mundial, há incômodo com uma análise científica do direito que se baseie apenas na sua identificação à forma normativa, não levando em conta questões do seu conteúdo. Algumas correntes jurídicas passam a se preocupar com questões éticas na constituição do fenômeno jurídico. Contra o juspositivismo estrito, muitos postularam uma simples volta aos velhos postulados do direito natural. Outros, no entanto, observando o direito das sociedades capitalistas ocidentais liberais e de bem-estar social, identificam no próprio direito positivo alguns conteúdos que possam ser considerados éticos.

Na postulação ética de algumas correntes jurídicas contemporâneas, determinados instrumentais jurídicos permitem a fala livre, a comunicação, a expressão de vontades, a democracia, a cidadania, e, daí, o trabalho do direito positivo deve tanto considerar as normas jurídicas no plano formal como também no seu conteúdo. Devido ao fato de que as sociedades do capitalismo contemporâneo assentam seu direito em estruturas que apontam para padrões normativos principiológicos, esse tipo de juspositivismo começa a aumentar o peso da valoração dos princípios. A partir desse horizonte de valores expresso nas normas jurídicas, reputa-se à ética que encontram no direito positivo a possibilidade de construção da democracia contemporânea.

Trata-se, neste caso, não de uma ética de fundo religioso. Não se está considerando a busca de uma verdade universal, invariável e eterna, mas sim de padrões construídos histórica e socialmente em benefício de determinados acordos sociais mínimos. O elemento de fundo de tais vertentes não é a verdade, mas sim o consenso. O filósofo Jürgen Habermas é o mais conhecido propositor de uma reflexão sobre o direito a partir de princípios éticos extraídos do consenso social.

Embora tratem de questões éticas no direito, essa corrente de pensadores, que se afastou do juspositivismo estrito, ainda é juspositivista, na medida em que enxerga exatamente nas mesmas estruturas jurídicas contemporâneas os valores a serem construídos e preservados socialmente. Em tempos de neoliberalismo, no final do século XX e no início do século XXI, o juspositivismo ético encontrou seu auge. Não afasta a ordem estatal, não afasta a estrutura técnica do direito positivo, não propõe alterações substanciais na sociedade, mas aponta para alguns princípios e horizontes éticos mínimos que essa mesma ordem jurídica deve construir ou manter. Afastando-se das lutas sociais e dos direitos sociais, jogam o mínimo ético pelo qual se deve lutar nos quadrantes dos direitos humanos de tipo individual liberal.

Trata-se de um tipo específico de reinserção da ética no juspositivismo, que não é igual ao de tipo eclético. Não se arroga que haja valores sociais claros que devem reescrever o direito, mas sim o contrário. O direito positivo liberal tem padrões éticos democráticos e de cidadania que devem investir o todo social. Abandonando os grandes conflitos sociais de sua reflexão, o juspositivismo ético é uma doutrina confortável ao horizonte de justiça social mediana que o neoliberalismo atual deseja. Ao invés de compreender as causas estruturais das contradições sociais, o juspositivismo ético se contenta em continuar com a reprodução das próprias estruturas jurídicas de direito positivo que sustentam essas mesmas contradições, salpicadas por algumas balizas éticas.

No campo da teoria do direito, o pensamento juspositivista ético é visto também em filósofos como John Rawls e em teóricos como Ronald Dworkin e Robert Alexy.

OS PENSAMENTOS JURÍDICOS NÃO JUSPOSITIVISTAS

Embora a grande maioria dos juristas contemporâneos espose o pensamento juspositivista, porque as sociedades capitalistas atuais se reproduzem exatamente com base no direito positivo estatal, essa não é a única nem a melhor forma de compreender o fenômeno jurídico contemporâneo. Muitas correntes se abrem para enxergar o direito não apenas dentro dos limites do imposto normativamente pelo Estado. Pelas suas múltiplas fundamentações, que começam de métodos filosóficos bastante distintos, pode-se chamar a esses pensamentos de não juspositivistas, valendo-se do único ponto teórico que os unifica.

A investigação das causas concretas do fenômeno jurídico na sociedade contemporânea é o corolário geral dos não juspositivistas. É preciso distingui-los em dois níveis. Aqueles que mais a fundo se dedicam a essa compreensão, apontando para os nexos do direito com as grandes estruturas sociais, são os pensadores do direito que adotam como método o marxismo. Ao apontar para a reprodução estrutural da sociedade contemporânea, permitem instrumentos de crítica que vislumbram a própria superação das contradições sociais atuais, das quais o direito é um dos seus elementos. Podem ser considerados em uma categoria superior do não juspositivismo, como críticos. Outros pensamentos jurídicos que também não se lastreiam no direito positivo, mas que não chegam à análise social marxista, podem ser chamados então por não juspositivismos em sentido estrito. Nesse não juspositivismo *stricto sensu* estão pensadores que ampliam o foco de análise do direito, saindo das limitações do direito positivo, mas sem chegar ao todo da compreensão do marxismo.

No final do século XIX e início do século XX, algumas incipientes correntes jurídicas não juspositivistas começam a se destacar. Na tangente entre o juspositivismo e sua negação, desenvolveram-se as teorias denominadas por Escola do Direito Livre. Eugen Ehrlich é um de seus mais conhecidos expoentes. As proposições do direito livre vão no sentido de que a interpretação jurídica se faz a partir de horizontes sociais concretos, libertando-se das amarras das determinações da norma jurídica. O direito deveria ser tomado como fenômeno vivo, espontâneo, mais do plano social que do normativo.

Mas o mais destacado pensador do direito não juspositivista do século XX será Carl Schmitt. Sua obra, eivada de polêmicas por sua vida pessoal – em determinada fase, Schmitt esteve próximo do nazismo –, representa uma substancial mudança em relação aos limites estreitos do juspositivismo. Para Schmitt, a verdade do direito não está nas normas jurídicas. Acima delas, há o poder que tanto as instaura quanto rompe com elas. A exceção à norma jurídica é que aponta o verdadeiro poder soberano. Aquele que quebra com a normatividade é quem controla o direito.

No pensamento de Schmitt, não se compreende o direito como reprodução automática das competências normativas. O direito é situacional. O poder é maior que o seu momento normativo. Para Schmitt, ao contrário do pensamento de Kelsen, não há identificação entre Estado e direito. Na visão kelseniana, a competência do poder estatal é a competência que formalmente as normas lhe atribuem. Para Schmitt, o fenômeno do poder é maior que o do direito. Por isso, a guerra, a exceção, a ditadura, o caso extremo, revelam a verdade jurídica, não contida nos limites da norma jurídica.

Enquanto o juspositivismo busca encontrar mecanismos formais e técnicos de reprodução das normas jurídicas, para Carl Schmitt o direito se revela na história: os conceitos jurídicos são tomados como conceitos teológicos secularizados. Na sua fundamental obra *Teologia Política*, Schmitt dirá que a decisão soberana no direito equivale ao milagre na teologia. O soberano no Estado moderno é o sucessor secularizado do papa.

Schmitt, pela história da teoria do direito, é tomado como o oposto de Kelsen. Este judeu e perseguido pelo nazismo, liberal e internacionalista. Schmitt, católico e nazista, ditatorial e defensor da soberania plena, para além das leis. Suas teorias gerais sobre o direito revelam, de algum modo, sua oposição extremada. O direito, para Kelsen, identifica-se com o Estado e nele está contido, na medida em que são dois fenômenos conexos. Para Schmitt, o poder é maior que o direito positivo. Daí que a verdade do direito tem de ser entendida com elementos maiores que o próprio juspositivismo.

Nos últimos tempos, destaca-se também, numa perspectiva de não juspositivismo, o pensamento de Michel Foucault. Embora não fosse jurista, trata do fenômeno jurídico de modo bastante original, em especial em obras como *Vigiar e Punir* e *Microfísica do Poder*. Se Schmitt aponta para os grandes quadrantes do poder que controlam o próprio direito e o Estado, Foucault faz a mesma ultrapassagem, passando para além do aprisionamento do direito à norma jurídica, mas apontando para a microfísica do poder.

No pensamento de Foucault, o direito não se revela nas normas, nos códigos, nas instituições, nos aparatos formais do Poder Judiciário ou do próprio Estado. A verdade do direito penal, mais do que as normas do Código Penal, é o cárcere. É lá que o poder se manifesta em sua forma mais bruta. O momento normativo não revela a verdade do direito. Para tanto, é preciso compreender o direito nos pequenos poderes, que se constroem e se manifestam em rede. Essa estrutura do poder passa pelas mais variadas hierarquias, sejam elas econômicas, políticas, culturais, morais, religiosas, sexuais. O poder passa pelo próprio corpo, daí ser possível falar, a partir do pensamento de Foucault, em um biopoder.

Ao invés de situar o direito nos quadrantes da norma jurídica e dos seus atributos formais de competência, Foucault investigará os extremos da rede de poder, seus menores aspectos: embora o direito positivo fale o contrário, a tortura é a prática dos agentes do Estado e, portanto, uma verdade do direito. Também o pensamento de Foucault, apontando para a microfísica do poder, rompe com as limitações do juspositivismo, narrando a verdade do fenômeno jurídico de um modo mais amplo e bem apropriado.

OS PENSAMENTOS JURÍDICOS CRÍTICOS

As filosofias do direito não juspositivistas transcendem, na compreensão do direito, aos limites postos pelas normas jurídicas estatais. É preciso investigar o direito como uma manifestação do poder que está nas leis e também fora delas, controlando as grandes decisões instauradoras da ordem e da exceção, controlando também a microfísica do poder.

O marxismo, por sua vez, possibilitará uma investigação profunda da inserção do direito na totalidade das relações sociais. Não se limita ao juspositivismo, e, para além das correntes não juspositivistas, investigará os fundamentos dos poderes que põem e quebram o direito positivo, buscando entender as específicas relações sociais com o direito, suas instituições e suas normas jurídicas.

Na tradição dos marxistas, uma preocupação com o direito é parte importante da compreensão do quadro geral das contradições sociais. O próprio Karl Marx estudou direito como sua graduação universitária. Lênin era advogado de formação. Desde Marx, as contradições do capitalismo e, depois, as revoluções socialistas impuseram a necessidade de reflexões sobre o direito que desvendassem os mecanismos profundos de sua lógica e de sua manifestação na sociedade capitalista. Marx, em *O Capital*, e Evgeny Pachukanis, em especial em sua obra *A teoria geral do direito e o marxismo*, dentre outros, dedicam-se ao avanço na reflexão sobre o direito a partir dos grandes quadrantes da totalidade da práxis social.

Para o marxismo, o direito não pode ser entendido a partir de definições vagas e idealistas. Não se trata de compreendê-lo a partir da consideração de que o Estado é o bem comum. Se o direito contemporâneo tem sido reduzido a uma manifestação estatal, isso se deve ao fato de que a exploração econômica capitalista necessita, especificamente, de um tipo de organização política, estatal, com uma forma jurídica que lhe seja atrelada e correspondente. A verdade do direito é a sua real manifestação a partir da lógica da reprodução concreta das relações sociais capitalistas.

Muitos teóricos marxistas do direito, como Pëtr Stutchka, apontaram para o fato de que o direito, na verdade, exprime uma luta de classes. Na exploração capitalista, os aparatos políticos, como o Estado e o direito, servem à classe dominante, burguesa. Pachukanis, o mais importante pensador do direito marxista, vai mais adiante. Não só o Estado é controlado pela burguesia, como a própria *forma* estatal do domínio é expressão do tipo específico de exploração capitalista. Ultrapassando a identificação genérica do direito ao poder, Pachukanis aponta para a especificidade da forma mercantil na economia, da forma estatal na política e da forma jurídica nos aparatos do sujeito de direito e dos direitos subjetivos, por exemplo.

É o marxismo, analisando a história de modo dialético, o responsável por revelar que modos de produção anteriores se valiam de aparatos de dominação mais diretos e brutos. O escravagismo e o feudalismo representavam um controle pela força ou pela posse da terra. O capitalismo estrutura uma instância política específica, estatal, distinta dos próprios exploradores burgueses. A circulação mercantil constrói necessariamente um conjunto de instâncias de tipo jurídico, que lhe serve de fundamento. A categoria do valor de troca presume que os que trocam sejam sujeitos aptos a dispor autonomamente de seus direitos, por meio dos contratos. Mas não se trata de um circuito apenas determinado pelas trocas mercantis. Estas se conectam por meio da estrutura da própria produção. O trabalho, no capitalismo, é tornado uma exploração indiferenciada, sustentada pela sua venda jurídica pelo próprio trabalhador. Conforme as palavras de Márcio Bilharinho Naves, pensador do marxismo jurídico brasileiro, o direito é determinado pela forma mercantil e sobredeterminado pela própria estrutura geral das relações de produção.

Ao invés de situar apenas o direito nas normas do Estado, como fazem os juspositivistas, Marx, Pachukanis e a tradição marxista se põem a indagar a respeito do porquê dessa mesma forma jurídica estatal. Enquanto os demais não juspositivistas apontam o direito em quadrantes maiores que o da norma jurídica, no poder, o marxismo desvenda as especificidades assumidas por esse poder no próprio capitalismo. Identificar o direito ao Estado é próprio do juspositivismo. O não juspositivismo aponta um poder que passa pelo Estado e é maior que o próprio normativismo. O marxismo se dedica a compreender porque esse poder assume a forma específica política e jurídica estatal, encontrando seu fundamento último na própria necessidade lógica da reprodução capitalista.

Os três caminhos do pensamento jurídico contemporâneo se fundamentam em lastros filosóficos próprios. Suas visões peculiares tornam a própria geografia do fenômeno jurídico distinta. Tais perspectivas trabalham com o fenômeno jurídico em graus variados de aprofundamento de sua relação com o todo social. Ao juspositivismo, a imediata associação do direito com o Estado já é suficiente para dar identidade ao fenômeno jurídico. Os não juspositivismos abrem essa reflexão ao próprio poder. A perspectiva crítica, representada pelo marxismo, enxerga os fios ocultos que especificamente constroem o direito no capitalismo. No pensamento jurídico marxista, a totalidade é o horizonte amplo no qual se situa e se estuda o direito.

6

A NORMA JURÍDICA I

Pela tradição do pensamento jurídico contemporâneo juspositivista, na *norma jurídica* se encerra o elemento basilar da ciência do direito. Acostumado à frenética vida prática nos fóruns e na elaboração de negócios jurídicos, o jurista, para tais afazeres, identifica imediatamente a questão do direito àquilo que a norma jurídica tratar. Para ele, sim, obviamente o direito revela-se pela norma: o direito é, na verdade, um conjunto delas. Diz-se, com orgulho, que a ciência do direito não se preocupa em querer dizer quais são essas normas, não quer falar dos seus conteúdos, mas quer dizer que, sempre, o direito será composto por normas. Se a média dos operadores quase nunca põe em dúvida a sua certeza de que o direito se resume a um conjunto de normas, é preciso avançar e compreender tanto o fenômeno normativo em sua especificidade quanto o horizonte de que o direito é maior que a sua normatividade. Isto porque ele advém de específicas formas de relação social. A norma, mais do que ser a constituinte do direito, é constituída socialmente.

O DIREITO É NORMA?

A associação entre direito e norma é característica de um tempo histórico. No passado, o que se chama por direito era menos a norma jurídica do que o poder de quem julga ou a solução dada aos casos. É só no presente, nas sociedades capitalistas, que o direito é identificado plenamente às normas jurídicas estatais. Mas elas não se instituem por um mero acaso, e sim por meio de relações sociais concretas que as conformam. Nem a norma explica todos os tipos históricos de afazeres jurídicos, nem ela é a totalidade do fenômeno jurídico contemporâneo.

De novo a história socorrerá a compreensão do jurista. Como visto anteriormente, no passado, antes da modernidade capitalista, o direito era identificado à natureza das coisas, dos fatos, das pessoas, das situações. Por direito se identificava menos uma *norma* hipotética que viesse a ser aplicada em algum caso concreto e mais, sim, a própria *solução* dos casos. Por isso o direito se reconhecia tanto em eventuais normas quanto, principalmente, em outros fenômenos concretos, medindo-se a partir da casualística: a justiça de cada caso falava tanto quanto uma norma que se lhe fosse aplicada. No capitalismo sim, ao fazer do direito uma técnica cuja forma é correlata à forma mercantil, é que se deu a identificação definitiva entre direito e norma estatal, mas, mesmo assim, como resultado final de uma determinada forma de sociabilidade.

O direito é compreendido como uma forma normativa porque os Estados, no capitalismo, assumem o papel de garantir politicamente a reprodução social, tornando-se distintos daqueles que dominam economicamente a sociedade. Os Estados operam normativamente. Mas não é a norma que fez o direito. A norma é uma vestimenta pela qual o direito se exprime, mas a forma de sua constituição e de sua operacionalização advém diretamente de estruturas sociais concretas. Conforme se verá logo à frente, a norma jurídica não é só uma criação estatal: ela é, acima de tudo, um arranjo de formas sociais necessárias, como a forma sujeito de direito.

Nas sociedades capitalistas contemporâneas, o direito é um modo de estruturar a sociedade que passa pela norma jurídica. Ocorre que, no plano imediato, o jurista reduz o direito aos limites da norma jurídica posta, de tal sorte que o direito começa a ser definido como um produto das normas, e não como um fenômeno que passa por elas. A redução do direito à norma causa também uma restrição dos horizontes do jurista. Quando afirma que o direito é norma, constrói uma medíocre perspectiva do que seja o fenômeno jurídico. Um mendigo na rua – ser humano explorado ou abandonado, sujeito sem propriedade – revelaria um problema do direito e das questões que envolvem o justo e o injusto, mas para o direito moderno não o é, a não ser que as normas assim o tratem. Na expressão normativa se reconhece o jurídico no direito moderno capitalista, e o jurista pode chegar a essa constatação tanto para exaltar tal fato – o jurista conservador assim o faz – quanto para constatar e apontar a sua miséria de compreensão da posição do direito nas estruturas sociais, e, daí, portanto, a imperiosidade de sua transformação não apenas no limitado horizonte normativo – e essa é a postura do jurista crítico e progressista.

A redução do direito à norma é um fenômeno contemporâneo. Contra tal redução, levantam-se tanto resistências de velhas visões quanto as leituras avançadas. De modo anacrônico, algumas perspectivas jurídicas, cuja formação ainda bebe de fontes do passado, dizem que o direito é uma arte do justo, e não se reduz à norma; outras dizem que ele é uma expressão cultural histórica, dando ao direito um caráter ético e moral também maior que o limite das normas. Alguns, lastreados em inspirações religiosas, dizem que o direito emana de Deus. Contra tal anacronismo, Hans Kelsen, o destacado cientista do direito do século XX, insiste que o direito, tomado cientificamente, se resume às normas estatais. Neste sentido, deu-se, com o juspositivismo, um salto qualitativo em relação ao passado. O direito não se identifica com a moral ou com Deus necessariamente. Sua forma normativa está liberta de conteúdos éticos. Mas as perspectivas críticas, ao olharem às visões passadistas e a Kelsen, hão de entender que as leituras anacrônicas talvez até tenham boa vontade em excesso, mas faltou-lhes percepção correta e concreta da realidade. Kelsen, nesse ponto, abeirou-se um pouco mais da constatação da situação do direito moderno: é verdade que, no capitalismo, o direito é, pelo jurista, miseravelmente reduzido às normas estatais. Kelsen nos deve angustiar muito, porque a realidade que ele aponta – e reputa como erroneamente neutra – é que angustia. Mas limitar o direito à norma jurídica é desconhecer a raiz das contradições sociais. Não são as normas que criam a sociedade nem são elas que a transformam.

Se o direito, modernamente, postulou ser reduzido à norma, é preciso constatar essa redução não de modo passivo, mas, sim, como meio de compreender os limites estreitos e parcos do entendimento do direito moderno capitalista. Em assim procedendo, a crítica descobre os mecanismos estruturais que estão na base da norma jurídica estatal. Somente conhecendo as formas sociais necessárias e a realidade do poder por detrás das normas poder-se-á levantar a transformação das estruturas sociais que ao mesmo tempo sustentam e são sustentadas pelo direito.

NORMA JURÍDICA E FORMAS SOCIAIS

A norma jurídica não é apenas um mandamento de alguém para alguém. Se assim o fosse, todos os mandos, do passado ao presente, seriam identificados tal. Costuma-se chamar por norma jurídica um tipo específico de norma. A tradição do juspositivismo a identifica com o mando que parte do Estado. Mas não basta apenas essa identificação que parece ser imediata. É preciso investigar a fundo a natureza da norma jurídica no Estado e na sociedade.

No passado, se se chama por norma jurídica a um mando de um poderoso, rei ou senhor, pensa-se em uma vontade se impondo. Nas sociedades capitalistas, no entanto, as normas jurídicas são elaboradas a partir de uma estrutura social que lhe dá contexto e forma. A norma jurídica, referindo-se a alguém, só pode ser pensada e manejada a partir de e em relação a uma forma que lhe seja correspondente e basilar, a de sujeito de direito, portador de direitos subjetivos. Essa forma jurídica de sujeito de direito, por sua vez, não é uma criação da norma: advém necessariamente de relações sociais concretas. A forma sujeito de direito é espelho da forma sujeito, que dá base às próprias relações de troca no capitalismo.

Não é a norma jurídica que "cria", voluntariosamente, a forma-sujeito. Antes, são relações concretas da sociedade capitalista que se instituem como uma forma social necessária, fazendo então com que o direito seja também erigido a partir de suas bases. Como há trocas de mercadorias e exploração do trabalho mediante contrato, há sujeitos que portam e trocam os direitos correspondentes às mercadorias. Essa estrutura social se assenta sobre formas necessárias – sujeito de direito, objeto de direito, direito subjetivo, propriedade etc. As normas jurídicas, reconhecendo, negando, limitando, chancelando ou cambiando o direito, operam sempre a partir dessas formas.

No quotidiano da vida jurídica, no entanto, o entendimento do jurista vai pelo caminho de imaginar que a norma jurídica cria tais institutos. Alguém é sujeito de direito porque as normas assim o dizem. Alguém pode vender suas propriedades porque as normas jurídicas lhe deram capacidade para tanto. Não se pode destruir o patrimônio histórico porque ele está protegido por normas. A normatividade, sendo a imediata expressão da atribuição, da negação e do câmbio dos direitos aos sujeitos, parece também ser sua base criadora. Ocorre o contrário. A partir de formas sociais já dadas e estruturadas é que as normas jurídicas operam.

Com isso, não se quer dizer que a vontade que cria as normas jurídicas não seja imediatamente do legislador. De fato, a capacidade de dispor de direitos pode ser expandida ou limitada por mero ato de vontade daquele que institui a norma. A maioridade civil, pela norma jurídica, pode ser voluntariosamente instituída aos dezoito ou aos vinte e um anos. Mas essa liberdade criadora da norma jurídica está jungida a uma forma necessária: não importa a idade limite para a capacidade, ela sempre fala de sujeitos de direito, dando-

-lhes ou negando-lhes quantidades de direitos subjetivos, deveres ou responsabilidades. A norma jurídica exsurge de formas sociais que a constrangem necessariamente.

Isto não quer dizer que a norma jurídica seja um derivado imediato ou lógico das formas sociais, revelando-se inerte ou meramente passiva em termos de concretização. Justamente por se tratar de uma forma estatal, a norma jurídica é criação de um poder. Mas tal poder, que parece livre para instituir seus marcos, o faz a partir de necessárias formas sociais que são o modo de sociabilidade e mesmo de entendimento de mundo. A sociedade capitalista se articula segundo a forma-sujeito. O direito, reflexamente, também opera nesses marcos. O que ocorre é que a normatização concreta dos direitos e dos sujeitos é uma "criação" a partir das formas necessárias. A partir do desenho das formas, a pintura dos seus conteúdos é relativamente autônoma. Pode-se dizer, então, que há uma constrição das formas sociais nas normas jurídicas.

Também não se há de dizer que os conteúdos normativos são totalmente voluntariosos ou ocasionais. As visões, os interesses, os valores e o horizonte ideológico se refletem na própria concretização dos conteúdos normativos. O poder, conforme se verá adiante, constitui e revela a norma jurídica. Mas, para além dessa crítica à especificidade da construção de cada norma, há que se ter em mente a crítica à própria natureza da normatividade jurídica nas sociedades contemporâneas capitalistas: elas derivam de formas sociais necessárias.

Tais formas sociais que constituem a estrutura a partir da qual se levantam as criações normativas passam também pelo próprio Estado. A economia capitalista só pode se reproduzir porque uma de suas formas inexoráveis é estatal: os agentes da produção, capitalistas e trabalhadores assalariados, são separados daqueles que dirigem politicamente a própria sociedade. Por isso por norma jurídica só será considerada a norma emanada do Estado. Não porque, a princípio, a norma estatal seja melhor ou tenha algum grau de diferença intrínseca em relação a qualquer outro mando social, mas porque as formas gerais de reprodução da sociedade capitalista necessitam que o poder político e a esfera jurídica sejam apartados da vontade de indivíduos, classes ou grupos específicos. Dadas as formas sociais capitalistas, o Estado é a sua decorrente forma política inexorável. O direito advém diretamente de tais formas sociais, intermediado e processado por meio das formas políticas estatais.

As normas jurídicas não são construções lógicas e racionais da sociedade, nem necessariamente são apenas aquelas que coincidam com um arranjo "ideal" das sociedades capitalistas ou dos poderes instalados no Estado e vivos na sociedade. Há conflitos e contradições na confecção das normas jurídicas. Justamente porque a sociedade capitalista separa os interesses do capital das formas políticas estatais, as normas jurídicas podem se revelar tanto garantidoras quanto obstáculos em face das variadas dinâmicas sociais concretas. As normas jurídicas tanto podem instituir ganhos ilimitados ao capital quanto podem limitá-lo. Se as normas jurídicas se estruturam num arcabouço de determinadas formas sociais, tal ligação se faz num processo social contraditório, intermediado por lutas, conflitos, disputas e mesmo disfuncionalidades.

Assim sendo, pode-se dizer que as normas jurídicas operam sempre sob a constrição de formas sociais já dadas estruturalmente. Nas sociedades capitalistas, em sua dinâmica de trocas mercantis, os vínculos se realizam por sujeitos que dispõem de sua vontade e de sua subjetividade jurídica. O sujeito de direito é uma categoria estrutural da reprodução social capitalista. Daí, então, a norma jurídica trabalhará sempre a partir da forma-sujeito. A norma jurídica não cria o direito, mas conforma as formas sociais e jurídicas já vivas estruturalmente na sociedade. Junto à forma sujeito de direito e as categorias de direito subjetivo, dever e responsabilidade, por exemplo, o direito se exprime também por meio de uma forma normativa, revelando-se, então, uma específica conjunção de formas.

Mas a relação entre normas jurídicas e formas sociais é dúplice. Há uma constrição das formas sociais nas normas jurídicas. Mas também é preciso compreender as razões pelas quais as formas sociais do capitalismo necessitam justamente de normas jurídicas para seu perfazimento. Por que a forma sujeito de direito tem que ser manejada normativamente pelo Estado? A razão disso é a separação inexorável entre o poder político e o poder econômico nas sociedades capitalistas. A forma normativa é o meio sistemático pelo qual a forma política estatal toma em seus braços a criação, a manutenção, a alteração e a dinâmica do próprio direito. As formas sociais capitalistas redundam em formas jurídicas e essas se delineiam e se consubstanciam sempre junto com as formas políticas, que são normativas estatais.

Para que a sociedade capitalista se reproduza, ela institui formas sociais necessárias, e o direito a elas corresponde. Mas tal correspondência é intermediada e exprimida em termos normativos porque o Estado também se apresenta como uma das formas necessárias do capitalismo. Assim, não apenas a relação entre os sujeitos econômicos capitalistas, fragmentados e individualizados, gera os sujeitos de direito, como também essa relação só pode existir atrelada a um Estado que toma nas mãos o poder político de modo apartado em face desses mesmos sujeitos. Daí os núcleos da forma jurídica – como, por exemplo, os sujeitos de direito – não são simplesmente as únicas figuras institucionais das formas sociais capitalistas: completam-se com a forma normativa estatal. Esta, politicamente, conforma o jurídico.

O direito se exprimirá como norma jurídica sempre a partir de um quadro de necessárias formas sociais, que constituem relações estruturais da sociedade. As normas jurídicas se movem, de modo contraditório e conflituoso, a partir de tais formas e estruturas sociais. Ao mesmo tempo, como as sociedades capitalistas separam poder econômico e poder político, as formas sociais são também intermediadas por uma forma estatal. Daí que a norma jurídica é constrangida por formas sociais e, ao mesmo tempo, é situada como expressão do domínio da forma política estatal.

Além disso, no seio das formas sociais e políticas necessárias do capitalismo, a norma jurídica se revelará, também, como uma relação de poder.

NORMA E PODER

Reduzindo o direito à norma, o jurista trata a norma jurídica como um dado técnico que ele presume ser universal, necessário e neutro. Mas é preciso partir de questões mais profundas: a norma jurídica é tanto uma expressão de formas sociais e políticas específicas das sociedades capitalistas quanto uma expressão de poder concreto. Captar as conformações sociais gerais e específicas que levam à norma jurídica é a tarefa mais importante do jurista quando se volta ao tema.

A norma jurídica se apresenta a partir de formas sociais e políticas que a estruturam, mas pressupõe sempre, também, um poder que a impõe ou a sustenta. No seio das formas e estruturas sociais, o poder explicita a identidade específica de cada norma. O jurista toma a norma jurídica como mera criação voluntariosa do Estado. Mas o Estado não opera como entidade alheada das relações sociais. Por ele, passam os interesses, as disputas, os conflitos e os constrangimentos valorativos e ideológicos da própria sociedade. Assim, se a norma jurídica se revela concretamente como uma imposição de poder, este deve ser pensado num todo social, em rede. O agente do Estado opera o poder num tecido de imposições, hierarquias e constrangimentos que constitui a própria estrutura da reprodução social.

As normas jurídicas, assim sendo, não podem ser interpretadas apenas no seu contexto isolado, entre o agente e o paciente da imposição normativa. Pelo direito perpassam os poderes da violência estatal, da coerção moral, da naturalização do mando, da justeza da subordinação etc. O mesmo quadro complexo de poder por detrás das normas jurídicas também está em uma série de outras normas sociais. Assim o é com as normas da religião, cujo poder ideológico é muito forte para se impor aos crentes por conta de um sistema de valores que os referenciam. Também assim com as normas dos costumes, cujo poder de penetração no comportamento e nas expectativas das pessoas tem grande força.

Embora a ciência do direito busque reduzir a norma jurídica a um preceito de inteligibilidade técnica, o seu perfazimento concreto só pode ser entendido no quadro geral das formas sociais que a constituem e nas estruturas a partir das quais os agentes e as normas estão mergulhados. O poder é o motor imediato e o sustentáculo constante das normas. O receptor das normas não apenas entende um texto: seu posicionamento quanto à norma se dá conforme o poder que está por detrás do texto. Faltando o poder que a imponha, não se pode dizer que ainda haja uma norma, mas sim um mero texto ilustrativo, por exemplo.

A relação do poder com a norma se verifica, imediatamente, quando a norma é descumprida. Na situação de desrespeito aos preceitos normativos, a coerção passa a exercer um papel fundamental. Assim, o poder revela a norma porque sanciona o sujeito que lhe tenha sido descumpridor. Mas o poder por detrás da norma jurídica não se demonstra apenas quando esta é descumprida. Na maioria das vezes, o poder está se exprimindo por meio de normas jurídicas justamente quando estas são rigorosamente cumpridas. O mundo empresarial é organizado por variadas normas jurídicas que regulam os contratos e garantem as modalidades da propriedade privada. Pelo senso comum, a imposição das normas de direito empresarial é lembrada quando alguém descumpre um contrato, porque aí o Estado entrará em cena, executando suas cláusulas. Mas é o cumprimento dos contratos – o fato mais usual do quotidiano das empresas – o evento marcante do poder que está por detrás das normas. A realização do contrato é o cumprimento dos preceitos que o poder determina e assegura.

O poder, assim, se revela na exceção à norma jurídica, mas também – e quiçá quase sempre – na própria regra de imposição e aceitação normativa. Desvendar o tipo de ligação específica entre as normas jurídicas e os poderes específicos que as sustentam é a tarefa mais importante para uma teoria geral do direito que chegue aos seus fundamentos estruturais.

Não se pode entender o poder instituidor das normas jurídicas como se fosse um elemento de um quadro meramente binário – o poder do Estado, que as impõe diretamente, e a submissão daquele que a elas se junge. O quadro do poder normativo é amplo, revelando-se na totalidade das relações sociais. Assim sendo, há quem desrespeite deliberadamente uma eventual norma jurídica estatal referente aos costumes porque, no seu quotidiano, o seu grupo de convivência religiosa considera tal norma uma desvirtude. Há quem opere atos contra a norma estatal porque o jugo de um grupo criminoso interessado em tal ilegalidade lhe é um poder maior e um constrangimento mais imediato. O poder normativo é vivido e compreendido num quadro de totalidade de poderes, sejam eles de ideologia, de valor, de violência direta, de constrangimentos econômicos ou políticos.

Mas, nas sociedades capitalistas, o poder por detrás das normas se expressa por meio de uma forma geral. Não será qualquer mando que há de se impor perante os sujeitos. Na estrutura mercantil capitalista, a forma jurídica se correlaciona, se exprime e se sustenta em um poder de tipo estatal. Não se trata de um indivíduo, de um grupo ou de uma classe mandando politicamente ou juridicamente, de modo direto, em outros. O Estado, na sua conformação moderna, é o ente estruturador do poder político, configurando as normas jurídicas. O monopólio do poder imediato e da violência garante que a imposição das normas jurídicas – atendendo a fins tão variados como a reprodução do capital, a defesa dos interesses de classe ou a conformação de relações sociais que atendam a uma moral dominante – seja processada por meio de formas e instrumentais específicos.

O poder por detrás da norma jurídica é, nas sociedades capitalistas contemporâneas, imediatamente estatal, mas, mediatamente, se revela no seio da própria imposição da reprodução social do capital. Os horizontes de cumprimento da norma são também, quase sempre, a reprodução automática da forma de exploração econômica. O capital sustenta específicas relações sociais que ganham forma estatal mas cujo fundamento último repousa no interesse econômico. Nas sociedades capitalistas, o poder normativo é imediatamente estatal e mediatamente econômico. O poder é maior que a forma política e jurídica estatal. A reprodução automática das relações de exploração e de dominação é que se vale da norma jurídica como seu canal mais naturalizado. Em circunstâncias *normais*, então o poder passa justamente pelas normas jurídicas estatais. Mas, quando a norma jurídica se demonstrar um empecilho aos grandes poderes estruturais da sociedade, estes muitas vezes se sobrepõem à própria normatividade jurídica estatal. A relação entre norma jurídica, poder e reprodução social é tensa, conflitiva e contraditória, como a própria natureza da sociedade capitalista.

NORMA E AUTORIDADE

A norma é sempre uma fala do poder. Seus mandos, quando cumpridos habitualmente pelos sujeitos, tornam-se praticamente invisíveis aos olhos comuns, porque em geral todos se lembram da norma quando ela é descumprida, mas quase nunca quando ela está sendo reiteradamente cumprida. Mas, nos dois casos, o poder emana por detrás da imposição normativa.

O processo pelo qual a norma se impõe aos indivíduos e à sociedade é bastante complexo. Não é apenas porque as pessoas aceitam de bom grado a determinação normativa que a cumprem. Pelo contrário, mesmo na mais alta irresignação, muitas vezes os sujeitos são levados a acatar as normas jurídicas porque o seu descumprimento implica uma alta dose de repressão, privação e violência por parte do poder que sustenta tais normas.

O jurista, em geral, considera a norma jurídica em termos ideais, como se as pessoas, racionalmente, fizessem cálculos para aceitar ou não os termos que lhe são impostos. Mas a norma jurídica não é uma ferramenta meramente contemplativa à disposição dos cálculos dos seus sujeitos destinatários. É uma manifestação da imposição bruta do poder, da coerção, da dominação, da violência.

As formas sociais que instituem a prática, os horizontes ideológicos e a vida quotidiana são as mesmas que dão as bases formais para as normas jurídicas. Daí que a operacionalidade da norma jurídica, via de regra, está alicerçada nos mesmos padrões de reprodução da totalidade da vida social. Há um nível de poder no constrangimento das normas que é exatamente equivalente ao arcabouço geral de operacionalização da própria sociedade capitalista. Muito do quadro estrutural de compreensão ideológica, de valores e de meios de operacionalização da vida é constituído pela sociedade e pelas normas sem nenhuma contradição relevante, de tal sorte que o poder normativo nem é sentido como algo distinto daquilo que é o "natural" da vida social.

Além disso, nas sociedades capitalistas, as formas sociais e as suas estruturas de reprodução conformam a vida social e estatal. Com o campo político formalizado nas bases estatais e a esfera jurídica jungida a formas específicas, o comportamento dos sujeitos foi-se tornando também calculável e repetível a partir do constrangimento de tais estruturas e formas. Isso dá margem a que se compreendam os mandos normativos como manifestações de um poder em relação ao qual a resistência é muito custosa, porque se insurge contra estruturas sociais gerais. A aceitação da norma jurídica só é um cálculo a partir do peso dessa contabilidade prévia. A oposição a uma norma jurídica em específico, a oposição a um certo conjunto de mandos normativos ou a oposição à própria estrutura jurídica e social têm um custo, e por isso o cálculo dos oprimidos e explorados envolve a aceitação ou não das normas tanto no caso concreto de seu mando específico quanto no quadro geral das estruturas sociais no qual se situam.

A autoridade, que sustém e envolve a norma jurídica, não advém apenas de um dado formal ou técnico. Quando um policial, no meio de uma estrada, faz gestos para que um veículo pare, seu gestual exprime uma norma jurídica. No entanto, o mendigo, no meio da estrada, ao fazer os mesmos gestos, em geral não é respeitado pelos motoristas. Não se pode pensar que isso se deva ao fato de que os motoristas, racionalmente, reconheçam e admirem a autoridade dos policiais fardados, entendendo que suas estipulações são socialmente consequentes. Pelo contrário, quase sempre é porque se sabe dos custos e das implicações da resistência às imposições normativas de um policial que se lhes obedece.

Tal é a razão pela qual um mendigo fardado nos mesmos trajes de um policial militar há de granjear o similar respeito do motorista às suas normativas. Não porque uma norma estatal prévia tenha conferido autoridade formal a certo agente público, e sim porque o quadro geral dos poderes e das violências na sociedade se manifesta explicitamente nessa situação, independentemente de sua autorização legal. A violência, o poder das armas de fogo, a rede de informações e de coações da autoridade policial, tudo isso está por detrás da visualização do gesto normativo de alguém fardado, ainda que não se saiba se há uma norma estatal lhe dando competência para tanto e lhe investindo como autoridade.

Se um mendigo ou um policial, fardados, fazem os mesmos gestos no meio da rua, granjeando a aceitação do motorista, dir-se-á que foi reconhecida a *autoridade* do guarda fardado. Mas não necessariamente é a autoridade formal e técnica o que foi reconhecida, e sim o poder que está por detrás de tal mando, tal qual, aqui, quando vários bandidos fortemente armados se impõem aos motoristas ainda que estes não reconheçam a sua autoridade jurídica. Pelas pessoas humildes do povo, a maior parte dos homens da elite é tratada indistintamente como autoridade, e a submissão é dada, muitas vezes, àqueles que, formalmente, não são autoridades constituídas legalmente. Esse reputado reconhecimento da autoridade é fruto de uma vasta gama de razões: socialmente se aprende ou se é coagido a reconhecer *poder* em determinados agentes ou sujeitos. Por isso uma pessoa fardada consegue, de maneira relativamente fácil, impor determinada norma, ainda que não seja tecnicamente um policial militar.

Tomando por esse ângulo, não se pode dizer que socialmente só se respeita a autoridade quando ela for estatal, como propõem os juristas tecnicistas e positivistas. Pelo contrário, inúmeros agentes granjeiam essa relação de autoridade e poder a tal ponto que suas normas são cumpridas socialmente, ao passo que em muitas ocasiões as normas estatais e seus agentes não logram tal reconhecimento. Sustentado num poder econômico, o dono da riqueza de uma cidade aí se impõe mais do que os representantes do Estado. Tal dificuldade encontrou Kelsen com a *Teoria Pura do Direito*. Ao restringir as normas jurídicas ao direito positivo estatal, não soube dar conta das normas emanadas do Estado mas descumpridas sistematicamente pela população (as leis que não pegam) nem soube dar conta de explicar, a partir de suas premissas teóricas, as tantas regras sociais que são respeitadas e acatadas (o poder do empregador e do capital, a violência extralegal das autoridades públicas, dos "coronéis", as regras internas criadas pelos detentos na cadeia, ou, por exemplo, a "lei dos morros") e que não estão dentro do limite estrito das estipulações normativas estatais.

Por tal razão é que não se pode dizer que haja uma delimitação apenas estatal do que é jurídico ou não. Essa delimitação está na sociedade, na capacidade de se impor, de granjear respeito ou autoridade, na capacidade de subordinar, nos poderes sociais, no mando e desmando tanto dentro quanto fora das normas estatais.

Os juristas técnicos, positivistas, no entanto, não partem dessa constatação maior da relação entre norma e poder. Para tais juristas, o direito formalmente apenas fala mediante normas estatais, nada mais interessando para sua análise.

Hans Kelsen, na primeira parte da *Teoria Pura do Direito*, insiste em dizer que não é o gesto em si do guarda mandando parar o veículo que revela a sua autoridade. Para Kelsen, tal guarda somente será competente para normatizar a conduta do motorista caso ele esteja respaldado por uma norma jurídica que lhe dê tal competência.

Por isso, o gesto do policial mandando o veículo parar, e o gesto do mendigo determinando o mesmo, são fatos similares. Mas, por detrás do gesto do policial, há uma norma jurídica que lhe dá autoridade. Para Kelsen, então, os atos jurídicos só são conhecidos *mediatamente*, ou seja, não de maneira imediata, mas por obra de algum outro meio que não o próprio fato. Para Kelsen, a fim de se saber se as mãos estendidas de alguém revelam ou não uma norma jurídica que manda parar o veículo, isso será possível somente por meio de outras normas jurídicas que qualifiquem o agente de tal conduta e seu ato. Não se poderia, segundo Kelsen, saber se um guarda é ou não um agente competente sem que se verifique a norma estatal que lhe atribui a competência. Somente os gestos não diferenciam o que é jurídico do que não o é. Assim, não haveria outro reconhecimento da autoridade que não aquele que emanasse das normas jurídicas.

Tal postura é reducionista e não dá conta dos casos acima expostos – os casos da autoridade estatal não reconhecida e da autoridade social não estatal reconhecida. Além disso, tal visão, que é comum na teoria geral do direito, se fixa mais no *reconhecimento* da autoridade do que propriamente na *coerção* do poder. Quando se verifica um homem fardado armado obrigando a uma certa conduta, não é o reconhecimento da autoridade que fala mais alto ao motorista, e sim a violência do poder, da reação caso se descumpra seu mando. O jurista tecnicista gosta de ver nas normas a aceitação dos sujeitos, mas é preciso ver o poder que os obriga a aceitar as normas.

O reconhecimento da autoridade e do poder se dá na situação em que se confirma uma relação de *subordinação* entre o agente e o paciente da norma. Nos exemplos dados, entre um mendigo e o motorista é possível que não se construa uma relação social e comunicacional que confirme a autoridade e o poder do mendigo sobre o motorista, ao contrário do guarda fardado. Mas, mesmo no que tange ao guarda fardado, a relação de autoridade não está baseada unicamente numa norma estatal, mas sim se baseia em signos visíveis (a arma, a farda, o distintivo policial, a viatura, as algemas). Não se pode dizer que todo motorista, quando vê à sua frente um guarda, proceda do mesmo modo que um jurista, e passe a pensar em seus direitos, nas penas, multas e recursos cabíveis caso ele descumpra a norma policial. O motorista não reconhece nem sabe todos os meios legais pelos quais o Estado investe o guarda como seu agente público competente para regular o trânsito de tal local. O motorista, por meio de certas relações socialmente introjetadas e comuns de autoridade e poder – todo homem fardado de tal modo é policial, portanto é autoridade e tem poder para prender, e em alguns casos se utiliza até mesmo de violência que pode extrapolar os limites da dignidade humana – acata as determinações do policial. Essa ordem estatal ressalta aos olhos do motorista muito mais por causa da violência física do poder do que propriamente por causa das competências jurídicas atribuídas.

Não só se submetendo, mas até mesmo quando o motorista foge do policial há uma relação de reconhecimento do poder e da autoridade, observando-se as implicações das normas jurídicas por eles emanadas. Quando o guarda determina a parada do veículo, mas o motorista acelera e foge, houve aí um reconhecimento de um poder, de uma norma que também pode ser jurídica, e uma deliberação do motorista em descumpri-la, correndo os riscos de tal ato. Quando se foge dos poderes e das subordinações às normas, não se quer dizer apenas que estes não foram reconhecidos, mas, sim, que, dado que foram reconhecidos, e sabendo-se de suas consequências, preferiu-se o risco de se furtar a eles.

As teorias juspositivistas não entendem o direito a partir do poder maior que a norma, da opressão e da autoridade que se verificam socialmente. Para os juristas tecnicistas, a norma só se exprime por meio de signos estatais. Mas os sujeitos, quando são oprimidos pelas normas, assim se situam por causas muito maiores que as estatais. Na verdade, nem se pode dizer que a afirmação e o reconhecimento da autoridade sejam verificáveis nos limites da relação de sujeito a sujeito, individualmente, porque as razões da subordinação e do reconhecimento da autoridade são sociais, políticas, econômicas, de classe, ideológicas, culturais, estruturais.

Portanto, sendo a norma jurídica um fenômeno de poder, não se há de observar apenas o momento no qual o sujeito da norma reconhece a autoridade. Esta, muito mais do que *reconhecida* a partir do subordinado para com o subordinador, é *imposta* pelo subordinador ao subordinado. Mesmo que este não a reconheça ou não a identifique, pode sentir os efeitos do poder e da norma.

No Brasil, um negro que é obrigado a moderar os passos na rua quando se depara na presença de um policial sabe que, além da autoridade estatal que investe o policial em poder, há também uma posição de desfavorecimento racial oriunda do preconceito social, o que o obriga a se portar de modo ainda mais submisso e humilhante em determinadas ocasiões. Nesse momento, além do poder estatal, revelou-se o poder do racismo e sua infâmia. Ora, o poder das normas jurídicas como um fenômeno meramente estatal para em um certo ponto: a partir daí, a dominação do poder tem por causa a própria dominação social. No caso do negro, soma-se ao poder do Estado o poder ideológico, cultural e econômico do racismo.

Pode-se com isso perceber que a norma jurídica envolve uma relação de poder e autoridade que não é só estatal. Mas, muito mais importante que isso, a norma jurídica procede de uma maneira tal que seu reconhecimento é também a localização de uma posição nessa relação de poder – a autoridade subordina e domina o sujeito paciente da norma. Tal relação entre sujeitos, de *subordinação*, revela a indissociável ligação da norma jurídica ao poder.

NORMA, TEXTO, SENTIDO E PODER

Embora numa faculdade de direito vá se estudar um vasto conjunto de normas jurídicas escritas, elas não são apenas desse tipo. É o mundo contemporâneo, com suas necessidades de segurança social e de controle técnico, que consolidou como o tipo mais comum de normas aquele que é expresso de maneira escrita, publicado por meio competente (no Brasil, em *Diário Oficial*). Mas podemos encontrar inúmeras normas jurídicas estatais não escritas. Quando se está dirigindo e à frente se encontra uma placa determinando a conversão à esquerda, está-se diante de uma norma jurídica estatal que não se vale do léxico gramatical. Quando o guarda apita ou abre as mãos na rua, também se considera seu mandamento uma norma jurídica, que apreendemos por meio dos gestos e sons.

A possibilidade de que a norma jurídica não seja apenas escrita se soma ao contexto geral das demais dificuldades de sua identificação. Por que um motorista há de parar seu carro quando enxerga o gesto de um policial de trânsito? Como é que se identifica uma norma, e como é que se a reconhece? E se o guarda não fosse de fato alguém competente para emitir aquela norma? E se fosse um homem do povo fingindo-se de guarda? Tais interrogações levam o pensador do direito a tentar entender a forma pela qual as normas são identificadas como jurídicas na sociedade.

Existem normas jurídicas que não são escritas. Revelam-se por meio de signos, sinais, dísticos específicos. Em sua maioria, no entanto, elas se apresentam como escritas. Mas daí decorre outro problema de identificação, este ainda mais profundo: a norma jurídica é o texto no qual ela está escrita? Traduzindo de outra maneira: se nós queimássemos todos os exemplares do *Código Civil* de tal modo que não restasse mais nenhum à nossa disposição, acabaríamos, portanto, com esse conjunto de normas?

Essa questão demonstra uma singeleza de iniciante, mas, ao mesmo tempo, o grau de complexidade da reflexão sobre a norma jurídica. Certamente a norma jurídica não é somente o texto que, impresso e reimpresso, passa a ser divulgado e lido pelas pessoas, embora essa seja sua forma mais canônica de expressão. No Brasil, a fim de dirimir eventuais dúvidas a esse respeito, utilizam-se os *Diários Oficiais* para promulgar as leis e torná-las públicas. Em outros países, alguns procedimentos formais também são utilizados para consolidar o texto oficial das leis.

No entanto, não se pode confundir a norma com os textos que a exprimem. Essa questão tem grande importância no quadro do direito contemporâneo, em especial no que diz respeito à interpretação das normas. Um texto normativo é apenas uma expressão gramatical da norma. Mas a norma jurídica só é viva a partir do momento em que é lida, compreendida, interpretada, aplicada, aceita ou rejeitada. Na sua relação com os sujeitos e os fatos ela se corporifica.

Mas também é importante dizer que esse complexo que identifica a norma jurídica não é separável a não ser em termos didáticos. A norma que se revela num texto não é um núcleo essencial de sua identificação mais importante que a interpretação que se lhe corresponde. Não se pode dizer que a interpretação de uma norma jurídica seja um procedimento que se origina depois do texto normativo. Pelo contrário, é em conjunto que tal fenômeno se apresenta. Aquele que conhece um texto normativo está já o interpretando, captando o seu sentido. Por isso, não se pode dizer que a norma tenha um núcleo textual que depois se vivifica. Ela é um complexo de poder, imposição, recepção, compreensão, hermenêutica e aplicação, que passa pelo texto, mas é maior que ele.

O jurista dá a essa interpretação um sentido concreto de suas circunstâncias: ele interpreta a norma de acordo com suas posições, seus interesses, suas necessidades. Se é um advogado, a sua leitura da norma jurídica é voltada à defesa de seu cliente. Se é um juiz, conhece a norma já mergulhado no contexto de ter de decidir uma certa demanda. Se é um teórico do direito, busca expor seus quadrantes científicos. Do texto normativo há de se construir seu sentido a partir de uma complexidade situacional.

A norma jurídica, assim, não é o simples texto normativo, nem o simples apito do guarda ou a simples placa, mas o *sentido* que deles resulta. Esse é um processo necessariamente hermenêutico.

Mas, claro está, esse sentido normativo não é uma mera construção da idiossincrasia do técnico em direito ou do cidadão que se submete às normas. O sentido é dado num todo existencial: o advogado se reconhece como intérprete da norma a benefício de dado interesse, devendo dialogar ou se portar em face de alguém ou de alguma visão majoritária ou não. A construção do sentido da norma jurídica não é apenas um ato de vontade subjetivo, mas sim uma construção em vista de uma forma de opinião já estabelecida e reiterada pelo poder. O cidadão comum que se depara com uma placa de trânsito a reconhece a partir de sua condição e situação existencial e sua posição na rede social dos poderes. Ainda que ele queira interpretar a placa de trânsito ao seu modo, ele sabe que assim não interpretará o policial que lhe autuará.

Embora muitos juristas já hoje saibam que a norma jurídica não se resume ao texto da norma, resultando sim de um sentido normativo, são poucos os que reconhecem que esse sentido normativo resulta de um mergulho existencial nas relações de poder da sociedade. O miserável interpreta e capta o sentido da norma em posição às vezes totalmente diversa daquela do desembargador, mas sabendo que o poder da fixação hermenêutica da norma vai deste àquele.

A textualidade da norma se revela em conjunto com uma série de outras relações sociais subjacentes. O sentido do poder não está apenas no texto; verifica-se também nas mensagens por detrás do texto. Se o sentido do poder está no texto, dada a sua tecnicidade, a compreensão das determinações das normas jurídicas, em muitas vezes, escapa àqueles que não são técnicos em direito. Ao mesmo tempo, as palavras, em direito, têm um sentido muito específico, que não é o mesmo da linguagem comum.

O poder que impõe a norma está muito além da própria literalidade da norma e da especificidade de seu léxico. O policial, quando determina que o negro pobre pare a fim de ser averiguado, expressou e impôs uma norma, constituindo uma dominação. Mas essa norma está envolvida num contexto muito maior que o da sua própria expressão verbal, gramatical. O preconceito, o revólver, a face do policial, o contexto da situação, tudo isso pode representar muito mais do mando normativo do que apenas a verbalização do "pare".

A hermenêutica jurídica, estudada em capítulo futuro, observa que a norma não se reduz ao texto normativo. É muito mais ampla, porque os contextos reais, vividos, sociais, existenciais, são o fator preponderante da construção e da imposição do sentido normativo e de sua interpretação.

NORMA E PROPOSIÇÃO, COMETIMENTO E RELATO

Alguns teóricos do direito, buscando dar objetividade ao que seja uma norma jurídica, diferenciaram *norma jurídica* de *proposição jurídica*. Com isso, quiseram clarear um campo específico para a identificação da norma jurídica. Hans Kelsen é um dos mais importantes teóricos dessa distinção.

A expressão *não pise na grama*, dita por alguém a outra pessoa no meio de uma praça pública, pode ser uma norma emanada por uma autoridade. Se um guarda ou um policial expressassem tal comando, diríamos nós que ali estaríamos sob o mandamento de uma norma jurídica. No entanto, imaginemos que uma pessoa que anda pela praça e caminha sobre a grama ouvisse de um amigo seu o seguinte conselho: não caminhe por aí porque há uma placa que diz "é proibido pisar na grama". Neste caso, não diríamos que a frase do amigo seja uma norma jurídica, e sim um conselho de uma pessoa que já conhecia a norma. Ela pode, no entanto, expressar as mesmas palavras que também foram utilizadas pelo policial, mas não impor a norma, não mandar, e sim relatar que ela existe. Verifica-se, neste caso, a diferença entre aquilo que Kelsen denomina norma jurídica e proposição jurídica.

A norma jurídica, para Kelsen, é sempre uma expressão da autoridade estatal, do poder instituído juridicamente. Mas qualquer outra expressão em relação à norma que não seja o próprio mando por meio de autoridades do poder estatal é uma proposição jurídica, um relato sobre a norma, e não sua imposição.

Para Kelsen, só é jurídica a norma que provenha de uma autoridade. Todo aquele que se referir a uma norma sem a competência de autoridade está simplesmente relatando a existência da norma, mas não tem o condão de obrigar, proibir ou permitir. Um juiz, quando determina, procede à imposição de uma norma. Já o mesmo juiz, quando está na faculdade de direito dando aula e explica a seus alunos que a norma se interpreta pela maioria dos juristas de uma certa forma, pode estar até mesmo falando da mesma norma que usou como decisão, mas em um caso ele está relatando sobre a norma (na função de professor) e em outro caso ele está determinando normativamente (na função de juiz).

Certo está que a norma jurídica é uma proposição jurídica, mas ela se apresenta, além disso, com um comando de imposição. Há uma relação de poder e autoridade na sua fala. Quando se trata de uma análise científica ou externa sobre a norma jurídica, pode-se descobrir a mesma proposição jurídica, mas ela já não é mais a norma em comando, numa relação de determinação.

Os teóricos do direito fazem, a partir daí, uma diferença entre *cometimento* e *relato*. O núcleo de mando da norma jurídica se revela como uma imposição, um império, e ao mesmo tempo, apresentando um conteúdo específico nesse mando. A norma jurídica é um mando que determina algum conteúdo. O mando pode ser compreendido como sendo o caráter de *cometimento* da norma. O conteúdo específico, a matéria, o tema, o objeto desse mando, é o *relato* que a norma exprime.

O cometimento da norma revela o caráter específico das relações constituídas pelo direito. A norma jurídica é uma relação de poder de um lado e de sujeição de outro. O Estado, assumindo o poder de imposição perante os indivíduos na sociedade, fundamenta o cometimento normativo em sua própria rede de competências internas. Um policial pode determinar que alguém pare seu veículo porque a norma por ele imposta se respalda num específico poder que lhe é conferido juridicamente, por outras normas. Um juiz determina a condenação de um réu com base no mesmo poder que lhe é atribuído normativamente.

A norma jurídica revela um núcleo necessário de imposição de poder na medida em que somente é compreendida a partir do seu cometimento. A determinação que exprime é também o modo pelo qual se exprime. O Estado arroga a si o mando, impondo-se mediante a violência institucionalizada, e, por isso, a norma estatal reveste-se de um cometimento hierárquico. Tal cometimento opera com a imposição de algumas funções normativas: a norma proíbe, obriga, permite. Não se trata de uma indicação, mas sim da manifestação de uma relação hierárquica entre a autoridade e o sujeito.

Ao mesmo tempo em que é o mando de alguém a alguém, a norma manda algo. O relato é o específico conteúdo do mando. Para Kelsen e a tradição do juspositivismo moderno, o mando da norma jurídica pode ter qualquer tema. O Estado legisla sobre os mais variados objetos da vida social. Por isso, embora toda norma jurídica tenha um relato, trate sobre algo, não é por este relato que se identifica a juridicidade da norma. O juspositivismo contemporâneo torna o mecanismo de mando da norma jurídica um cometimento de hierarquia estatal passível de impor qualquer conteúdo.

Em oposição à tradição juspositivista, os velhos juristas jusnaturalistas argumentam que a norma jurídica tem conteúdos e valores necessários, contra os quais não se pode atentar. Trata-se de uma visão abstrata e distante da realidade. O Estado contemporâneo legisla, ao seu modo e muitas vezes até contraditoriamente, sobre todos os assuntos que lhe aprouver.

Ao mesmo tempo, o Estado não é a fonte última de poder por detrás da norma jurídica. O seu cometimento pode não ser forte o suficiente para determinar específicos relatos normativos em casos nos quais haja grande resistência social. A legislação sobre costumes sociais, sobre moral, sobre religião ou sobre os interesses do poder econômico são relatos que o império normativo estatal muitas vezes evita, por conta de não se fazer suficientemente imposto apenas com o seu cometimento. O poder se espraia por detrás da norma jurídica, estando no Estado e também muito além dele. Não se pode dissociar a compreensão teórica da norma do próprio poder porque, nas sociedades contemporâneas, a norma jurídica se mede exatamente como poder.

7

A NORMA JURÍDICA II

O juspositivismo acostumou-se a tratar das normas jurídicas sem olhar a totalidade das relações sociais e suas determinações. Em consequência disso, o poder que sustenta as normas é um fenômeno em geral apagado ao olhar jurídico. O jurista tecnicista aferrou--se a uma visão das normas jurídicas que seja basicamente formalista, isto é, lastreada em referências analíticas formais. Quanto a essas questões, o discurso tecnicista chegou ao seu apogeu com o pensamento de Hans Kelsen. Buscando um rigor lógico e analítico extremo, ele propôs um modelo de compreensão do direito que pudesse ser universal, numa espécie de mecânica geral de toda e qualquer norma jurídica. Para Kelsen, o estudo específico da norma jurídica é que revela o núcleo fundamental e geral do direito. Compreendê-la, diferenciando-a das demais normas sociais e mesmo das leis da natureza, é o passo inicial para saber suas características intrínsecas.

NORMAS DA NATUREZA E NORMAS DA SOCIEDADE

No pensamento jurídico das sociedades contemporâneas, o tema da norma jurídica, que passou a ser o cerne da preocupação teórica do jurista, demandou uma compreensão técnico-formalista, encerrada nos limites de seu manejo pelo próprio jurista, sem depender de outras questões da totalidade das relações sociais que também poderiam e deveriam lhe servir de explicação.

A fim de alcançar uma compreensão das normas jurídicas nelas mesmas, fechando-se no mundo isolado da técnica jurídica, logo de início o juspositivismo se põe a proceder de modo analítico, quebrando o todo em partes, comparando, contrastando, encontrando semelhanças. Para saber de que tipo são as normas jurídicas, tendo em vista que elas são criadas socialmente, como separá-las então das demais leis sociais? As normas jurídicas seriam como as leis da natureza? São leis do mesmo tipo que as leis morais, as leis da ética, as leis dos costumes sociais? Tais diferenças sempre se revelou fundamental para a teoria geral do direito contemporânea, porque é nesse contraste que o jurista afirma a norma que é especificamente jurídica.

Para a teoria do direito juspositivista, como a de Kelsen, uma primeira grande diferença entre as normas ressalta-se entre *normas da natureza* e *normas sociais*. As normas da natureza seriam aquelas que regem a vida física, química, biológica, e que têm por característica fundamental serem invariáveis, constantes, necessárias e universais. Com isso quer-se dizer que tais normas não se modificam pela vontade humana. A ciência busca, na verdade, conhecê-las e trabalhar a partir de sua existência já dada. A lei da gravidade é uma norma da natureza, e esta norma em um certo momento foi descoberta pelo homem – mas não foi imposta pelo homem.

As normas da natureza não variam de acordo com a vontade humana, tampouco poder-se-ia considerar como lei da natureza algum fenômeno que não tivesse alguma constância, alguma previsibilidade, alguma reiteração, pois que este seria então um evento isolado e não uma lei. A lei da gravidade é um caso exemplar de norma necessária e universal. Não há quem, estando sob a gravidade terrena, deixe de perceber seus efeitos.

Já as leis sociais são de outro tipo. Elas são criações humanas – ainda quando os homens imputam a Deus certas normas criadas por eles mesmos, como no caso das leis religiosas, essas leis são humanas – e por conta disso são variáveis, não necessariamente constantes e, segundo algumas condições, os homens podem se furtar aos seus mandos ou contestá-las ou interpretá-las de modo distinto.

Assim, é preciso ressaltar que as leis humanas não determinam em todos os casos, necessariamente, as condutas dos homens, ao contrário das leis naturais em relação aos fatos concretos. Essas normas humanas podem ser jurídicas, sociais, morais, culturais, religiosas, esportivas etc. Todas elas são mandos sociais e guardam entre si alguma similitude, à diferença das normas naturais, que procedem de outra maneira.

Os juristas, por muito tempo, tentando demonstrar que o direito tinha uma ligação necessária com a moral e a religião, insistiam em dizer que as normas jurídicas e as normas morais tinham o mesmo conteúdo. Só foi possível tal afirmação em sociedades nas quais o poder estatal e o poder teológico estavam unidos. Nas sociedades contemporâneas, não se diz que todo direito é uma forma de moralidade religiosa.

Da mesma maneira, muitos juristas insistiam, no passado, no fato de que o direito exprime costumes sociais. Também tal afirmação não se sustenta no presente, tendo em vista que muitas vezes o direito determina a criação de novos procedimentos sociais (o casamento civil, por exemplo, rompendo com o antigo costume do casamento religioso).

No século XX, esse discurso dos velhos juristas foi ultrapassado por uma postura teórica que se reputa técnica: não se buscaria mais saber se os conteúdos das normas são iguais ou diferentes aos da sociedade e da moral, e sim se buscaria compreender a norma jurídica sem qualquer juízo de valor. Kelsen, no prefácio da *Teoria Pura do Direito*, explica as razões pelas quais chama sua teoria de "pura": apartada de qualquer ideologia, valor ou referência à natureza. Assim estava aberto o caminho para reduzir as normas jurídicas apenas às normas emanadas do Estado.

Tal redução, como foi visto, atende a interesses específicos do Estado capitalista, de tipo liberal, e encaminha a compreensão do direito a um empobrecimento no que tange à análise de seus fundamentos. Mas, ao mesmo tempo, ao lado do empobrecimento teórico, essa visão positivista tem pelo menos um sentido progressista em relação às velhas visões do direito: não identifica as normas estatais com as normas morais, separando o Estado da religião e da ética. O problema do positivismo e do liberalismo, nesse sentido, é que faz do cumprimento das leis do Estado uma espécie de nova ética, mas esse problema não é igual ao problema dos velhos juristas.

Assim sendo, a teoria dos juristas separou as leis naturais das leis da sociedade. As leis sociais são todas aquelas criadas pelos homens em sociedade. E, dentro destas, considerou leis jurídicas aquelas positivadas pelo Estado, por conta da concepção positivista dos juristas a respeito do Estado e do direito.

CARACTERES DAS NORMAS SOCIAIS

As normas da natureza não dão conselhos aos homens, nem preconizam nada: elas existem, impõem seus efeitos independentemente da apreciação ou da concordância humana. Já as leis sociais assemelham-se tanto a um aconselhamento quanto a uma determinação, que, mesmo que seja emanada de uma autoridade de grande poder, em alguns casos poderá ser descumprida.

No primeiro caso, das normas naturais, elas não proclamam: impõem-se necessariamente. Elas são de tal modo, e não estão exortando ou ameaçando. Dizem os pensadores do direito que tais normas se encontram no mundo do *ser*. Seu esquema de existência é o seguinte: *se A é, B é*. Quer-se dizer, com tal esquema, que toda vez que se dá a condição de atuação da lei natural, ela atua. Toda vez que se solta um corpo ao ar, ele sofre os efeitos da lei da gravidade e cairá. Sendo *A* a causa, *B* é o efeito. *Causa* e *efeito* têm uma relação necessária. Assim, entre *A* e *B* há um nexo *causal*. Os pensadores chamam a esse nexo, também, por nexo *ôntico*, da palavra grega *ontós*, que significa *ser*. Nexo ôntico é o nexo de ser, da causalidade. Esse nexo é necessário, constante e universal, independente da vontade.

No caso das leis criadas pela sociedade, elas determinam condutas, valores e comportamentos, mas nada garante que todos os sujeitos cumprirão necessariamente tais determinações. Em alguns casos, tomam-se tais normas sociais como uma exortação apenas, em outros casos os sujeitos descumprem-nas porque assim desejam, deliberadamente. Ora, em todos esses casos, não se pode dizer que toda vez que haja um mandamento haja também seu cumprimento. A tradição do pensamento jurídico diz que essas normas sociais são da esfera do *dever-ser*. Seu esquema é o seguinte: *se A é, B deve ser*. Busca-se explicar, com isso, que toda vez que aconteça algum fato previsto pela norma, *deverá* haver uma sanção, uma consequência para tal fato. Não se diz, como na norma da natureza, que todo fato acarreta necessariamente uma sanção, porque essa relação não é natural nem necessária, é uma relação de dever. Pode-se chamar esse nexo entre *A* (um fato) e *B* (uma consequência determinada por uma norma) de nexo de *imputação*. Também se pode denominar esse nexo de nexo *deôntico* (de dever-ser). A norma imputa uma consequência a um fato, o que não quer dizer que esse fato sofrerá inexoravelmente a consequência. A norma social não é necessária, nem constante, nem universal: é histórica, contingencial, voluntária.

Nas sociedades capitalistas, o dever-ser das normas sociais se traveste de um cálculo de probabilidades. É possível observar as relações de dever-ser por outro ângulo, das possibilidades socialmente dadas. As ações sociais revelam-se cálculos. Em alguns casos, o poder que impõe as normas sociais é tão grande que o seu descumprimento não vale a pena. Nesses casos, o dever-ser da norma é tamanho que, na prática, ele é praticamente um ser. Ou seja, as suas decorrências, na prática, se impõem quase necessariamente, por causa do grau de imposição e de dominação social. O constrangimento social revela-se extremo. Em outros casos, o cumprimento ou o descumprimento de uma norma social passam a ser um jogo. O risco de ser descoberto num crime, o risco de um imposto ou de uma multa em caso de fraude tributária, o risco de um contrato ou outro.

Quando a norma jurídica diz que todo aquele que matar alguém deverá cumprir pena de reclusão de *x* anos, poderíamos também entender essa relação entre *A* (homicídio) e *B* (sanção) não como uma relação de dever-ser, mas como uma relação de poder-ser. O homicida tem escolha de não matar ou, caso mate, de subordinar-se à consequência da norma. Matar não é um dever, pode ser uma escolha.

Mas, ao mesmo tempo, não se pode dizer tão simplesmente que as normas sejam imputações que se impõem à sociedade para que, nela, os sujeitos escolham o que fazer. Quando se diz que todo aquele que usar o metrô deverá pagar o bilhete, essa relação envolve uma série de relações anteriores: todos os usuários podem optar por outro meio para viajarem até o emprego que não seja o de pagar o metrô? A sociedade dá condições às pessoas para que disponham de outro meio de transporte? O empregado que precisa chegar ao emprego pode escolher não comprar o bilhete? Ele pode optar em não se deslocar e não ir ao emprego? Ou seja, quando se diz que toda norma social é uma relação de dever-ser, de imputação, está se restringindo o fenômeno jurídico a um momento apenas, sendo que suas causas e relações são muito maiores. No caso da obrigação de pagar pelo uso do metrô, isso se verifica, na prática, como um ser, não só como um teórico dever-ser ou poder-ser.

Por isso, não se há de dizer que as normas de dever-ser são sempre radicalmente distintas das normas de ser. O ser e o dever-ser também estão juntos nas normas da sociedade, não se reservando o ser apenas à natureza. O poder bruto e direto da força, o poder indireto e massacrante do capital, da moral e da ideologia são relações de ser. Impõem-se, muitas vezes, de modo incontrastável. A divisão entre normas da natureza e da sociedade, e entre normas de ser e de dever-ser, pode ser útil num plano didático, mas, na realidade, a sociedade é, ao mesmo tempo, dever-ser e ser.

CARACTERES DAS NORMAS JURÍDICAS

Várias são as normas sociais, como as normas do costume, das religiões, dos cumprimentos, das vestimentas. Mas o jurista sempre entendeu ser necessário destacar, dentro da pluralidade dessas normas sociais, a especificidade das normas jurídicas. Os teóricos do direito e o próprio direito entendem como *norma jurídica* aquela que é emanada do *Estado*. Assim se diferencia uma norma jurídica de uma norma do costume. Se um costume estiver regulamentado pelo Estado, como no caso do cumprimento batendo continência de um soldado para com um general, então esse costume é norma jurídica.

Os fatos a que se dirigem as normas jurídicas são variados. A princípio, no Estado liberal, que detém o monopólio do poder e da legislação, todos os fatos são passíveis de regulamento. Os juristas liberais argumentam que, no limite, só os fatos impossíveis não são passíveis de legislação. Se pensássemos numa norma que determinasse o pagamento de um contrato mediante trabalhos forçados em Plutão, somente em hipóteses assim é que chegaríamos à conclusão de que tal norma não pode ser uma obrigação com alguma expectativa de que seja cumprida.

Podem ser chamados por variadas formas os fatos a que se referem as normas. No direito tributário, por exemplo, uma transação mercantil que gera o dever de recolher um tributo chama-se fato gerador. No direito penal, um ato criminoso que deva ter consequências penais chama-se tipo penal. No direito civil, um contrato que gere efeitos chama-se negócio jurídico. Para não falar de cada ramo do direito em sua linguagem específica, a teoria geral do direito, de uma maneira ampla, denominará esses fatos de *facti species*. No esquema que se refere às normas sociais (*se A é, B deve ser*), a *facti species* é identificada por *A*.

Se tomássemos um exemplo como o da religião, poderíamos ver denominações diferentes à *facti species*. Quando um religioso lê os Dez Mandamentos da Bíblia, ele entende a norma que diz "não matarás" a partir de outros dados inerentes à sua religião específica. Ele há de entender o fato homicídio como um pecado, por exemplo, enquanto o jurista o entenderia como um tipo penal. Ao mesmo tempo, o religioso entenderia a consequência (*B*) advinda da *facti species* como um castigo ou um juízo divino, no caso de ter praticado o homicídio, ou a salvação, no caso de não o ter praticado.

Para a teoria geral jurídica, a consequência *B* de uma *facti species A* leva o nome de *sanção*. O nome sanção advém do fato de que, na teoria jurídica que foi se formando no século XIX, em geral as consequências das normas eram sempre ruins aos sujeitos, como, por exemplo, no caso do direito penal. Daí que a palavra *sanção* em geral vem eivada de uma carga negativa. Nos dias atuais, no entanto, quando a política de um governo busca atrair empresas e investimentos, ela concede leis de isenção fiscal (que poderiam ser ditas da seguinte forma: se investir sob tais condições, deverá haver isenção fiscal). Neste caso, os tributaristas não chamam a consequência de sanção, mas de benefício tributário. Cada ramo do direito chama a sanção de suas normas por um nome específico. Mas, nesse caso, trata-se de *sanção premial*, que não acarreta danos como consequência do cumprimento da *facti species*.

O nexo deôntico, ou seja, o vínculo que é constituinte da norma e que imputa a uma determinada *facti species* uma sanção, pode-se apresentar, no direito, de várias maneiras. Pode haver normas que imputem uma *obrigação*: todo aquele que vender (um fato *A*) deve recolher impostos (uma sanção *B*). Nesse caso, o verbo *deve* se entende como *está obrigado*.

Outra possibilidade de nexo deôntico das normas jurídicas é a *proibição*: todo aquele que empregar alguém está proibido de humilhá-lo. Outra possibilidade, ainda, é a *permissão*. Essa permissão pode ser tanto positiva quanto negativa. Na norma que determina que todo aquele que vende doces pode vender outros gêneros de alimentos se dá o caso de uma permissão positiva. Na norma que permite a alguém não pagar uma taxa, dá-se o caso de uma permissão negativa.

Pode-se perceber, então, que toda norma jurídica há de ter um de três *nexos* (ou também chamados *funtores*) *deônticos*: ou a norma jurídica *proíbe*, ou *obriga*, ou *permite*.

Para a *Teoria Pura do Direito* de Hans Kelsen, as normas jurídicas se apresentam, nos ordenamentos dos Estados, escritas sob as mais variadas formas – e mesmo não escritas –, como as determinações verbais ou sinalizações de trânsito. Por isso, o esquema que compreende a norma jurídica como uma relação de dever-ser do tipo *se A é, B deve ser* é um artifício da ciência do direito. Ao analisar as normas jurídicas, que são pronunciadas dos mais variados modos, o jurista deve convertê-las, num processo cerebrino e científico, à fórmula condicional.

No pensamento de Kelsen, a norma jurídica deve ser tomada, no que tange à sua compreensão científica, sempre sob o modo condicional. Por isso deve-se pensar sua fórmula com uma hipótese: *se* A, então deve ser B. Tal proposição condicional é que revela que a norma jurídica não é um mando da natureza, mas sim um mando que comporta, em muitos casos, a própria valoração do seu cumprimento por parte do sujeito. *Se A é, B deve ser* também deverá ser entendido como uma leitura disjuntiva: no juízo científico que se faz sobre a norma jurídica, a fórmula condicional (*se* A é) presume também um fato oposto (*se* A *não* é), ao qual se deve ponderar também as consequências. Como as normas jurídicas não têm aplicação imediata, como leis da natureza, então para Kelsen elas se revestem, cientificamente, dessa fórmula condicional.

Além disso, em alguns casos, o jurista há de se perguntar se todas as normas possibilitam delas extrair, de modo completo, o esquema *se A é, B deve ser*. Se tomarmos o caso apenas de uma lei que proíbe (todo aquele que empregar alguém está proibido de humilhá-lo), perguntaríamos sobre a sanção, que nesse texto normativo não está escrita. Daí é importante perceber que, em termos da teoria geral do direito, tal norma está incompleta, porque lhe falta ainda constatar a sanção à *facti species*. A norma acima se completaria com outra norma do ordenamento jurídico que diga: aquele empregador que humilhar seu empregado deverá ter uma tal pena. Ou seja, é só com o auxílio de mais uma norma que se entende o encadeamento lógico da primeira norma.

A norma que apenas determine a proibição da humilhação aos empregados há se revelar uma mera *exortação*, do tipo: *A!*, ou então: *não A!*. Uma compreensão científica completa da norma jurídica precisará sempre procurar a conexão com a sanção que se lhe corresponda. É só então que se poderia analisá-la de modo pleno: *A! Se não A, B deve ser*.

Para a teoria geral do direito, uma norma não está contida necessariamente nos limites de uma lei, um artigo, um inciso. Ela pode ser maior que isso, menor que isso, ou às vezes exatamente isso. Quando se analisam dois artigos de norma, um deles determinando que não matarás, e outro deles falando que aquele que matar deverá ter *x* anos de reclusão, entende-se que o cerne do esquema normativo está no segundo artigo, e o primeiro lhe é um apêndice. A norma jurídica deve ser compreendida, neste caso, no conjunto das duas normas. O primeiro artigo é uma exortação, que não contém sanção nem aventa uma hipótese normativa, mas que apenas encaminha o sentido do segundo artigo. Por isso não se pode dizer que, analisando-se uma norma por si só, já se consiga obter todo o sentido e o entendimento necessário de uma norma jurídica. É preciso, muitas vezes, vasculhar várias normas, leis e artigos para se encontrar uma *facti species* e a sua sanção correspondente.

Além disso, a teoria geral do direito considera correto dizer, tecnicamente, *norma jurídica* e não *lei*. Isso porque a lei, no direito dos povos ocidentais, é um tipo específico de normas. Por exemplo, dentro do ordenamento jurídico brasileiro, há normas jurídicas estatais que se denominam portarias, outras que se denominam medidas provisórias, outras que se denominam decretos, e outras que se denominam leis. No Brasil, chama-se por *Lei* um tipo de norma bem específico, produzido apenas pelo *Poder Legislativo*. As Câmaras de Vereadores, as Assembleias Legislativas e o Congresso Nacional, que são poderes legislativos, fazem leis. O prefeito, o governador, o presidente, o juiz, o desembargador, não. Estes fazem outros tipos de normas jurídicas. A lei é só um tipo de norma jurídica, mas nem toda norma jurídica é lei. Por isso, quando quisermos tratar de todo o conjunto jurídico, usaremos a expressão normas jurídicas e não leis.

SANÇÃO

Na teoria jurídica kelseniana, que alcançou entre os juristas do século XX uma alta consideração, as normas jurídicas são sempre compreendidas a partir do esquema *se A é, B deve ser*, no qual *B* é chamado por sanção. Por esse esquema, Kelsen pretende identificar a sanção como um elemento fundamental de toda norma jurídica. É preciso aprofundar, em torno de tal questão, um debate que envolve grande parte dos pensadores da teoria geral do direito.

De modo geral, as normas jurídicas apresentam-se expressas das mais variadas maneiras. Por exemplo, o guarda de trânsito se vale do apito para normatizar determinadas condutas dos motoristas. As normas jurídicas, por sua vez, utilizam-se de uma infinidade de expressões que são utilizadas pelos legisladores sem nenhum critério uníssono.

A teoria geral do direito, buscando abarcar uma uniformidade constante a todas as normas jurídicas, postula que se compreendam as normas a partir do esquema hipotético adotado por Kelsen. Por esse esquema hipotético, o apito de um guarda, que todos interpretam por *pare*!, é, na verdade, compreendido da seguinte maneira: se não parar, deverá ocorrer uma sanção. Pode-se também depreender, logicamente, o seu contrário: se parar, não ocorrerá a sanção devida a quem não obedece ao sinal do policial. Assim sendo, é preciso, para a teoria geral do direito, encontrar, explícita ou implicitamente, os fatos, os nexos deônticos e as sanções para completarmos o esquema hipotético que é o núcleo de uma norma.

Logo se percebe que uma norma jurídica, neste sentido, não é necessariamente uma lei, um artigo: pode ser maior que isso, menor que isso, pode estar expressa em fragmentos dispersos por várias leis, ou pode estar implícita. A teoria geral do direito considera tarefa do jurista descobrir o núcleo correspondente ao fato, ao seu nexo deôntico e à sua sanção correspondente.

Antigamente, os juristas, apoiados na religião e na moral, consideravam as normas jurídicas como mandamentos do tipo "não matarás". Tais imperativos são em geral a forma pela qual as normas religiosas e morais se exprimem, porque elas desejam interferir num comportamento das pessoas, deseja transformá-las, reformá-las. O jurista tradicionalista, nesse sentido, também imagina que as normas jurídicas são mandamentos, apenas com a diferença que seriam mandamentos estatais ou sociais, e não religiosos.

No entanto, com o apogeu das sociedades capitalistas liberais, eminentemente técnicas, revelou-se rapidamente que o direito procede de modo distinto das religiões e das moralidades. Ainda que haja uma função educativa e pedagógica nas normas jurídicas, o direito foi tornado, nas sociedades liberais, um jogo de cálculos técnicos. Quando um capitalista se depara com a norma "pagarás impostos", seu raciocínio em geral é o seguinte: qual a multa por sonegar os impostos? É compensador recolher os tributos ou é mais interessante aos lucros da sua atividade sonegar os impostos e depois recolher a multa correspondente? Ora, esse tipo de instrumentalização do direito não obedece a um critério pedagógico, educacional, ético, de reforma da sociedade e dos indivíduos. Seu objetivo principal, pelo contrário, é o de ser uma técnica. O direito, no capitalismo, é convertido a um cálculo.

Em face desse cálculo, toda vez que se vê, no direito ocidental, a norma "pagarás impostos", o jurista quer ler algo a mais: se não os pagar, qual será a sanção? Daí vem a tendência técnica do jurista ao esquema hipotético *se A é, B deve ser*. Toda exortação, todo mandamento, toda norma como pedagogia de conduta, para o bem ou para o mal, converte-se em cálculo de consequências. Por isso, para Kelsen, o núcleo identificador da norma não é um mandamento exortativo, mas sim uma hipótese normativa que imputa consequências sancionadoras a determinados fatos. Kelsen e boa parte dos pensadores da teoria geral do direito no século XX passam a chamar as normas exortativas de mandamentos, apontando para o fato de que o núcleo fundamental das normas jurídicas não se encontrava ali, e sim na sanção.

Os juristas tradicionalistas, ligados à moral, sempre consideraram as exortações mais importantes que as sanções, a tal ponto que chamavam as normas de mandamento, que exortavam, por normas primárias, e as normas que imputavam sanções por normas secundárias. Kelsen, pelo contrário, propõe uma nova classificação. Dado o fato de que o núcleo da norma reside na sanção, e que a exortação não é necessária para o entendimento da norma (a exortação é sempre subentendida), Kelsen propõe chamar de *norma primária* aquela que imputa uma *sanção* a um fato, e chama de *norma secundária* aquela que não contém a sanção, só a *exortação*.

No caso da norma que diz "pagarás impostos", ela é uma normal secundária para Kelsen. A norma primária de tal caso será aquela que disser "toda sonegação de impostos deverá ter pena *x*". Numa perspectiva jurídica técnica capitalista, a ação do sujeito não é um impulso moral, mas sim um cálculo. Sua escolha por enfrentar a sanção não é uma queda num mal intrínseco, e sim uma mera opção ou um encaminhamento a uma determinada sanção como consequência de um ato.

Alguns juristas, quando observam tal proposta kelseniana, incomodam-se com a redução drástica da norma a um núcleo que gira em torno de uma sanção. Herbert Hart, pensador do direito da Inglaterra, insiste em dizer que Kelsen empobrece a teoria geral do direito ao identificar a toda norma jurídica uma sanção. Normas que imputam sanção a fatos são *normas de conduta*. Mas nem todas as normas do direito assim o são. Hart lembra os casos das *normas de competência*, que não são imputativas. A norma que diz "O Brasil é uma república federativa" não pode ser considerada uma norma que contenha uma sanção, e é também uma norma jurídica estatal tanto quanto as demais normas de conduta.

As normas do processo civil ou as normas de competência dos juízes são exemplos de normas que não contêm necessariamente uma sanção. Ora, dirá Hart, esse tipo de norma é até mais abundante no direito do que as normas que imputam sanção (as normas de conduta do direito penal, por exemplo). Por isso Hart insiste em dizer que a teoria de Kelsen é empobrecedora. Kelsen, no entanto, irá retrucar que até as normas de competência, se pensadas pelo ângulo esposado por sua teoria, hão de revelar algum caráter de sanção. Por exemplo, no caso de uma norma que diga que só o juiz pode sentenciar, poderíamos imaginar a hipótese de alguém que se veste com uma toga e que, se dizendo juiz sem o sê-lo, prolata uma sentença. Neste caso, diria Kelsen, este ato é nulo. É como se pensássemos que a sanção, nos casos de norma de competência, seria sempre implícita. Ao dizer que só o juiz competente pode sentenciar, a norma seria uma exortação que no fundo estaria dizendo "se um não juiz sentenciar, deverá decorrer a nulidade dessa falsa sentença".

Claro está que Kelsen fica desfavorecido nessa hipótese. A norma de competência, que atribui poder ao juiz, é mais importante que a norma implícita proposta por Kelsen.

Tanto é assim que o momento mais alto do núcleo normativo não é a afirmação implícita de que o contrário de um ato válido ou competente é um ato nulo. A norma que diz de quem é a competência é mais importante que a norma que diz que os atos advindos de pessoa incompetente são nulos.

Além disso, Kelsen propõe uma teoria pura do direito que seja meramente técnica, sem nenhuma consideração de valores. Quando Hart diz que as normas de competência não têm sanção, e Kelsen, para defender sua posição de que toda norma tem sanção, é obrigado a dizer que a sanção da norma de competência é a nulidade do ato incompetente, neste caso chega-se a uma situação paradoxal: Kelsen propõe que a nulidade seja uma sanção, porque a sanção frustra o interesse de quem praticou a ação. Ora, neste caso, Kelsen não está considerando a sanção só pelo ângulo técnico, ele está fazendo um juízo de valor: a nulidade seria, então, uma frustração psicológica. É como se ele incorporasse em sua teoria pura do direito um referencial do mundo dos valores.

As sanções sempre foram consideradas algo ruim ou frustrante, porque os juristas tinham em mente os tradicionais e velhos direitos de punição, como o direito penal. Tanto assim que a palavra sanção é carregada de más impressões. No entanto, tecnicamente, sanção é apenas a consequência que se imputa a um determinado fato. A sanção pode ser até boa, como no caso das *sanções premiais* (por exemplo, quem pagar seus impostos em parcela única terá desconto de *x*). O capitalismo da segunda metade do século XX, aliás, valeu-se muitas vezes dessas modalidades de sanção premial como forma de intervenção na economia e na sociedade. Pelo fato dessas sanções não serem necessariamente ruins aos sujeitos, não se pode dizer que toda sanção é uma punição. Melhor se dizer, tecnicamente, que uma norma jurídica imputa aos fatos não uma sanção, e sim uma consequência.

Kelsen se filia a uma tradição de juristas liberais que distingue o direito da moral e da religião. Por esta razão, ele não considera que as normas jurídicas sejam, necessariamente, boas no plano ético e moral. Esse avanço de Kelsen em face dos juristas tradicionalistas é importante, de tal sorte que Kelsen diz que os fatos com os quais trabalha o direito não são bons nem maus por si, e sim são fatos dos quais se espera um tipo especificado de consequência. Por isso haverá uma distinção, que a partir de Kelsen se estabelece pacificamente na teoria geral do direito, entre *mala in se* e *mala prohibita*, ou seja, *mal em si* e *mal como proibido*.

As religiões dizem que se deve condenar o homicida porque este matou, ou seja, praticou um mal. O homicídio, para as religiões, é um mal em si mesmo. Para um jurista, dirá Kelsen, a questão é outra: caso o direito impute uma sanção ao homicídio, só nesse caso o homicídio será relevante ao direito. Assim, o homicídio, para um religioso, é um mal em si. Para o jurista, é um mal apenas porque é proibido, isto é, porque a norma jurídica imputa a esse ato uma sanção.

Tal posição de Kelsen, liberal, é um avanço em face dos velhos juristas que confundiam direito com moral e religião, mas também apresenta problemas por ser reducionista, porque não dá conta de explicar quais os interesses sociais, as ideologias, as culturas, os poderes, os constrangimentos e as relações históricas que estão por detrás das imputações jurídicas. O direito também é utilizado pela sociedade como um escudo moral. Muitas vezes a moralidade social se reforça por causa da moralidade advinda das normas jurídicas, e muitas vezes a exploração social é legitimada por causa daquilo que o direito determina como sendo legal ou ilegal. A briga de vários setores da sociedade por saber se na Constituição Federal brasileira a propriedade privada tem limites ou é absoluta é um exemplo de como aquilo que é juridicamente sancionável tem causas na sociedade e reverte também, ideologicamente e na prática, em implicações sociais.

TIPOS DE NORMAS JURÍDICAS

A discussão em torno de se saber se toda norma jurídica possui ou não sanção revela também um conflito, na terminologia dos juristas que se dedicam à teoria geral do direito, em relação aos tipos de norma jurídica. Algumas classificações podem ser feitas para compreender os tipos mais comuns e gerais de normas jurídicas.

Em primeiro lugar, em torno do tema do que é uma norma jurídica, se toda norma jurídica tem sanção, é possível fazer algumas classificações. Kelsen chamará de *normas primárias* as que imputam uma sanção a um fato, e de *normas secundárias* as que não imputam sanções. A doutrina tradicional dos juristas classificava as normas, nesse tema, do modo exatamente contrário ao de Kelsen, porque para os tradicionalistas a norma primária é a que dá a exortação, e a secundária a que dá a sanção.

Alf Ross, em sua obra *Direito e Justiça*, para fugir dos problemas kelsenianos e assemelhando-se também à crítica de Hart, propõe chamar as normas que imputam sanções de *norma de conduta*, comparando-as às *normas de competência*. As normas de conduta tratam de atos que geram consequências sancionáveis. As normas de competência distribuem poderes e atribuições.

Ainda tratando do tema da identificação da norma, pode-se estabelecer uma divisão entre normas *autônomas* e *dependentes*. As primeiras são aquelas que têm um sentido completo e não dependem de outra para que haja uma relação encadeada entre uma *facti species*, o seu nexo deôntico e sua sanção. Já as segundas dependem de outras normas para proceder a esse encadeamento completo.

Em outra linha de comparação, tratando dos destinatários das normas jurídicas, podem ser divididas as normas jurídicas em *gerais* e *individuais*. Nos estados liberais, é costume dar-se muita importância às normas gerais, a fim de se evitar, teoricamente, privilégios formais. As normas individuais, quase sempre, são expressas nas sentenças, nas normas de pequeno alcance necessárias à administração do Estado, enquanto as normas gerais tratam dos casos hipotéticos amplamente normatizados.

Em relação ao tempo, pode-se falar de normas que tenham validade *temporária* e outras que tenham validade *permanente*. Em geral, as normas jurídicas são permanentes, isto é, desde o momento em que começam a produzir efeitos elas terão vigência contínua, que apenas será revogada por outra norma no futuro. As normas são promulgadas, quase sempre, sem explicitarem até quando valerão. Somente são temporárias aquelas normas que o direito expressamente determine como tais. Uma norma que se declare válida apenas enquanto durar uma calamidade pública é uma norma já por si mesma temporária.

No que tange ao espaço, a norma jurídica pode ser *internacional*, *nacional*, *estadual* e *municipal*, no caso da divisão de competências da Constituição Federal do Brasil, por exemplo.

As normas internacionais, como os tratados e acordos, em geral são advindas de contratos internacionais entre os Estados. Isso porque, sendo cada Estado juridicamente soberano em relação a outro, ele não há de aceitar uma imposição externa a não ser que queira. Daí que os Estados ratificam ou não normas internacionais.

No direito brasileiro, as normas podem ser federais, estaduais e municipais, de acordo com os entes da federação e a repartição de competências previstas pela Constituição Federal de 1988. Há uma discussão, dentro do direito constitucional, em se saber se os municípios fazem parte da federação, conforme estipulado no art. 1º da Constituição, porque, formalmente, a federação é composta da união dos Estados. Mas, ao largo dessa discussão de direito constitucional, o certo é que há três níveis legislativos no direito brasileiro, federal, estadual e municipal.

Tratando da impositividade da norma, ela pode ser *cogente*, se se aplica sem que haja possibilidade de que os sujeitos se subtraiam dela, ou *dispositiva*, se dá alguma margem de liberdade aos sujeitos. Regras de direito penal, por exemplo, costumam ser cogentes, dada sua imposição absoluta aos fatos previstos. Regras que se referem aos contratos, por sua vez, podem ser dispositivas, na medida em que facultam outras possibilidades de arranjo às relações jurídicas entre as partes.

NORMAS DE DIREITO PÚBLICO E DE DIREITO PRIVADO

A divisão que durante muito tempo foi tida como uma das mais importantes na teoria geral do direito é aquela empreendida entre normas de *direito público* e normas de *direito privado*. Antigos manuais de introdução ao direito dedicavam muitas páginas a tentar desvendar a exata diferença entre tais normas.

No tempo de apogeu do Estado burguês liberal, o século XIX, até poderia ficar didaticamente clara a delimitação de uma esfera de total liberdade dos cidadãos e, de outro lado, a esfera na qual os entes públicos, estatais, pudessem agir. Os contratos eram expressão de uma liberdade praticamente irrestrita dos burgueses. Não havia grandes limitações formais à autonomia da vontade burguesa nas suas transações comerciais. Os juristas do século XIX costumavam dizer que apenas o ilegal e o imoral estavam de fora da ampla liberdade de contratar.

Certo é que a ideologia da liberdade de contratar correspondia a uma específica estrutura econômica da sociedade capitalista daquele tempo. Daí o grande papel que se deu às normas ditas de direito privado, como os Códigos Civis e Comerciais, em detrimento das normas ditas de direito público.

No entanto, a partir do século XX, cada vez mais se tornou explícito o crescimento da intervenção do Estado na economia. Estruturando novas modalidades produtivas, reagrupando setores econômicos, induzindo o desenvolvimento, utilizando-se da guerra como instrumento de expansão industrial e comercial, o Estado passou a se imiscuir na vida quotidiana da economia. A partir desse momento, não se há de dizer que o mundo liberal, vivido no século XIX, ainda pudesse servir de referência a uma divisão estável entre normas de direito público e normas de direito privado.

Em geral, costumava-se reputar por norma de direito privado aquela que tratava das relações entre particulares. O Código Civil seria o mais notável exemplo de um conjunto de normas de direito privado. Por sua vez, chamava-se por *norma de direito público* aquela que envolvia, em ao menos uma de suas partes, o Estado. O Código Penal representaria, claramente, um conjunto de normas de direito público, porque ao Estado incumbe o monopólio dos julgamentos, e em nome da sociedade se atua na punição dos culpados.

Mas toda essa divisão é muito frágil. A maior debilidade reside no fato de que todas as normas jurídicas, na estrutura das sociedades capitalistas ocidentais, passam pela intermediação do Estado. O Código Civil é privado no que diz respeito aos sujeitos que se encontram em relação, mas é público porque imposto pelo Estado aos particulares. Se tomarmos as normas jurídicas pela sua origem, praticamente todas as normas, mesmo as privadas, são públicas porque emanam do Estado.

Ao mesmo tempo, se se quiser estabelecer então uma distinção entre normas de direito público e privado não pela origem, mas sim pelos destinatários das normas, então se diria que privadas são aquelas que se dirigem aos particulares, e públicas aquelas que se referem ao Estado. Mas também essa divisão é frágil, porque muitas vezes os Estados se põem em relação jurídica em típicas funções privadas, como quando os órgãos públicos fazem contratos para adquirir papéis, mesas e cadeiras para uma repartição pública, por exemplo. O Estado está presente, mas em função privada.

Outros teóricos do direito propõem dividir as normas entre aquelas que têm por base uma relação de mando, de poder entre as partes, e aquelas que têm por base uma relação de igualdade entre as partes. Nesse caso, não falariam de normas públicas e privadas, mas, sim, de normas de *subordinação* e de normas de *coordenação*.

Quando dois Estados celebram um tratado, ambos são dotados de poder soberano, mas, estando no mesmo pé de igualdade formal, estariam em uma relação de coordenação, isto é, numa relação entre presumidos iguais. Mas a relação entre um Estado e um particular, no caso de uma norma penal, se apresentaria como uma relação de subordinação. Já o Estado em relação a um particular, no contrato de compra de uma mesa à repartição pública, se apresentaria numa relação de coordenação.

Mais difícil ainda se torna a divisão entre normas de direito público e de direito privado quando se verifica o caso dos chamados *direitos sociais*. O direito do trabalho é o seu mais destacado exemplo. Esse é um ramo do direito que prevê a contratação livre entre patrões e empregados. Ninguém é obrigado a trabalhar para ninguém, e ninguém é obrigado a aceitar o trabalho de ninguém. Mas, ao mesmo tempo, em havendo contrato de trabalho, uma série de estipulações devem ser respeitadas: salário mínimo, férias, décimo terceiro salário etc. Há liberdade para contratar, mas nem tanto.

Muitos não sabiam, pela velha divisão entre normas públicas e privadas, como classificar as normas de direito social. Alguns juristas passaram a estabelecer um rol, a partir daí então, de três grandes grupos de normas. Outros se puseram a inserir as normas do direito do trabalho no grande campo do direito privado – os juristas mais próximos dos burgueses – ou no grande campo do direito público – os juristas mais próximos das lutas dos trabalhadores.

É certo que a divisão entre normas de direito público e de direito privado é frágil, com muitas dificuldades de uma objetivação maior, e também é certo que atende a interesses práticos e ideológicos muito claros. Os juristas defensores da burguesia e do capitalismo têm grande apreço pelo direito privado irrestrito, e sua luta por separar campos e minar o chamado direito público revela um interesse ideológico em proceder a essa divisão entre normas. Trata-se de uma divisão teoricamente superada, mas que ainda é utilizada ideologicamente pelo jurista.

8

OS CONTEÚDOS NORMATIVOS

A teoria geral do direito, conforme foi se desenvolvendo na Idade Moderna, no florescimento das relações sociais capitalistas, foi também criando e consolidando uma série de conceitos teóricos que servem de ferramenta para o uso comum do jurista. Por meio de tais conceitos, estabelece-se uma linguagem comum, ao mesmo tempo em que certos procedimentos jurídicos tornam-se uniformizados.

Tais ferramentas são expressão direta das relações sociais modernas, capitalistas. Um exemplo disso: o capitalismo se estrutura por meio da exploração do trabalho. Mas não por meio de qualquer exploração, e sim por uma exploração que torna o trabalhador livre para escolher para quem venderá sua força. O capitalismo, assim, dá direito aos indivíduos para contratarem sua própria exploração. Dessa realidade econômica capitalista surgem conceitos jurídicos como o de sujeito de direito, direito subjetivo, liberdade contratual, autonomia da vontade etc.

Esses conceitos, que têm origem na própria estrutura social moderna capitalista, são, pelos teóricos do direito, correlacionados formalmente ao tema da norma jurídica. Na verdade, poder-se-ia dizer num primeiro momento, seriam desdobramentos técnicos do próprio conceito de norma jurídica. Toda norma jurídica se dirige a alguém, e esse alguém é um sujeito de direito. Esse sujeito tem direitos subjetivos, advindos das próprias normas. Uma série de ferramentas jurídicas é criada a partir do próprio tema da norma jurídica.

Mas, enquanto para alguns, como Kelsen, esses conceitos são meramente normativos, isto é, somente devem ser analisados cientificamente como correlatos à questão da norma jurídica, sem lastreá-los a questões sociais e concretas maiores, para outros o enfoque é diverso. Há juristas mais atrasados que Kelsen, que pensam que esses conceitos são eternos, vêm de Deus ou estão sempre presentes, qualquer que seja a sociedade, porque a razão assim os impõe, e há os juristas mais avançados que Kelsen, que não tratam dos conceitos apenas dentro dos limites normativos, e sabem que tais ferramentas são formadas historicamente. Elas surgiram se prestando a determinadas relações específicas de exploração, as relações capitalistas.

Para os juristas tradicionalistas, que ainda não chegaram a Kelsen, há a crença de que o sujeito de direito é uma categoria jurídica existente há todo o sempre, e é por isso que as normas o protegem. Para esses, é porque todos os homens são sujeitos de direito em si mesmos, sempre com dignidade própria, que o direito um dia inventou o conceito técnico de sujeito de direito. Isso é uma inverdade. Na maior parte da história da humanidade, esse conceito e essa realidade nunca existiram. Basta lembrar do modo de produção escravagista e do modo de produção feudal para logo aperceber que o sujeito de direito é um fenômeno apenas moderno. No Brasil, o escravo, que era um ser humano, não era sujeito de direito, pelo simples fato de ser negro. A ele a dignidade jurídica não foi dada.

Mas, se quisermos avançar para além de Kelsen, é preciso reconhecer que o sujeito de direito foi um conceito advindo não de Deus ou da natureza, e sim de relações sociais e históricas concretas que redundaram em determinadas normas jurídicas; mas é preciso sempre saber as razões pelas quais instituições sociais e as normas assim se constituíram. Portanto, não se deve ignorar a norma jurídica, mas também não se pode pretender que todos os ferramentais jurídicos tenham, simplesmente, advindo das normas por uma mera extensão da vontade dos legisladores.

Os assim chamados conteúdos normativos, antes de serem institutos criados por normas jurídicas, são, na verdade, derivados de formas jurídicas que, por sua vez, são reflexas de formas sociais estruturais da sociedade capitalista. Tais formas originalmente sociais – sujeito, mercadoria, troca, liberdade, autonomia da vontade – revelarão correspondentes necessários no âmbito jurídico – sujeito de direito, direito subjetivo, dever, responsabilidade etc. As normas jurídicas, ao operarem com tais formas jurídicas, vão no sentido de explicitá-las e conformá-las – como são os exemplos das balizas da capacidade de dispor para o sujeito de direito. Trata-se de um processo de conformação, estruturação em conjunto das formas jurídicas e das normas correspondentes. Dá-se um processo de consubstanciação, mas jamais se tratando de uma criação de tais formas pelas normas. Embora a ciência do direito juspositivista chame por conteúdos normativos tais ferramentais, dando a entender que a norma jurídica as erigiu socialmente, trata-se do contrário. Formas sociais refletem-se em formas jurídicas, e estas são então balizadas normativamente. A norma jurídica, na verdade, vem apenas reconfigurar e reinvestir os conteúdos normativos, naquilo que eles representam de formas jurídicas estruturais.

Kelsen, no estudo dos conteúdos normativos, denomina por "estática jurídica" esse grande corpo de assuntos. Por se tratar de uma temática que as técnicas da teoria geral do direito extraem diretamente de qualquer norma jurídica, sem precisar compará-la com outras normas, este é um estudo que se reputa estático, isto é, uma decorrência que se pode extrair de uma norma jurídica em si própria, sem precisar recorrer às origens dessa norma nem à relação dessa norma com outras. Para o estudo das normas em relação a outras, Kelsen dá o nome de *dinâmica jurídica*.

Para uma visão crítica do direito, no entanto, a denominação "estática" esconde o fato de que os conteúdos normativos não são mera decorrência teórica extraída pelo jurista diretamente da norma, de maneira cerebrina. Pelo contrário, é no todo da vida social, no seio de suas estruturas e suas contradições, que os conceitos jurídicos ganham especificidade, formam-se, consolidam-se e se alteram.

SUJEITO DE DIREITO

A primeira grande ferramenta técnica relacionada diretamente à questão da norma jurídica é o conceito de *sujeito de direito*. Tal conceito é a pedra angular de todo o direito e de toda a sociedade capitalista contemporânea.

A princípio, os juristas associam o conceito de sujeito de direito ao conceito de indivíduo, ser humano. Sujeito de direito seria todo o indivíduo apto a ter direitos. Nada mais falso. Em primeiro lugar, porque o conceito de sujeito de direito não se refere necessariamente a seres humanos. Desde o surgimento do capitalismo, há uma grande modalidade de sujeito de direito que não é composta de seres humanos, de carne e osso, com características biológicas: a empresa, ou seja, a pessoa jurídica. Mas não só isso. Nem todo sujeito de direito é um ser humano, e nem todo indivíduo foi ou é sujeito de direito. Durante a história, nunca foi pacífico que todo ser humano fosse um sujeito de direito. No Brasil, até o ano de 1888 havia escravos, e a escravidão estava amparada nas leis e no Estado. Absurdamente, o escravo não era considerado pelo mundo jurídico um sujeito de direito, mesmo sendo um ser humano. A compreensão do conceito de sujeito de direito revela posições sociais concretas e, por detrás da afirmação do tema, há uma grande carga ideológica.

Um percurso histórico pode ajudar a desvendar as origens e as conotações do tema. Nas sociedades da antiguidade, de modo geral, o destino do indivíduo está ligado ao de seu próprio povo. Assim sendo, pouco se deu atenção à questão da pessoa, considerada isoladamente. Nas sociedades escravagistas, em geral, a sorte de um era também a sorte de todos daquele grupo. A derrota de um povo fazia de todos escravos, e a libertação tornava todos livres. A individualidade se afirmava apenas entre senhores, nunca entre as grandes massas de escravos.

É com o cristianismo que surge uma nova concepção, semente primeira do futuro conceito de sujeito de direito. Para o cristianismo, a sorte do indivíduo não é a mesma do seu grupo. Pela fé em Deus ou em Jesus, poderia uma pessoa ir aos céus, embora não seus pais nem seus filhos nem seu povo, caso todos esses não compartilhassem dessa fé. O cristianismo, em termos teológicos, está isolando uma parte do todo, e criando, pois, teoricamente, o conceito de pessoa.

O uso desse conceito serviu para garantir um espaço soberano para a fé de cada um, mas, também, para divorciar as ações de cada um em relação aos demais. O efeito positivo dessa visão do cristianismo foi o de postular a liberdade do indivíduo perante a maioria; mas, em sentido contrário, essa teoria é também o germe do individualismo, da falta de cuidados com o todo, que depois se tornou a grande característica da modernidade capitalista.

No entanto, ainda não é com o cristianismo que o tema do sujeito de direito se formou. É no final da Idade Média e no início da Idade Moderna, com o advento do capitalismo, que o conceito se constrói de maneira mais clara e consolidada.

Para o capitalismo nascente, baseado no comércio, na circulação mercantil, é preciso que haja a liberdade de vender para qualquer um e de comprar de qualquer um. Cada comprador e cada vendedor deveriam ser livres e responsáveis por suas negociações. Além disso, o lucro do comércio deve ser apropriado pelo burguês e ninguém poderia lhe roubar aquilo que era seu. Está sendo formado, neste momento, o moderno conceito de sujeito de direito, aquele que tem direitos, aquele que compra e vende no mercado. A afirmação do sujeito do direito como aquele que tem o direito à propriedade privada se estabelece.

O sujeito de direito é considerado, assim, desde o começo do capitalismo, como aquele que pode portar direitos e deveres, isto é, aquele que é proprietário, detém bens, faz circular mercadorias e serviços, estabelece contratos, vincula-se à sua declaração de vontade. O capitalismo não apenas considera sujeito de direito o burguês, mas também o comprador dos bens dos burgueses. E, acima disso, na fase da Revolução Industrial, a noção de sujeito de direito se esparrama de tal modo pela lógica da sociedade capitalista que até o corpo e o trabalho humanos, enfim, são tornados objetos de compra e venda. O capitalismo explora não só a venda dos objetos, mas também faz da ação dos homens um mercado, o mercado de trabalho. O sujeito de direito é tanto o burguês que compra a força de trabalho quanto o trabalhador que a vende.

Assim sendo, percebe-se que não importa o que se compra ou o que se vende; o sujeito de direito é sempre aquele que transaciona alguma coisa, no mercado. A origem do conceito de sujeito de direito é sempre capitalista. E basta esta primeira etapa da história do capitalismo, o capitalismo mercantil, para que já haja a ferramenta técnica do sujeito de direito. Há uma relação intrínseca e necessária entre sujeito de direito e mercadoria. O apogeu da forma-sujeito se dá com a exploração do trabalho assalariado. Neste momento, o trabalhador se constitui na maior das mercadorias do capitalismo. O sujeito de direito, então, passa a ganhar seus contornos universalmente postos.

Em momentos posteriores, com o refinamento do capitalismo e com o acirramento da luta dos explorados, o conceito de sujeito de direito foi servindo para garantir temas laterais e complementares ao grande tema da circulação mercantil. Começa-se a falar de direitos humanos, dignidade humana, direitos sociais, direitos ao meio ambiente etc. Mas todos esses direitos atendem à mesma lógica inicial da circulação mercantil: se alguém queima uma floresta, deve reflorestá-la ou pagar uma multa ou ir preso. Trata-se de um sujeito de direito sobre o qual recaem direitos e deveres. O sujeito de direito, mesmo nesses novos direitos, refinados e mais humanizados, ainda é o elemento mínimo da lógica que preside a reprodução jurídica do capitalismo. Não importa do que se trata, do que se vende, as relações são tecnificadas, e o sujeito de direito é aquele que opera essa transação.

Mas, desde o surgimento do capitalismo, além de considerar a *pessoa física* um sujeito de direito, também foi se desenvolvendo o conceito de *pessoa jurídica*. O burguês, desde o início, se punha em associação com outros burgueses, fazia empreendimentos em comum com um sem-número de outras pessoas. Assim, era preciso separar, num primeiro momento, o patrimônio de cada burguês do patrimônio da empresa. Mas como a empresa tem necessidades prementes – receber, pagar, contratar, ir a juízo –, desenvolveu-se uma teoria que conferiu à empresa uma personalidade própria.

Passa-se a considerar, então, que não só o burguês, pessoalmente, é um sujeito de direito, mas também a sua empresa, e esta é distinta dele. A operacionalização do capitalismo se torna muito mais ágil e eficaz dessa forma. A morte do dono de uma empresa multinacional não é a morte da sua empresa em todos os países onde está estabelecida. O funcionamento empresarial se torna muito mais ágil e independente das variabilidades da própria pessoa física de seu proprietário.

Ao mesmo tempo, ao separar o patrimônio da empresa do patrimônio do seu proprietário, foram dadas condições até mesmo para que o burguês se mantivesse respaldado dos eventuais riscos empresariais. A falência da empresa, pessoa distinta da de seu proprietário, não acarretaria riscos à sua vida privada.

Claro que tal separação é um elemento fundamental à operacionalização do capitalismo. Desde o capitalismo mercantil se apresenta como necessária a categoria da pessoa jurídica, como forma de ampliar a envergadura das possibilidades comerciais. Além disso, tal separação entre pessoa física e pessoa jurídica se prestou, historicamente, a ilegalidades e interesses formalmente escusos. Os empresários, no limite da falência das empresas, transferem para seus bens pessoais as riquezas que deveriam servir para pagar seus funcionários e credores. Para coibir tais casos, instituições de direito, em especial nos últimos tempos, tentam quebrar as barreiras que separavam a pessoa jurídica da pessoa física de seu proprietário.

Tal movimento, de investida contra o patrimônio do proprietário, e não só da empresa, leva o nome de desconsideração da pessoa jurídica; em inglês, *disregard*. Nos casos de falências, de crimes econômicos, de planejamentos para burlar credores e o fisco, é possível, em alguns casos, passar por cima do limite que separa a pessoa jurídica da física, buscando-se no patrimônio do proprietário aquilo que é necessário para o cumprimento das obrigações da empresa.

O conceito de pessoa jurídica serviu, também, para grandes formulações e debates em torno da concepção institucional do Estado. O Estado não é uma pessoa de carne e osso. Por exemplo, não se confunde o Estado brasileiro com a pessoa de quem ocupa a Presidência da República. Ao mesmo tempo, o Estado compra coisas, como carteiras para suas escolas, lâmpadas para as repartições públicas, e vende coisas, como os móveis usados, presta serviços, fornece medicamentos e saúde pública.

Ora, o Estado também tem obrigações, direitos e deveres. Demanda e é demandado judicialmente, embora o próprio Poder Judiciário, o que julga, lhe seja um dos poderes. Por isso, em especial no direito público e no direito administrativo, já há alguns séculos desenvolve-se a ideia de que o Estado seja uma pessoa jurídica, ao menos para os fins obrigacionais e judiciais. Claro está que o Estado tem um peso institucional na vida social diferente do peso de uma empresa. O Estado, além dos direitos que lhe são devidos quando contrata com alguém, tem poderes. Mas, ao senso imediato do jurista, incorporou-se a ideia de que, não sendo uma pessoa de carne e osso, o Estado é, então, aos fins judiciais e obrigacionais, uma pessoa jurídica.

De modo geral, pode-se assim dizer, a pessoa jurídica é um sujeito de direito, porque portadora de direitos e deveres, com autonomia para relacionar-se juridicamente. Mas não é uma pessoa de carne e osso. Com isso, fica explícito que o conceito de sujeito de direito não é, necessariamente, o da pessoa humana. Kelsen, na *Teoria Pura do Direito*, dirá que o que identifica o conceito de sujeito de direito é o fato de que certas normas conferem direitos e deveres a alguém ou algo. Por isso, mais importante do que se saber se esse algo é uma pessoa de carne e osso ou uma empresa ou uma coisa, é saber se a norma dá autonomia, direitos e deveres para tal. O conceito de sujeito de direito, para Kelsen, exsurge da norma jurídica, e não da pessoa a quem se refere.

Mais explícita fica tal teoria kelseniana quando se percebe que o sujeito de direito não é apenas a pessoa física ou a pessoa jurídica. Muitas outras situações e coisas, não sendo nem pessoa física nem jurídica, são, no entanto, sujeito de direito. Pensemos no caso da herança jacente. Tendo morrido o sujeito de direito proprietário de alguns bens, até o momento em que se determinar, judicialmente, a quem será destinado seu patrimônio, este continua vinculado às relações jurídicas subjacentes. O falecido era dono de uma casa, alugada a um terceiro. Morto o proprietário, os aluguéis ainda são devidos. Ao mesmo tempo, os impostos sobre a casa continuam sendo cobrados. Ora, a casa, mesmo sem um sujeito de direito que lhe seja o titular, continua vinculada a direitos e obrigações. Essa herança jacente é, pois, um sujeito de direito, porque a ela estão vinculadas normas jurídicas que lhe dão deveres e direitos. Mas a herança jacente não é nem uma pessoa física nem jurídica. Esse patrimônio era de alguém e, em alguma hora, irá para alguém. Mas, nesse interregno, mesmo não sendo pessoa física nem jurídica, é um sujeito de direito.

Por isso, na síntese de Tercio Sampaio Ferraz Jr., inspirado na teoria de Kelsen, o sujeito de direito não é apenas pessoa física ou jurídica. É, na verdade, um ponto geométrico de confluência de direitos e deveres. Pouco importa se esse ponto geométrico recaia sobre uma pessoa de carne e osso, sobre uma empresa, sobre o Estado, sobre alguns bens de herança. São as normas que definem o sujeito de direito, e não o contrário.

A posição de Kelsen, no século XX, reconhecendo o sujeito de direito como um elemento que exsurge da norma, tem o dom de romper com uma espécie de determinismo moral ou natural dos sujeitos. Sobre qualquer um ou algo recaem ou não as condições normativas que os tornam sujeitos de direito. No entanto, esse normativismo total para a explicação do conceito de sujeito de direito revela a vastidão da operacionalização das relações capitalistas: a mercadoria penetra a tudo e a todos. Como no passado a circulação mercantil era restrita, os sujeitos de direito eram também identificados de maneira tradicional e estabilizada pelo direito. Mas o apogeu do capitalismo representa a generalização da mercadoria. Por isso, não há mais fronteiras tradicionais, naturais ou morais, para circunscrever a identidade do sujeito de direito. Kelsen, ao propor uma identificação normativa genérica do sujeito de direito, expõe indiretamente, pelo sintoma, a verdadeira constituição do conceito: tudo e todos, no capitalismo, operam e são operados como mercadorias.

Percebe-se, pois, que é falso o reputado humanismo do direito, que diz que, porque o ser humano é importante, ele então é resguardado juridicamente. Na história, foi só por causa das relações capitalistas que surgiu o conceito de sujeito de direito. Deve-se entender, pois, que, se nesse tema, a teoria do direito opera de maneira normativista, reconhecendo como sujeito quem queira, isto se dá não porque as necessidades intrínsecas e humanitárias dos seres humanos devem ser atendidas, mas porque interesses jurídicos genericamente universais – capitalistas – assim se impõem.

Daí a necessidade de estudo crítico do tema do sujeito de direito, rompendo com toda a ideologia que faz pensar que o direito é uma forma necessária surgida da defesa dos interesses do ser humano. O conceito de sujeito de direito se põe historicamente por razões estruturais da reprodução capitalista, o que obriga o jurista a redimensionar, inclusive, a imediata e simples associação entre sujeito de direito e dignidade humana, reputada bastante e suficiente.

DIREITO SUBJETIVO

Um conceito correlato ao de sujeito de direito, e também de extrema importância ao funcionamento da reprodução jurídica da sociedade contemporânea capitalista, é o conceito de *direito subjetivo*. Por direito subjetivo quer-se dizer a respeito do direito de algum sujeito. A palavra subjetivo, em direito, quer sempre se referir a sujeito.

Da mesma maneira que o conceito de sujeito de direito surge com o capitalismo, portanto na Idade Moderna, o conceito de direito subjetivo também nasce de maneira correlata. Ninguém há de dizer que, no tempo do escravagismo antigo, o senhor de escravos tinha *direito* ao escravo. Ele tinha força bruta, poder físico, e por isso mandava. Não se pode dizer que ele tivesse direitos e o escravo deveres. A concepção de direitos surge apenas com o capitalismo. Nesse momento, alguém, mesmo sem forças físicas, pode ser o proprietário de determinados bens. Vai-se dizer que tem direito subjetivo sobre esses bens.

O direito subjetivo passa a ser uma ferramenta técnica para dar condições ao burguês de amealhar propriedades, bens e créditos. Não é a força física do burguês que lhe garante a posse. É o direito, institucionalmente, por meio desse conceito. O Estado passa a garantir os direitos subjetivos dos burgueses, mesmo que estes não tenham força física nenhuma. A consolidação da figura do sujeito de direito resulta da própria lógica da reprodução do capital. Posteriormente, o direito subjetivo, como conteúdo que é portado pelo sujeito de direito, vai ganhando seus contornos por meio de instituições políticas e normativas estatais.

O direito subjetivo de um sujeito de direito é garantido pelo Estado. Mas não só garantido: o direito subjetivo é também extraído das normas jurídicas, sendo o Estado o elemento que lhe dá constituição, como dirá Kelsen. Apenas quando uma norma reconhece o direito de um sujeito é que ele poderá pleitear, perante o Estado, o cumprimento desse seu direito subjetivo.

Kelsen está querendo dizer que não é porque todos são seres humanos que todos têm direito subjetivo a uma vida digna. Houve Estados que não reconheceram direitos subjetivos a todos, como foi o caso da Alemanha ao tempo de Hitler em relação aos judeus, ou o Brasil no tempo da escravidão em relação aos negros. Nesses casos, não havendo normas jurídicas que dessem direitos aos sujeitos, estes não podiam reclamar, juridicamente, serem titulares de direitos subjetivos. Se o Estado não dá direito a alguém por meio de suas normas, na prática, então, esta pessoa não tem direito.

Nesse ponto, é preciso entender a distinção e a relação entre *direito subjetivo* e *direito objetivo*. Costuma-se chamar por direito subjetivo aquele que pertence a cada sujeito de direito. Mas, em geral, chama-se por direito objetivo a norma jurídica, a lei, ou o conjunto de leis. Para Kelsen, o direito subjetivo somente existe porque assim determinam as *normas jurídicas*, que constituem o chamado direito objetivo.

Quando se fala em direito subjetivo e direito objetivo, a palavra *direito* é aqui usada para falar sobre duas coisas distintas. Quando alguém fala que tem ou não tem um direito, está dizendo que tem ou não tem um *direito subjetivo*. Mas quando alguém fala que o direito brasileiro é contra a pena de morte, está falando das normas do *direito objetivo* brasileiro. Essa é a diferença técnica entre os conceitos de direito subjetivo e direito objetivo.

Em algumas línguas, como o inglês, essa confusão não existe, porque há a utilização de duas palavras distintas, cada qual tratando de um conceito. Em inglês, quando alguém fala sobre o seu direito pessoal, fala sobre *right*. E quando se quer falar sobre as normas jurídicas, o conjunto das leis e instituições jurídicas, fala-se em *law*. Faculdade de Direito é chamada, assim, de *Law School*. Nas línguas neolatinas, no entanto, a palavra *direito* é usada tanto na acepção de direito subjetivo quanto na de direito objetivo, e por isso se usa um adjetivo para qualificar o substantivo *direito*.

Na velha tradição jurídica, em geral se dividiam os direitos subjetivos em *direitos pessoais* e *direitos reais*. Aqui, a palavra real vem do latim *res* e quer dizer coisa. Num contrato, uma pessoa se obriga perante outra, daí se diz que tem direito pessoal em relação a essa outra. Mas, por exemplo, no caso da propriedade de uma casa, há um direito sobre a coisa, de tal modo que ninguém poderá invadi-la. Então, nesse caso, os juristas tradicionalistas falavam que há um direito da pessoa não em relação a outra pessoa, mas em relação a uma coisa.

Kelsen, no entanto, refuta tal divisão, por absurda. Até mesmo os direitos reais são direitos entre pessoas, por causa das normas jurídicas que assim estipulam direitos e deveres. No caso desses direitos subjetivos reais, uma pessoa possui uma coisa, mas esse seu direito é *erga omnes*, isto é, contra todos. Todas as pessoas têm o dever de respeitar sua propriedade. Então, dirá Kelsen, trata-se também de direito pessoal, apenas com a diferença de que não é um direito pessoal diretamente relacionado a uma obrigação entre duas pessoas, mas sim entre uma pessoa e todas as demais, por conta de uma coisa.

Para Kelsen, não há relação de direitos subjetivos entre uma pessoa e uma coisa. As normas jurídicas estipulam direitos e deveres apenas entre sujeitos de direito. É por isso que, tecnicamente, os animais e a natureza não são sujeitos de direito nem têm direitos subjetivos. São objetos de direito, protegidos por normas jurídicas. São os sujeitos de direito, as pessoas, os seres humanos, que têm direito ao ambiente saudável, e por isso as árvores devem ser preservadas. Mas não se pode dizer, tecnicamente, que as árvores sejam sujeitos de direito ou que tenham direito. Sobre elas recaem direitos e deveres alheios, o que é diferente. Por isso, para Kelsen, o direito subjetivo é o direito do sujeito de direito, atribuído por meio de uma norma jurídica.

Ultrapassando as concepções tradicionais, que olhavam aos direitos subjetivos classificando-os conforme suas tradicionais relações com os objetos e as pessoas, Kelsen universaliza uma técnica indistinta de posse de direitos subjetivos genéricos pelos sujeitos de direito. Não é uma identificação específica, natural ou moral, do tipo de direito subjetivo que o faz ser constituído. Também essa generalização normativa procedida pela técnica kelseniana é reflexo das próprias condições capitalistas: o direito subjetivo é tomado como total abstração de direitos porque tudo e todos podem ser relacionáveis e mensuráveis como mercadorias.

DEVER E RESPONSABILIDADE

Outro conceito correlato ao de sujeito de direito e de direito subjetivo é o de *dever*. O jurista, pelo seu senso comum, sempre diz que a cada direito subjetivo de alguém corresponde o dever de outra pessoa. Então, sempre que alguém diz ter um direito, é porque outra pessoa ou grupo de pessoas deverá respeitar tal direito subjetivo.

Do mesmo modo que o conceito de sujeito de direito e de direito subjetivo nasceram na Idade Moderna, com o surgimento do capitalismo, o mesmo também se deu com o conceito moderno de dever. Claro que, tomado no sentido lato, nos tempos escravistas o escravo tinha o dever de trabalhar, mas não porque o senhor tivesse direito de lhe impor tal obrigação, e sim porque a força direta o determinasse.

Apenas no capitalismo é que surge a necessidade estrutural de que a dominação seja feita por meio de alguém se obrigando *juridicamente* perante alguém. O trabalhador contrata vender sua força de trabalho ao burguês porque quer, isto é, valendo-se, teoricamente, da sua autonomia da vontade. O direito dirá que ele deve trabalhar porque contratou assim fazer, porque quis. E isso gera, para a parte contrária, o burguês, o direito de ter o fruto do trabalho daquele que com ele contratou.

Por isso a palavra dever, tecnicamente, não é tomada nem no sentido de uma coação física nem no sentido de um impulso moral. Trata-se de um conceito formal, normativo. Kelsen considera que o dever é a condição daquele que, por meio de uma norma, estipula-se ou é estipulado a proceder de tal modo. Caso não proceda conforme o prescrito normativamente, dará espaço para que haja sanção pelo descumprimento do dever.

Na *Teoria Pura do Direito*, Kelsen não abre margem a considerar o dever como valor moral. Em sua perspectiva teórica, o dever é só um instituto técnico extraído da norma jurídica. Já que a norma jurídica, para Kelsen, pode ser resumida na fórmula *se A é, B deve ser*, sendo *A* a conduta que gera a sanção *B*, o dever é justamente aquela conduta que não leva à sanção. É o *não A*.

Exemplifiquemos. No direito penal, considera-se que o fato de matar alguém deve acarretar uma sanção de reclusão. Logo, o dever jurídico é não matar. Trata-se da conduta contrária à da *facti species*. Outro exemplo: se duas partes contratam um serviço em troca de dinheiro, o dever de uma é pagar e o de outra é prestar o serviço. Caso uma das duas partes não cumpra o dever, deu-se o fato que acarretará sanção. O dever é sempre a conduta contrária àquela que gera a sanção.

A tradição jusnaturalista enxergava o dever como um princípio moral que o direito, posteriormente, albergava em seus institutos. Tanto assim que era exatamente o comando do dever aquilo que os jusnaturalistas consideravam como sendo a norma primária. Mas a tradição juspositivista kelseniana, afastando do dever a consideração moral, só o apreenderá pelo nível da imputação formal de atos que gerem ou não sanção. Para os casos de normas de conduta como as de direito penal, fica claro que a conduta conforme o dever afasta a implicação da sanção. Ocorre que essa relação se torna mais complexa em casos como os das normas de sanção premial. Não se há dizer, em tais situações, que o dever é o que afasta a sanção, mas nem tampouco se considerará a conduta premiada como o dever. Sendo *A* a conduta à qual se imputa a sanção *B*, *não A* será dever, mas apenas em situações típicas, como as do direito penal por exemplo.

Por meio dessa fórmula de Kelsen, que se refere simplesmente à estrutura lógica de uma norma jurídica, é que se pode entender tecnicamente o conceito de dever, mas, também, o conceito de *responsabilidade*.

Não são necessariamente as mesmas pessoas aquela que tem o dever e aquela que responde pelo dever, caso este não tenha sido cumprido. Um funcionário de uma empresa tem o dever de conduzir o veículo de sua firma de maneira diligente. Mas, caso haja um acidente de trânsito, é a empresa, e não o empregado, quem se responsabiliza perante terceiros pelo acidente provocado pelo seu funcionário.

Percebe-se, assim, que embora o funcionário tenha o dever, e, portanto, no descumprimento do dever tenha dado causa a uma sanção, aquele que responderá pela sanção é outra pessoa, a empresa. Daí que, para a técnica jurídica, dever é a conduta contrária àquela que gera a sanção, e a responsabilidade é a condição de quem suporta a sanção. Na fórmula normativa de Kelsen, *se A é, B deve ser*, o dever é o *não A*. A pessoa que tem o dever de proceder ao *não A* não é necessariamente a mesma que irá suportar *B*, a sanção.

Nos casos em que a mesma pessoa que tem o dever é aquela que tem a responsabilidade, e, portanto, ela própria suporta a sanção, dizemos se tratar da *responsabilidade subjetiva*. Em geral o direito penal assim procede no que tange à responsabilização. Aquele que tem o dever de não matar é o mesmo que, caso mate, suportará a sanção de ser preso. Mas, em alguns casos, a pessoa que tem o dever não é a mesma que suporta a sanção, e, então, serão as normas do direito que falarão quem a suportará. Pelo fato de que, já em certas normas, estarem previamente estipuladas os sujeitos que respondem pelos deveres não cumpridos, dizemos que estes são casos de *responsabilidade objetiva*, isto é, advinda da lei. O direito do trabalho é assim nos casos em que o empregador responde por atos do empregado. O direito do consumidor também assim procede em suas linhas gerais, com o produtor ou o vendedor respondendo por problemas no produto posto ao consumo.

A tendência geral do direito contemporâneo vai no sentido de estabelecer, normativamente, de modo prévio, as responsabilidades, afastando-as das pessoas que descumprem os deveres e situando-as nas pessoas que podem suportar, financeiramente, as suas consequências. Por isso Kelsen dirá que também o conceito de responsabilidade é normativo. Não se trata de um conceito moral, mas sim de um mero conceito técnico. O responsável é o sujeito de direito a quem a norma jurídica incumbe suportar a sanção.

Um último conceito problemático ainda persiste, na teoria geral do direito, em torno do tema do dever. Costuma-se dizer que a todo direito corresponde um dever. Kelsen, por se apoiar cientificamente nas normas jurídicas, também é adepto dessa perspectiva, na medida em que os direitos subjetivos só existem porque normas objetivas assim lhe conferiram tais prerrogativas, e, portanto, porque pessoas outras têm o dever de respeitar tais direitos subjetivos. Mas no caso dos direitos políticos, como o eleitoral, há direitos subjetivos e não deveres. Todos têm o direito de votar e serem votados. Mas a ninguém corresponde o dever de neles votar. Kelsen, premido por objeções nesse campo, dirá que há um dever geral de respeitar os resultados eleitorais, e os direitos políticos correspondem, sim, a deveres políticos da coletividade. Para ele, não pode haver direito subjetivo descompassado de dever alheio.

CAPACIDADE E COMPETÊNCIA

Na esteira dos conceitos de sujeito de direito, direito subjetivo, dever e responsabilidade, a teoria geral do direito também trabalha com as ferramentas da *capacidade* e da *competência*. São também conceitos técnicos extraídos das próprias normas jurídicas.

Desde o surgimento do capitalismo, quando se criou a ferramenta do sujeito de direito, atribuindo-lhe direitos subjetivos, não se deixou que todos os sujeitos pudessem comerciar livremente. Houve, durante muito tempo, impedimentos às mulheres, às crianças e adolescentes, aos velhos, aos aprisionados, aos negros, aos índios, aos estrangeiros. Ainda na atualidade muitos Estados impõem restrições a variados grupos.

É por tal razão que se construiu, tecnicamente, o conceito de *capacidade*. Trata-se de um qualificativo formal para a legitimação jurídica dos atos dos sujeitos. O termo capacidade, juridicamente, não é aquilo que deixa entrever o senso comum, um conceito concreto, existencial das habilidades do sujeito. Não é a verificação das reais condições de ação de uma pessoa. Trata-se apenas de um conceito formal, normativo. Capaz é aquela pessoa que as normas jurídicas determinam formalmente habilitada a realizar negócios jurídicos ou a ser titular de direitos e deveres.

O direito moderno utiliza critérios de *idade* como os qualificativos mais frequentes para conceder capacidade ao sujeito de direito. Assim, nos Estados contemporâneos, embora cada qual varie a marcação da data em relação ao outro, em geral é com a estipulação de uma específica idade que se concede determinada capacidade ao sujeito. Além disso, o conceito de capacidade é utilizado tanto para a atribuição normativa que leve o sujeito a *ter* direitos subjetivos como serve também para as normas que possibilitam *dispor* dos direitos subjetivos. O conceito normativo de capacidade serve, em geral, para se referir a duas espécies de manejo dos direitos subjetivos. Num caso, trata-se da capacidade passiva de possuir direitos. Noutro caso, trata-se da capacidade ativa de poder transacioná-los, dispor deles.

Exemplifiquemos. Dizemos que todos têm capacidade de ter direitos, isto é, todos têm direitos subjetivos. Então um recém-nascido, com um dia de vida, é capaz de ter direitos, porque já deve ser respeitado em sua dignidade e pode herdar patrimônio de seus pais, por exemplo.

Mas também dizemos que, até uma certa idade, essa criança não pode dispor de seu patrimônio, nem fazer negócios livremente, a não ser que seus pais, tutores, curadores ou responsáveis o façam em seu nome. Pelas normas do direito civil brasileiro, somente com dezoito anos essa criança terá plena capacidade para realizar negócios jurídicos.

Resulta disso que capacidade não é um conceito que meça habilidades concretas, verificáveis na própria vida das pessoas, mas sim um conceito derivado de um apontamento normativo. As normas jurídicas estipulam os que são capazes de ter direito e dispor deles.

Dizemos que todo ser humano, desde que nasce, já é capaz de ter direitos subjetivos, isto é, todo ser humano é um sujeito de direito. Trata-se, neste caso, da capacidade passiva de ter direitos subjetivos. Mas como nem todo sujeito pode fazer contratos, apenas depois dos dezoito anos na legislação brasileira, salvo exceções, adquirir-se-á capacidade para os negócios jurídicos. Nesse último caso, trata-se da capacidade para dispor de direitos, ou seja, para transacioná-los.

O nascimento, a morte e a idade são algumas balizas normativas utilizadas de modo generalizado para a atribuição da capacidade. Mas tais parâmetros podem ser alargados ou diminuídos. Há situações de antecipação da maioridade de dispor dos direitos, como no caso da emancipação, na qual o ainda menor de dezoito anos – e maior de dezesseis, segundo as normas brasileiras – pode ser declarado plenamente responsável pelos seus atos. Há, também, situações nos quais se perde a capacidade de dispor, havendo a interdição de direitos. Os incapazes são os que perdem a faculdade de dispor de seus direitos. Um dos casos claros e tradicionais de cessação de determinadas capacidades se dá com a figura do pródigo. Aquele que apresenta descontrole de sua condição financeira, gastando de modo desmesurado, pode sofrer restrições à capacidade de contratar, por exemplo. Os índios tinham barreiras para os negócios, de acordo com as velhas legislações brasileiras. Viciados em droga, ébrios, deficientes mentais e os que tenham discernimento reduzido podiam historicamente ou podem até hoje se enquadrar em categorias de incapacidade, podendo retomar a capacidade em determinadas circunstâncias.

A capacidade de ter direitos seria de todos os seres humanos. Para algumas questões, o nascituro, aquele que ainda está em gestação, está já protegido juridicamente. Embora resguardado pelas instituições jurídicas, no entanto, o nascituro ainda não é um sujeito de direito, e não tem, portanto, capacidade.

Buscando proceder a uma divisão científica, o direito civil chama à capacidade advinda dos direitos que são conferidos a todos os seres humanos, por *direitos da personalidade*. Trata-se de uma esfera nobre da constituição jurídica dos sujeitos. Ninguém pode de tais direitos subjetivos dispor. São direitos que atinem à própria constituição de humanidade de cada ser. Os direitos da personalidade exemplificam o conceito de capacidade do sujeito de direito no sentido geral de aptidão a ter direitos. Mas, em se tratando da capacidade de negociar, o direito falará então em capacidade em sentido estrito.

O conceito de capacidade é muito utilizado no plano do direito civil para qualificar as aptidões de ter direitos e de dispor de direitos. Mas a questão da capacidade permeia todos os ramos do direito. O direito penal, por exemplo, estipula, por meio de normas jurídicas, a capacidade penal. Trata-se da aptidão jurídica para responder por crimes. No Brasil, ela é também um critério de idade, de 18 anos também. Isto é, somente os maiores de 18 anos são considerados formalmente capazes para responder criminalmente.

Num outro caso se revela o uso da ferramenta da capacidade: o direito eleitoral. A capacidade ativa é, nesse caso, a de votar, e ela se adquire também por meio de um critério de idade, aos 18 anos, e, facultativamente, aos 16 anos. A capacidade passiva é, no direito eleitoral, a aptidão para ser votado aos cargos públicos. Ela se adquire também com 18 anos, mas, para alguns cargos, o critério de capacidade muda a faixa etária, como no caso da aptidão para ser senador ou presidente, em que se estipula, normativamente, o padrão etário de 35 anos.

Utiliza-se o termo capacidade, também, para se referir à capacidade postulatória dos advogados perante o Poder Judiciário. Não pode qualquer pessoa, diretamente, pleitear seus direitos judicialmente. É preciso a intermediação de um advogado para o ingresso de uma ação judicial junto ao Estado. Diz-se, então, que o advogado tem capacidade postulatória, porque regularmente inscrito, no caso brasileiro, na Ordem dos Advogados do Brasil.

Além do conceito de capacidade, outro conceito muito utilizado pelo jurista é o de *competência*. Trata-se de outra ferramenta essencialmente normativa. Competência não é também um conceito do senso comum, vulgarmente confundido com habilidade. Trata-se de um conceito técnico, que se refere à condição formalmente apta a fazer tal ou qual procedimento jurídico. Seu uso é direcionado a organismos que preveem, aos sujeitos que em seu nome operam, a distribuição de específicos poderes.

Enquanto em geral se utiliza o termo capacidade para as aptidões de ter ou transacionar direitos das pessoas físicas, o termo competência é usado para as mesmas aptidões, mas no caso de atribuições relacionadas às pessoas jurídicas. Determinadas pessoas, que são agentes dessas pessoas jurídicas, têm competências específicas, de acordo com as previsões estatutárias, normativas ou contratuais.

O gerente de um banco tem competência para alguns procedimentos bancários, como o de abrir contas, mas seus superiores se reservam, pelo estatuto da empresa, a competência para outros procedimentos de nível maior, como o de vender a própria empresa. Competência, não se confundindo com habilidade concreta, é um atributo que confere direitos e poderes a determinados agentes tendo por lastro as normas jurídicas.

No Estado, como no Poder Judiciário e seus órgãos, é muito clara a noção de competência. A distribuição das possibilidades e dos poderes só existe, em tais casos, porque advindas de normatizações específicas. Não é todo Juiz de Direito que pode apreciar todas as causas. A competência para causas trabalhistas é dos juízes da Justiça do Trabalho. A competência dos vereadores, prevista na Constituição Federal e nas legislações municipais, não pode extrapolar determinadas matérias.

Assim sendo, capacidade e competência não são termos que se usam para falar de habilidades ou aptidões efetivas de pessoas, mas sim de disponibilidades facultadas por normas jurídicas a certos sujeitos de direito ou a certos agentes em seus papéis respaldados juridicamente.

RELAÇÃO JURÍDICA

O tema da *relação jurídica* é um dos mais tradicionais do direito. Se desde Kelsen passou a ser um tema acessório ao tema da norma jurídica, foi, antes disso, a ponta de lança de toda a teoria geral do direito. No século XIX, por exemplo, com Savigny, não era do tema da norma jurídica que se construía a ciência do direito, mas sim do conceito de relação jurídica.

A noção de relação jurídica se faz por meio de uma identificação sempre muito sensível, porque, a depender da visão filosófica e científica de cada teórico do direito, desenham-se os resultados mais diversos a respeito do tema. Tradicionalmente, por relação jurídica foi considerada uma relação *concreta* entre as pessoas, ou entre as pessoas e as coisas. Os velhos pensadores do direito assim tratavam da relação jurídica, dando ênfase nos sujeitos e nos objetos relacionados. A coisa pertencendo a alguém estabelece a relação entre ambos, num nível concreto da posse. No entanto, com a *Teoria Pura do Direito*, Kelsen rompe com tal visão tradicional.

Para Kelsen, muito mais do que uma relação entre pessoas ou coisas, a relação jurídica é uma relação *entre normas*. Isso porque, se uma pessoa se relacionar com outra, mas as normas jurídicas nada disserem sobre esse tipo de relação, então ela não traz implicações jurídicas: essa relação nada representará ao direito. Se nunca o direito disciplinou a relação do homem com o ar, então o fato de respirar, a princípio, não se tem na conta de relação jurídica.

No pensamento de Kelsen, o fundamento da relação jurídica reside justamente no fato de que são as normas jurídicas – que atribuem direitos subjetivos, deveres, responsabilidades, capacidades e competências – que se relacionam, determinando onde confluem tais direitos ou deveres. A teoria de Kelsen, assim, mesmo no tema da relação jurídica persiste cientificamente fincada apenas nas questões normativas.

Quando se compreende a relação entre duas pessoas num contrato de compra e venda, poder-se-ia entender tal vínculo entre ambos como uma relação concreta de vontades, posses, cálculos de vantagens, disposição de troca etc. Mas, para Kelsen, tal relação é jurídica porque normas qualificam uma das partes como comprador, outra como vendedor, ambos como sujeitos de direito e o ato como contrato. A norma jurídica não é apenas uma qualificação que se dá para relações concretas existentes. No modelo de Kelsen, a norma jurídica é o que constitui a própria relação jurídica.

O tema da relação jurídica passa a ser menor, para o pensamento kelseniano, porque o eixo de identificação do direito foi transferido para a questão da norma jurídica. Mais importante do que as relações entre as pessoas são as normas que implicam em tais relações. Teorias contemporâneas, posteriores à de Kelsen, como a teoria dos sistemas de Luhmann, prosseguem e aprofundam essa visão, retirando das relações sociais, das pessoas ou das coisas concretas o foco do direito, passando à compreensão dos papéis sistematicamente previstos pelas normas jurídicas.

No entanto, ao invés de limitar a relação jurídica meramente às normas jurídicas, uma compreensão aberta e profunda deveria, pelo contrário, buscar as causas concretas, econômicas, sociais, políticas, ideológicas, psicológicas, estruturais, que são causa de concretas interações. Pela via contrária do reducionismo, qualquer teoria mais profunda do direito deve ampliar as bases da compreensão das relações jurídicas, sabendo que o problema do direito não se esgota meramente nas normas. Trata-se de postular uma compreensão filosófica do direito a partir da totalidade, e não da parcialidade.

As relações entre as pessoas e as pessoas e as coisas, no passado, eram consideradas naturais. Somente foram consideradas jurídicas a partir de determinadas estruturas históricas e sociais. O capitalismo se reproduz por meio de uma interação necessariamente jurídica entre as pessoas e as coisas, tendo por base a mercadoria. Por isso, se a relação jurídica é genericamente uma relação entre normas, recaindo indistintamente sobre pessoas e coisas, este é um reflexo que espelha uma dimensão estrutural e mais profunda: tudo e todos podem se relacionar e ser relacionados como mercadorias. A generalidade possível das relações normativas reflete a própria indistinção das relações capitalistas.

Na análise das relações jurídicas a partir meramente da relação entre as normas jurídicas e seus conteúdos, desdobram-se, além das teorias de Kelsen, ainda mais algumas visões teóricas. Alf Ross, desenvolvendo o tema, propõe uma classificação das relações jurídicas a partir da sistematização das próprias normas jurídicas.

Para Alf Ross, as normas jurídicas ou prescrevem *condutas* ou *competências*. No caso das normas de conduta, certas ações ou omissões são previstas e, delas, decorrem sanções. No caso de normas de competência, poderes são distribuídos, de tal sorte que as relações são, nesse caso, de submissão ao poder estatuído ou de nulidade caso isso não aconteça.

A diferença entre normas de conduta e normas de competência se dá também pelo fato de que as normas de conduta preveem hipóteses de relações entre iguais. Se alguém contrata com alguém, o descumprimento do contrato gera sanções. As partes são tidas como iguais, no mesmo nível formal. Já as normas de competência preveem relações de subordinação. Em geral o Estado, nas suas funções tipicamente públicas, assim procede. Na distribuição de competências, uma ação proposta perante o juízo incompetente gera nulidade. Se fosse um contrato entre duas partes, uma formalidade errada poderia ser sanada. Em se tratando de norma de subordinação, o vício em geral é insanável.

A partir das normas de conduta ou das normas de competência, algumas relações jurídicas podem ser compreendidas sistematicamente. No caso de normas de *conduta*, se uma pessoa tem direito subjetivo em relação a outra, esta tem dever em relação à primeira, e vice-versa. Mas, se uma pessoa não tem direito em relação à outra, então esta também não tem dever para com a primeira. Na terminologia de Alf Ross, diz-se, neste último caso, que a não faculdade de um é a liberdade de outro.

Em relação às normas de *competência*, as relações são de subordinação, ou seja, de poder. Então, pensando, por exemplo, no caso das relações com o Estado, se este tem o poder, alguém está submetido. Se, no entanto, essa pessoa tem imunidade contra o Estado, então este está na condição de impotência.

A partir disso, no seu livro *Direito e Justiça*, Alf Ross propõe um quadro das relações jurídicas tendo por base as normas jurídicas de conduta e competência:

Normas de conduta:
1) dever (A-B) ↔ faculdade (B-A)
2) liberdade (A-B) ↔ não faculdade (B-A)
3) faculdade (A-B) ↔ dever (B-A)
4) não faculdade (A-B) ↔ liberdade (B-A)

Normas de competência:
1) sujeição (A-B) ↔ potestade (B-A)
2) imunidade (A-B) ↔ impotência (B-A)
3) potestade (A-B) ↔ sujeição (B-A)
4) impotência (A-B) ↔ imunidade (B-A)

Nesse quadro, vê-se, por exemplo, na primeira hipótese das normas de conduta, que o dever de *A* em relação a *B* corresponde ou equivale à faculdade de *B* em relação a *A*. Quanto às normas de competência, a sujeição de *A* a *B* é também a potestade (o poder) de *B* em relação a *A*.

Alf Ross ainda está no escopo da teoria kelseniana, ao esvaziar a relação jurídica da concretude das relações sociais, transformando o problema relacional em mero problema normativo e lógico. Mas Ross desenvolverá até o limite tais relações lógicas entre os comandos e conteúdos normativos.

Para compreender de maneira mais profunda o problema da relação jurídica, no entanto, é preciso lembrar que ela é apenas um momento qualificado das próprias relações sociais. As relações jurídicas, tomadas na sua concretude, são muito mais amplas do que as suas meras referências normativas. Se, na proposição de Alf Ross, há relações jurídicas de liberdade, faculdade ou sujeição, isso não se revela apenas na configuração das normas jurídicas que qualificam tais relações. Há verticalidades e horizontalidades nas relações sociais que são dadas por causas econômicas – as classes sociais, por exemplo –, políticas – o poder do Estado e de seus agentes –, culturais etc. É na imbricação da relação normativa com as relações sociais que estar o cerne da explicação do fenômeno das relações jurídicas.

9

O ORDENAMENTO JURÍDICO

O direito se refere a normas jurídicas, mas, na prática jurídica, elas nunca são encontradas isoladamente. O direito não é composto de apenas uma norma. Pelo contrário, nos tempos modernos e contemporâneos, os Estados legislam se valendo de uma infinidade de normas jurídicas, não se pode imaginar que em nenhuma sociedade atual o direito pudesse ser reduzido a apenas uma norma. Por isso, uma importante etapa dos estudos jurídicos deve se devotar a compreender o *conjunto* das normas jurídicas.

Na modernidade, com o Estado arrogando a si o monopólio da legislação, dos julgamentos e da força física, também os assuntos considerados jurídicos passaram a ser aqueles que o Estado assim entendesse. Embora múltiplas as temáticas, as tantas normas sociais, dos costumes, da moral, da religião, foram reduzidas às normas estatais. Somente são normas jurídicas as provenientes das fontes estatais. O conjunto dessas normas fornece ao jurista médio a sua técnica quotidiana.

Mas as normas do direito não se encontram esparsas, nem mesmo agrupadas de qualquer modo, sem critérios. Em épocas nas quais o poder dos Estados pertencia aos monarcas absolutistas, até era bastante razoável imaginar que havia um conjunto o mais contraditório possível de leis, porque todas elas dependiam apenas da vontade do rei. Mas, a partir do surgimento dos Estados liberais, e em especial a partir do século XIX, a formação das normas jurídicas, a sua estruturação e a sua aplicação buscam se tornar mecânicas. Por isso, ao invés de exaltarem o acaso ou a vontade de um rei na formação do conjunto das normas, os juristas passam a exaltar a unidade, a coerência, a harmonia entre as normas. Elas hão de guardar entre si alguma unidade, um conjunto mínimo de preceitos organizados. Daí que, em geral, o jurista chama a esse conjunto de normas jurídicas pelo nome de *ordenamento jurídico*. Fala-se em ordenamento por conta da presunção de que haja alguma ordem a partir da qual as normas se encontram agrupadas.

Embora em muitas outras circunstâncias históricas tenha havido a pretensão de construir conjuntos normativos ordenados, é somente com o capitalismo que esse problema se apresentou de maneira mais clara. Nos modos de produção anteriores, como o escravagista e o feudal, as normas se revelavam apenas vontades imediatas do senhor, e essas vontades podiam ou não ser coerentes. Um escravo, no modo de produção escravagista da antiguidade, não poderia reclamar incoerência do seu senhor pelo fato de ter ganhado menos comida que outro escravo que tivesse feito o mesmo serviço. A mera vontade do senhor de escravos determinava as normas mais díspares. Não se pode dizer que houvesse alguma ordem de harmonia ou constância nesse conjunto normativo.

No capitalismo, no entanto, dada a estrutura específica desse modo de produção, é preciso que haja uma certa unidade entre as normas jurídicas, sob risco de não se garantir o mínimo de estabilidade das relações mercantis e produtivas burguesas. Por isso, já desde o início da Idade Moderna, começa um movimento de sistematização das normas, buscando torná-las coerentes. Por certo, o direito trata de uma miríade de assuntos e hipóteses, e, por tal razão, essa coerência nunca foi garantida totalmente. No capitalismo, no entanto, tal coerência não se dará apenas pelo *conteúdo* do que as normas impõem, mas sim pela *forma* pela qual as normas são produzidas.

A fim de se buscar uma mínima ordem no conjunto das normas do direito, começa-se a considerar como sendo norma jurídica apenas aquela emanada do Estado. E mais, sendo o Estado um ente complexo, com vários agentes e instâncias, estipula-se um poder legislador específico de cada um desses entes. Com isso, ainda que não houvesse garantia total de que os conteúdos fossem coerentes, havia a garantia de que outras normas que não as estatais não interfeririam no conjunto normativo jurídico.

As revoluções burguesas liberais do século XVIII são um exemplo muito claro dessa construção de um conjunto ordenado de normas. Ao tempo do Absolutismo, os monarcas legislavam do modo mais contraditório possível, dando e negando os mais diversos privilégios. Contra tais legislações absolutistas, que eram casualísticas, as revoluções burguesas exigiram normas universais, que fossem emanadas dos poderes legislativos por meio de regras previamente estabelecidas. A partir daí, consolidou-se definitivamente a ideia de que o direito deve encontrar, no conjunto das normas jurídicas, um todo coerente.

A base última dessa coerência entre as normas reside no fato de que o capitalismo necessita, estruturalmente, de um encadeamento de ações e hipóteses. O comércio, a indústria, a produção, a garantia da propriedade privada e da exploração do trabalho, tudo isso forma um complexo muito vasto e rico de hipóteses que precisam estar firmemente concatenadas. O rompimento de uma dessas peças pode representar o rompimento da estrutura de reprodução do capitalismo. Se as normas que se referem aos contratos forem respeitadas, mas se não o forem as que garantem a propriedade privada, a lógica do capitalismo se esgarça.

Já em modos de produção anteriores isso não acontecia. A escravidão era garantida na força, no poder bruto da violência e do acesso a determinados recursos. No sistema feudal, a posse dos meios de produção – e fundamentalmente da terra – era o que sustentava a estrutura do poder. Nesses modos de produção, a vontade de um legislador é essencialmente contraditória, e isso não abala as relações sociais, porque elas são relações de mando bruto.

Mas a coerência que se verificou, a partir de um certo tempo, no ordenamento capitalista, também tem uma história pregressa que lhe serviu de exemplo, ao menos no campo ideológico. Em sociedades primitivas, até mesmo as normas dos ordenamentos religiosos não necessariamente guardam nexo lógico entre si. O Deus da Bíblia pode normatizar certas coisas a alguns e não a outros. Nos mesmos Dez Mandamentos estão normas morais como a da adoração a Deus e normas costumeiras, como a do respeito ao sábado. Contudo, ainda que tais normas fossem incoerentes, não havia grandes problemas teóricos que daí ressaltassem. Os antigos consideravam tais normas como meras expressões da vontade divina, não cabendo aos homens racionalizá-las.

No Direito Romano, suas codificações foram, na maior parte das vezes, compilações de experiências dos pretores e dos juristas daquele tempo. Também essas compilações não guardam unidade lógica necessária, porque foram resultado de uma junção de decisões jurídicas distintas e esparsas. O *Digesto*, que muitos reputam por um sistema lógico e fechado, na verdade é uma coletânea de experiências jurídicas a princípio desconexas entre si.

Um conceito de sistematicidade das normas só vai surgindo a partir da última fase da Idade Média, quando se buscou, por meio dos juristas comentadores do direito romano, criar uma unidade explicativa tendo por base as compilações do passado. Assim sendo, os comentadores se puseram a postular uma coerência que, no texto original, não existia.

Já os modernos têm, em relação às normas morais e religiosas, uma outra visão. O Iluminismo dirá se tratar de um absurdo a crença numa legislação incoerente e meramente voluntariosa por parte de Deus. Em vez de imaginar que Deus distribuísse diferentes normas de acordo com as circunstâncias e os mais variados interesses, seria preciso descobrir a estabilidade das normas morais e naturais, sua íntima harmonia, sua *concordância*. A busca por derivar apenas da lei do amor de Cristo um conjunto normativo moral harmônico, que excluísse as eventuais incoerências bíblicas e religiosas, é um exemplo dessa nova postura.

Também o Iluminismo foi responsável por dizer que havia um conjunto de normas jurídicas coerentemente ordenadas extraídas do pensamento. Tratava-se, na linguagem dos iluministas, de um *direito natural* racional, o jusracionalismo. As normas do direito natural seriam as normas que a razão descobria, e essas normas não poderiam conflitar entre si. Na verdade, o denominado direito natural, racional, era o conjunto das normas que legitimavam o interesse burguês. Tratava-se, sim, de um conjunto normativo coerente, mas coerente pelo fato de que todas as normas postuladas eram apenas as que interessavam à atividade burguesa.

No século XIX, após as revoluções liberais burguesas, houve um movimento na Europa de positivação de normas. Os Estados, que já eram então burgueses, passaram a impor normas jurídicas que guardavam concordância entre si. E, ao invés de promulgarem apenas normas esparsas, os Estados burgueses promulgavam códigos, conjuntos de leis, o que mais ainda garantia a coerência dos seus interesses. O século XIX foi a época da *codificação*. O Código Civil francês, que fez fama e serviu de exemplo a muitos outros em todo o mundo, foi promulgado por Napoleão Bonaparte em 1804.

No entanto, com a evolução do capitalismo nos séculos XIX e XX, muitas normas que eram do interesse burguês passam a não mais sê-lo. Por exemplo, o capitalismo intervencionista, que foi típico de estados de bem-estar social e mesmo de estados fascistas, passa a interferir na liberdade dos contratos. Se a plena autonomia da vontade era um conteúdo normativo importante para a burguesia no começo do século XIX, tanto que vem inscrita no Código Civil francês, já não o é no começo do século XX, quando surgem, por exemplo, as legislações do trabalho, que postulavam a direção e o controle estatal sobre as ações e condições dos trabalhadores.

É por isso que, em especial no século XX, já não mais bastava dizer que o ordenamento jurídico era um conjunto coerente de leis porque elas não conflitavam entre si nos seus conteúdos. Muitas vezes o conflito de conteúdos era importante à própria burguesia, que ora defendia a liberdade de contratos, ora não. Por tal razão, em face uma multiplicidade muitas vezes ilógica do conteúdo das normas jurídicas, os pensadores do direito se põem a refletir de outro modo a respeito da coerência do ordenamento jurídico. Kelsen é quem responde com melhor acerto a esse imperativo técnico dos novos tempos.

A COERÊNCIA DO ORDENAMENTO

Nos séculos XIX e XX, o movimento de codificação e de ordenação das normas jurídicas tem um grande apogeu. Com as constituições, os Estados ocidentais capitalistas passaram a criar normas que estipulavam como outras normas seriam criadas, estabelecendo, assim, um processo de legalização das normas que seriam consideradas ou não dentro do ordenamento jurídico. Nesse momento, quando as próprias normas do sistema passam a prever quais outras normas serão admitidas formalmente no ordenamento, já se vai chegando à espécie de conjunto jurídico típica da contemporaneidade. O ordenamento jurídico estipula, pela forma, quais normas serão consideradas jurídicas e como serão resolvidos os impasses entre as próprias normas do ordenamento.

A razão dessa busca de ordenação é clara. Ao capitalismo, é absolutamente repugnante que possa haver uma contradição entre as normas que atente contra seus princípios. Mas, sabendo que é impossível que todas as normas sejam de fato lógicas entre si nos seus objetos, o Estado contemporâneo busca, então, promover uma coerência *formal* entre essas normas: elas devem emanar apenas das autoridades competentes, mesmo que estas, em muitas ocasiões, possam determinar conteúdos variados às normas. Mais do que certos conteúdos, importa o *controle* estatal. Assim sendo, a coerência fica garantida não pelo fato de que todas as normas buscam os mesmos fins, mas sim porque emanam das mesmas fontes já preestabelecidas.

É claro que os ordenamentos jurídicos são expressões de interesses múltiplos, de ações variadas de legisladores diferentes temporal e socialmente. Ainda que haja princípios que muitos Estados capitalistas atendam integralmente, como as normas burguesas de defesa da propriedade privada, isto não quer dizer que o ordenamento seja totalmente unificado a partir de tais princípios. Normas podem se chocar contra outras, conteúdos os mais variados podem ser admitidos dentro do conjunto normativo, e, por isso, o direito costuma criar critérios para sistematizar essa miríade normativa.

O primeiro passo para estruturar as normas dentro de um ordenamento é escaloná-las. Quando se criam esses escalões de normas, estabelece-se que tipo normativo se sobrepõe aos demais. Assim, ao se determinar que certas normas, as constitucionais, têm primazia em relação às demais, quer-se dizer que todas devem se submeter aos preceitos e trâmites constitucionais. Também quando se diz que uma lei se sobrepõe a uma portaria, quer-se dizer que, caso haja um conflito entre os dispositivos dessas duas normas, o jurista saberá com qual das duas trabalhará, a mais alta.

Essa disposição escalonada das normas jurídicas é a *hierarquia*. Por meio dela, criam-se patamares, degraus, faixas normativas. É o primeiro passo para a coerência do ordenamento.

Contudo, até mesmo dentro de um mesmo escalão normativo, as normas não necessariamente guardam coerência entre si. Se tomarmos apenas as normas constitucionais

– que estão na mesma hierarquia – há normas que determinam princípios que se chocam com os princípios de outras normas. Apenas teoricamente os ordenamentos conseguem guardar uma unidade total nos seus princípios. Na prática, como são resultantes das contradições sociais, exprimem sempre, de alguma maneira, essas contradições nas suas próprias normas.

Assim sendo, a maior parte dos cientistas do direito, no século XX, buscou dizer que, mais do que coerente no conteúdo das normas, o ordenamento jurídico é coerente na forma das normas. Isto é, as normas serão consideradas jurídicas, pertencentes a um ordenamento, se forem criadas a partir dos preceitos normativos previamente estipulados. Caso as normas sejam assim criadas, seriam consideradas válidas.

Isto quer dizer que os juristas, buscando salvar a coerência do ordenamento jurídico, na verdade reconhecem a impossibilidade dessa plena coerência. Em muitos casos, as normas superiores determinam os conteúdos das normas inferiores. Mas em todos os outros casos, apenas a forma. Por isso, para os juristas positivistas do século XX, trata-se de entender os mecanismos de construção das normas, trata-se de entender se são legais ou ilegais, constitucionais ou inconstitucionais, mas sem se preocupar imediatamente se o ordenamento é coerente intrinsecamente no seu mérito, isto é, nos seus conteúdos normativos.

É por tal razão que a maior parte dos ordenamentos, mesmo os das ditaduras, defende os direitos humanos, a democracia e a justiça social, mas essas normas em geral não se chocam, na atividade prática dos juristas, com outras que determinam a censura, o arrocho salarial, a opressão e a tortura, desde que essas normas sejam emanadas de autoridade competente. A busca de coerência é só formal. Na prática, não se trata de um ordenamento, de um conjunto ordenado, e sim de um agrupado de normas. Falarão sempre mais alto as normas que mais interessem ao poder e às estruturas que sustentam o direito.

A CONSTRUÇÃO ESCALONADA DO ORDENAMENTO JURÍDICO

Kelsen, ao estudar o conjunto das normas jurídicas, nunca dirá que elas são coerentes entre si porque todas elas tratam de assuntos que não conflitam. Ele reconhece que o ordenamento jurídico guarda, em seu seio, normas que muitas vezes falam das coisas mais díspares. No entanto, dirá Kelsen, a fim de que as normas sejam reconhecidas como pertencentes a um mesmo ordenamento jurídico, elas devem emanar das mesmas fontes normativas. Nos Estados modernos capitalistas, essa fonte é única, o Estado. Assim sendo, serão normas jurídicas aquelas que são emanadas das fontes estatais, por meio das regras que sejam previstas pelo próprio Estado e seus legisladores.

Residindo a coerência entre as normas de um ordenamento jurídico no fato de que emanam das mesmas fontes, elas somente serão aceitas no ordenamento caso os procedimentos de sua criação tenham sido previstos e albergados por outras normas do próprio direito. É por isso que, mais importante do que o conteúdo das normas, é o procedimento de sua criação o que identifica a coerência do ordenamento.

Por meio de normas da Constituição Federal, verifica-se que o legislador municipal (o vereador) tem competência para legislar a respeito do IPTU – Imposto Predial e Territorial Urbano. Ora, o vereador de São Paulo estipulou normas tributárias de IPTU cujas alíquotas de imposto são diferentes das normas da vereança do Rio de Janeiro. Diríamos que se trata de uma incoerência. Em realidade não, porque, nos passos de Kelsen, trata-se de uma coerência formal. Os legisladores municipais têm competência, de acordo com as normas constitucionais, para definir alíquotas. A incoerência estaria no fato de um vereador desejar legislar sobre o Imposto de Renda, por exemplo. As normas constitucionais brasileiras não lhe dão competência para isso.

Entende-se, então, segundo os passos de Kelsen na *Teoria Pura do Direito*, que, tecnicamente, o conjunto das normas jurídicas deve ser pensado como se fosse uma construção escalonada. As normas jurídicas não valem todas do mesmo modo. Há uma *hierarquia* entre as normas: as normas constitucionais, por exemplo, são hierarquicamente superiores às normas municipais.

Como em geral há, quantitativamente, mais normas infraconstitucionais do que normas constitucionais, e como estas estão no ápice do ordenamento e as demais se encontram abaixo delas, costuma-se dizer que o ordenamento jurídico, para Kelsen, teria uma forma de *pirâmide*. No topo dessa estrutura piramidal, as normas constitucionais. Abaixo, os vários escalões hierárquicos de normas jurídicas.

Apenas se saberá se uma norma jurídica pertence ao ordenamento jurídico caso ela tenha sido criada e trate de assuntos que sejam da competência do legislador que a criou. Mas, como saber se o legislador poderia criar essa norma? Olhando para as normas hierarquicamente *superiores*. Se elas permitem que o legislador tratasse daquele assunto segundo aqueles procedimentos, então a norma jurídica criada pertence ao ordenamento. Caso não, a norma é inválida, ilegal, muitas vezes inconstitucional, porque feriu as previsões das normas superiores.

Esse procedimento de criação das normas e de verificação de sua pertinência ao ordenamento jurídico sempre deve ter em mente que o ordenamento tem escalões de normas. Há hierarquia. Normas superiores condicionam as inferiores. Então estas, para pertencerem ao ordenamento, devem estar adstritas às condições impostas por aquelas. Tecnicamente, isso equivale dizer que, para sabermos se uma norma jurídica pertence ao ordenamento jurídico, devemos saber a respeito da *validade* dessa norma. A norma será válida caso uma norma superior a respalde.

Pode-se ver no pensamento de Kelsen a postulação de que a construção do ordenamento jurídico se faz com o seguinte modelo: *norma jurídica → ato de vontade do legislador → norma jurídica*. É assim que Kelsen propõe que se compreenda o ordenamento jurídico: ele é coerente porque todas suas normas jurídicas devem ser validadas pelas normas superiores, seja pelo conteúdo previsto, seja pelos procedimentos previamente estabelecidos. As normas jurídicas são criadas por atos de vontade dos legisladores. Mas esses atos de vontade têm que ter por base normas jurídicas anteriores que lhe respaldem a criação.

A NORMA FUNDAMENTAL

As normas jurídicas só podem ser consideradas como pertencentes a um ordenamento jurídico porque outras normas jurídicas, hierarquicamente superiores, lhes deram validade. Assim, exemplifiquemos, uma norma municipal é válida porque a Lei Orgânica Municipal lhe dá validade. Mas a Lei Orgânica Municipal é norma válida porque está acorde com as previsões de outras normas superiores, como as normas da Constituição

Federal. Então, a garantia de que uma norma pertença ao ordenamento jurídico, ou seja, a sua *validade*, reside em uma norma hierarquicamente superior, e esse procedimento é contínuo: uma norma se valida em outra superior, que por sua vez se valida em outra ainda superior etc.

Claro está que tal procedimento leva a uma pergunta fulcral. No Brasil, por exemplo, o conjunto das normas jurídicas tem, no seu mais alto grau hierárquico, as normas da Constituição Federal. Por isso, podemos dizer, todas as demais normas do ordenamento jurídico somente serão válidas se estiverem de acordo com os procedimentos, as competências e as estipulações das normas constitucionais. No entanto, logo surge a pergunta: quem dá validade às normas constitucionais?

Se alguém disser que as normas constitucionais são válidas porque outras normas, acima delas, lhe dão validade, então o ápice do ordenamento estaria nessas outras normas, e não na Constituição. No modelo previsto por Kelsen, em algum momento é preciso parar de subir de escalão hierárquico, para que se encontre um fundamento que unifique o próprio ordenamento. As normas constitucionais são o ápice desse conjunto normativo. Mas de onde vem a validade dessas normas?

Kelsen responde a essa indagação propondo um subterfúgio. Trata-se do cerne da sua teoria sobre o ordenamento jurídico, onde se situa também a mais alta insatisfação e crítica dos demais juristas em relação ao modelo teórico kelseniano.

Toda norma de um ordenamento, para ser válida, precisa de outra norma superior que lhe dê validade. As normas constitucionais, então, são válidas porque há uma *norma fundamental* (*Grundnorm*), que não existe formalmente, mas é pressuposta pelo jurista, que lhe dá validade. Para Kelsen, essa tal norma fundamental não é uma norma do ordenamento, porque, se assim o fosse, ela também precisaria ser validada por alguma outra norma. Ela é um *pressuposto* teórico do jurista, do cientista do direito. Quando o jurista trata do ordenamento jurídico, ele tem de pressupor que as normas constitucionais têm de ser aceitas, porque senão não haveria ordenamento coerente a ser trabalhado teoricamente.

A pressuposição do jurista ao lidar com o direito, que Kelsen chama por norma fundamental, equivale a um imperativo que mandasse cada jurista começar a entender o ordenamento jurídico sempre a partir das suas normas hierarquicamente mais altas – no caso brasileiro, a partir das normas constitucionais. Para Kelsen, a norma fundamental é um pressuposto teórico, uma ferramenta teórica necessária ao jurista a fim de que ele entenda, validando pelo alto, esse complexo escalonado de normas jurídicas.

A proposta de Kelsen é idealista. Não fundamenta sua análise da lógica do ordenamento jurídico na realidade social concreta. No entanto, a sua proposta de norma fundamental deve guardar algum mínimo de realismo. Não se pode ter por pressuposto de análise do direito qualquer fundamento de qualquer ordenamento, como o religioso, o moral. A norma fundamental atenta ao ordenamento estatal existente. Mas, então, por que precisamos necessariamente tomar, como imperativo científico ou teórico, que se deve começar a entender o ordenamento a partir dessas suas normas hierarquicamente mais altas? Na verdade, o jurista segue as normas constitucionais porque há uma série de poderes e coerções que o levam a seguir tais normas. O *poder* do Estado fala mais alto, e impõe-se, a partir das normas constitucionais, à aplicação do jurista na realidade social.

Não é por causa de um imperativo teórico que o jurista segue as normas constitucionais, e sim por causas concretas, e na maior parte das vezes nada cerebrinas nem meramente diletantes nem filosóficas. Se o advogado ignorar a Constituição, perde a demanda de seu cliente processada nos tribunais. Se alguém ignora os ditames de uma Constituição ditatorial, poderá ser preso. Ora, os cidadãos e os juristas seguem as normas constitucionais devido a razões muito variadas da submissão ao poder, e não porque haja uma norma fundamental, um imperativo categórico, que os leve a seguir, teoricamente, certas normas e não outras.

Mas não se pode esperar que Kelsen reconhecesse que o jurista, para o seu entendimento do direito, fosse levado a encontrar a validade das normas constitucionais na força, no poder, nos interesses pessoais ou no consenso médio dos outros juristas. Se Kelsen assim procedesse, ele estaria reconhecendo que, cientificamente, o direito advém de relações de força, de poder, de dominação. Mas ele quer construir uma teoria que seja pura, isto é, meramente normativa. Uma norma só é válida porque outra a validou. Se o próximo escalão, acima das normas constitucionais, fosse o do poder, fosse ele qual fosse, a teoria pura kelseniana estaria furada, marcada por uma contradição.

Se considerarmos que as normas constitucionais devem ser seguidas porque o poder político, militar, econômico ou social assim determinou, então estaríamos admitindo que, cientificamente, para entendermos o direito, seria preciso recorrer à realidade. Mas Kelsen, na *Teoria Pura do Direito*, postula que se conheça cientificamente o direito apenas a partir das próprias normas. Portanto, dizer que em um certo país segue-se a Constituição porque o exército assim determina pode até ser verdade na realidade, mas não para a teoria que Kelsen, teoricamente, quis postular.

Por isso, para Kelsen, a norma fundamental não compreendida pela realidade é, apenas, uma condição teórica para que o jurista pense o ordenamento. O jurista deve sempre ter por imperativo que deve seguir o ordenamento a partir das normas superiores da hierarquia normativa. Kelsen constrói uma resposta que se inspira, diretamente, na filosofia de Immanuel Kant. Este filósofo alemão do século XVIII também abstraía da realidade objetiva. Não considerava que a filosofia devesse partir da realidade. Kant situava toda a razão nos juízos que o sujeito do conhecimento estabelecia. Para Kant, os indivíduos, caso raciocinassem livremente, chegariam a imperativos categóricos, mandamentos que orientariam sua vida prática.

Kelsen, dentro da ciência do direito, está procedendo de modo próximo ao de Kant. O jurista, se quiser entender cientificamente o direito, deveria partir de um pressuposto, de um imperativo categórico, de uma norma fundamental, que lhe manda seguir a Constituição. Kant é acusado de idealismo, porque imagina que todos os homens podem alcançar tais imperativos categóricos. Kelsen segue no mesmo caminho e, por isso, é chamado de *neokantiano*. É um idealista, porque cria um pressuposto da ideia e não da realidade, a partir do qual extrai toda a ciência do direito.

Numa última fase de sua produção intelectual, em especial no livro *Teoria geral das normas*, Hans Kelsen abandona a ideia de que a norma fundamental é um pressuposto para pensar o ordenamento jurídico. Sua reflexão final dirá que a norma fundamental é uma ficção. Não é uma condição de entendimento de uma realidade, é tão só e simplesmente um mero ato de pensamento. Seu afastamento teórico em face da realidade social se torna extremo.

A teoria de Kelsen é idealista, cerebrina, desprovida de contato com a realidade. Mas ela é a explicitação de todo o formalismo dos juristas. Não considerando que o que impõe o direito é a força, a realidade nas suas mais variadas manifestações a prática, o jurista trata o ordenamento jurídico a partir da mera validade formal das normas por meio de normas superiores, valendo-se da muleta de não investigar a origem real do próprio direito. A ideia de que uma norma fundamental impõe teoricamente ao jurista que siga as normas superiores é confortável com o seu horizonte pequeno e meramente técnico.

Não faltaram, dentro do campo dos pensadores da teoria geral do direito, aqueles que buscaram apontar os limites do pensamento kelseniano. Os que não adotam o ponto de vista da filosofia kelseniana – os que não são formalistas nem individualistas kantianos – logo perceberam que se tratava de uma enrascada advinda diretamente do tipo de metodologia filosófica que Kelsen advogou.

Norberto Bobbio, o jurista italiano que em grande parte segue a mesma estrutura do pensamento de Kelsen, nesse ponto se afasta do cientista do direito austríaco. A norma fundamental, dirá Bobbio, não é um imperativo, não é uma ideia necessária. O que impõe o ordenamento jurídico é o poder, nas suas mais variadas manifestações. Bobbio, nessa questão, tem mais pés no chão que Kelsen.

Assim sendo, Bobbio, numa solução de meio-termo, até chega a reconhecer o caráter didaticamente válido do modelo de ordenamento jurídico proposto por Kelsen, mas afasta o idealismo kelseniano, de origem kantiana, para em seu lugar propor um entendimento mais realista, que reconheça que o fundamento de validade das normas constitucionais advém da realidade do poder, e não de outra norma abstrata, existente apenas na ideia do jurista.

Em tempos posteriores ao de Kelsen, vários pensadores do direito propuseram outros modelos para o entendimento da hierarquia normativa e da validade última das leis. Alf Ross e Herbert Hart, por exemplo, apontam para que se considere válida as normas que os tribunais assim disserem que são válidas. Essa é uma posição de mais realismo que a de Kelsen, mas ainda assim uma solução positivista, porque pressupõe uma autoridade formal ao tribunal para resolver a questão da validade. Para Alf Ross e Hart o problema que se deve apontar é outro: a indagação que para eles deve ser feita é a respeito do fundamento de validade dos tribunais e do próprio Estado.

Mas, até mesmo a pensar com Bobbio, Ross ou Hart, já fica totalmente afastada então a hipótese de termos uma teoria pura do direito, meramente normativa. Suas teorias não são meramente formais, abrindo-se já – ainda que em nível muito pequeno – à realidade. A grande dificuldade de Kelsen é a de concretizar, em todos os pontos, temas e aspectos, a sua proposição teórica inicial: estudar cientificamente o direito somente a partir das normas jurídicas.

O SISTEMA JURÍDICO

Outras teorias sobre o conjunto normativo, em geral mais modernas que a de Kelsen, apresentam postulações distintas daquelas contidas na *Teoria Pura do Direito*. Dentre elas, tem se destacado a *teoria dos sistemas*.

Vários são os teóricos dos sistemas, e não se pode dizer que todos partam do mesmo ponto ou cheguem aos mesmos resultados. No entanto, algumas ideias são comuns a muitos desses pensadores. O mais famoso propositor de uma teoria dos sistemas com implicações para o direito é o alemão Niklas Luhmann. O brasileiro Tercio Sampaio Ferraz Junior desenvolveu também, pioneiramente, muitas implicações nessa perspectiva.

Pelas teorias dos sistemas, deve-se deixar de considerar o direito a partir de um conjunto ordenado e coerente de normas jurídicas. Em vez de um *ordenamento* jurídico, existiria, na verdade, um *sistema* jurídico. Embora no dia a dia as pessoas utilizem as palavras *ordenamento* e *sistema* como sinônimas, teoricamente há aqui diferenças importantes.

Não se deve esperar que o sistema jurídico seja um todo coerente de normas jurídicas, como os velhos teóricos do ordenamento pensavam. O Estado exprime um conjunto complexo e contraditório de relações sociais, com demandas, ideologias e conflitos em disputa. O conjunto normativo não é uníssono. Tampouco o Estado tem o dom de se impor a todas as relações sociais. O poder estatal, muitas vezes, faz vistas grossas às suas próprias normatizações, e, em muitos outros casos, seu poder de efetivação das normas não é grande. Grupos econômicos capitalistas, por exemplo, são em muitas circunstâncias mais fortes que o poder normatizador do Estado. Na sociedade brasileira, há variados casos das chamadas normas que "não pegam", normas jurídicas que são reiteradamente ignoradas até mesmo pelos agentes do Estado. Ao mesmo tempo, normas flagrantemente inconstitucionais são seguidas por tribunais, pelo Estado e pela sociedade.

Em muitas ocasiões, o próprio Estado, por meio dos tribunais, admite que normas inconstitucionais produzam efeitos, ou então sejam "constitucionalizadas", a fim de evitar um choque maior com a realidade. Os planos econômicos dos sucessivos governos federais brasileiros ao tempo da hiperinflação, ainda que flagrantemente inconstitucionais quando determinavam confiscos, por exemplo, foram considerados, na prática, constitucionais, ou pelo menos produziram efeitos jurídicos à margem de outros preceitos jurídicos constitucionais. Não se pode dizer que o conjunto normativo do direito brasileiro – ou de qualquer país do mundo – seja coerente. Um formalista, como Kelsen, já isso apontava quanto ao conteúdo. Mas, indo mais além, não se pode dizer que o direito seja nem mesmo coerente formalmente.

Para que se admita que o direito incorpora normas inconstitucionais dentro do sistema, e muitas vezes ignora ou afasta as próprias normas constitucionais, é necessária uma visão teórica mais apurada, que reconheça que, na prática, o modelo do sistema jurídico não é uma pirâmide, cujos limites fossem sempre dados de modo claro, formalmente estabelecidos.

O sistema jurídico não pode ser tomado, como Kelsen o fazia, como um ordenamento coerente. Não guardando necessariamente tal logicidade interna, trata-se então de entender o conjunto das normas jurídicas como sendo sim uma unidade, mas dotada na verdade de *coesão*. Pode-se dizer que as normas estão em um conjunto, sem, no entanto, uma forma predefinida rígida. O sistema jurídico não é um conjunto de normas coerentes, mas sim coesas, isto é, vinculadas por causas as mais variadas, e não só pela validade formal de uma norma perante as normas superiores. Essa coesão se revela pelo seu funcionamento, verificável não na teoria, mas na realidade.

Tomando, por licença didática, uma figura gráfica para diferenciar o modelo da teoria dos sistemas do modelo da teoria do ordenamento de Kelsen, enquanto para este, sendo o ordenamento coerente a partir das normas superiores, ele teria uma forma piramidal, rígida, para as teorias do sistema jurídico ele teria a forma de uma ameba, mutável, que alberga os mais variados conteúdos desde que estes se imponham, de maneira coesa, ao todo das normas e das instituições jurídicas.

Costuma-se identificar um sistema a partir de determinadas referências. Todo sistema – inclusive o jurídico – seria composto de repertório, estrutura e padrão. O *repertório* seria o elemento básico de composição dessa unidade. Se, por exemplo, tomássemos o corpo humano como um sistema, suas células, os órgãos, os membros, seriam o repertório desse sistema. No caso do sistema jurídico, o grande elemento do seu repertório são as *normas jurídicas*, o que não invalida que se somem a isso também os costumes, princípios, outras regras.

Por sua vez, a *estrutura* é o eixo de organização do próprio repertório. No corpo humano, os órgãos não estão ajuntados de qualquer forma, mas sim a partir de algumas determinações. Encontram-se dispostos estruturalmente em locais distintos do corpo, ocupando funções distintas e congruentes, o coração e o estômago. Também no direito as normas, que formam seu repertório, não são agrupadas aleatoriamente. Elas são estruturadas por meio da *hierarquia*. É por isso que, no sistema jurídico, uma norma constitucional impõe-se (vale) mais que uma norma infraconstitucional.

Mas todo esse sistema não funciona em si e para si apenas. Ele está mergulhado num todo. Os teóricos dos sistemas chamam a esse todo de *meio ambiente*, aquilo que é exterior ao sistema. No caso do direito, há outros sistemas que com ele se comunicariam, mais ou menos, como no caso do sistema político-estatal, do sistema econômico etc. O sistema do direito se relaciona com o meio ambiente a partir de um *padrão* geral, que lhe regula e lhe dá as diretrizes maiores. Por exemplo, se o direito fosse baseado na força bruta, a reprodução do sistema econômico capitalista se tornaria muito instável, porque dependente da vontade de quem manda. Para a estabilidade do capital, é preciso que o direito funcione de um certo modo: o padrão de funcionamento dos sistemas jurídicos no mundo ocidental moderno capitalista, em geral, é o padrão da *legalidade*.

Para a teoria dos sistemas, a fim de que haja coesão em um determinado sistema, é preciso que ele seja internamente coeso, isto é, aglutine ao seu modo os repertórios e as estruturas que lhe são próprias, e também coeso junto ao meio ambiente. Se o direito não funcionasse a partir de um padrão de legalidade, não haveria uma coesão sua ao capitalismo. Ocorre que os elementos do repertório, as suas estruturas e seus padrões de funcionamento têm uma reprodução própria, podendo – se identificar sua constância, mas são dinâmicos. O sistema jurídico, embora pautado num padrão de legalidade, em alguns momentos abandona esse mesmo padrão – em casos de revolução, guerras, ditaduras, e mesmo em circunstâncias nas quais a legalidade é indesejada aos poderes econômicos, políticos e ideológicos estabelecidos. É preciso, então, estudar o sistema jurídico sob o prisma de sua dinâmica social.

NORMAS-ORIGEM E REGRAS DE CALIBRAÇÃO

Os teóricos do sistema, como Luhmann e Ferraz Jr., diferenciam-se dos teóricos do ordenamento jurídico, como Kelsen ou Bobbio, por tomarem o direito como um sistema coeso, e não necessariamente coerente. Para os teóricos dos sistemas, as normas jurídicas têm por origem não apenas a Constituição. Elas se originam de razões, forças e imposições as mais variadas. O poder econômico muitas vezes cria uma série de normas que se chocam com as demais do sistema legal, mas que ainda assim passam a conviver na mesma unidade jurídica. Quando se admite um confisco em prol da manutenção da ordem econômica, impõe-se uma nova série de normas jurídicas, de sentenças e de relações jurídicas que serão absorvidas pelo resto do sistema jurídico.

Assim sendo, melhor do que dizer que há apenas um centro de validação do ordenamento – no caso do Brasil, a Constituição Federal – Ferraz Jr. propõe que se pense o sistema jurídico a partir de várias *normas-origem*. A Constituição é, claro, a mais importante dessas normas origem, porque é a matriz da maior parte das normas, dos julgados e das relações jurídicas do sistema; mas não a sua única fonte. Um plano econômico inconstitucional mas declarado válido, uma interferência econômica ilegal mas que gera efeitos práticos, as leis dos vencedores de guerra, que modificam pedaços do ordenamento dos vencidos, as leis das comunidades que vivem parcialmente à margem do estado de direito, as leis do tráfico de drogas, das máfias e dos grandes sistemas corruptos, a recusa dos extremistas religiosos ao cumprimento de normas laicas do Estado, todas essas origens diferentes da norma constitucional agregam séries de outras normas àquelas constitucionalmente válidas.

Para os teóricos do sistema, o direito se apresenta tendo por repertório normas jurídicas estruturadas de modo hierárquico, sendo que o seu padrão de funcionamento em geral é a legalidade. No entanto, muitas vezes a série de normas legalmente válidas se quebra em ocasiões nas quais o sistema jurídico é obrigado a aceitar interferências diferentes daquelas previstas pela legalidade. Nos exemplos acima dados, a imperiosidade econômica pode fazer vistas grossas à legalidade, e normas jurídicas de planos econômicos inconstitucionais ou ilegais passam a se impor. Nesse caso, há um abandono provisório da legalidade em nome de outros ditames, como os do poder econômico. Afasta-se o princípio do controle jurídico do próprio sistema para dar lugar a um princípio de eficiência econômica, por exemplo.

Em tal quebra provisória e parcial do sistema da legalidade, entra em cena aquilo que Ferraz Jr. chama de *regra de calibração*. Trata-se de uma regra que altera o padrão da legalidade e faz com que o sistema jurídico albergue outras normas, cuja lógica é distinta. Tais regras calibram o sistema, regulam-no diversamente, tornam-no algo diferente do que era até então. Tal qual um automóvel que troca de marcha para suportar uma subida na estrada, ou tal qual um termostato de geladeira que regula o funcionamento da máquina de acordo com a temperatura externa em face daquela que se espera internamente.

As regras de calibração são consideradas alterações no padrão da legalidade. No Tribunal de Nuremberg, quando os países vencedores da Segunda Guerra Mundial se puseram a julgar os crimes de guerra praticados pelos vencidos, seus julgamentos não foram feitos a partir da legalidade, porque não havia leis do pré-guerra criminalizando as ações bárbaras e desumanas dos nazistas. Mesmo assim, os julgamentos foram levados a cabo. Uma calibração institucional fez com que, da legalidade, se passasse a um padrão de poder bruto dos vencedores, ou, em outros termos ideológicos, a um padrão de defesa dos direitos humanos contra a barbaridade do seu desprezo.

Claro está que as chamadas regras de calibração são regras de alteração do sistema das normas jurídicas, mas não de total ruptura. As revoluções, por exemplo, são grandes alterações dos conjuntos jurídicos, rompendo com os sistemas presentes. Mas as regras de calibração são alterações menores dos sistemas que permitem, em última análise, que eles continuem a existir, apenas em patamares um pouco distintos da legalidade fechada que eles próprios previam.

Os teóricos da teoria dos sistemas, como o alemão Niklas Luhmann, dizem que um sistema que prevê os próprios meios de sua alteração – e os meios pelos quais incorporará aqueles ditames que são diferentes da legalidade – é um sistema *autopoiético*. Por essa palavra, Luhmann quer se referir ao fato de que, nas sociedades contemporâneas, o próprio direito prevê os mecanismos de sua reprodução, de sua reforma e adaptação às mudanças em relação ao que é exterior ao direito. *Autopoiético* quer dizer, justamente, sobre a qualidade de se autoconstruir, autorreproduzir. Em sua dinâmica, o sistema do direito, mergulhado no todo social, reelabora as pressões externas em novos padrões internos, mantendo sua coesão.

SISTEMA, PODER E ESTRUTURA SOCIAL

Kelsen propõe um modelo teórico exemplar para o formalismo dos juristas. O direito é tomado, na *Teoria Pura do Direito*, como sendo um mecanismo técnico de união das normas em um conjunto de validade formal. A objetividade do modelo de Kelsen, se é um espelho da maior parte da prática jurídica imediata, não é no entanto o seu melhor espelho exato ou real, porque o direito se esparrama tanto dentro quanto para fora dessa pirâmide teórica da legalidade do ordenamento jurídico.

Daí que os teóricos dos sistemas apresentam uma folgada vantagem em relação ao modelo de conjunto normativo proposto por Kelsen. Ao tomar o ordenamento jurídico como um todo coeso, mas não necessariamente como um todo coerente, os teóricos dos sistemas tiraram um peso das exigências de sua explicação jurídica. O direito não é efetivamente coerente nos termos de seus marcos internos.

Mas há várias teorias dos sistemas, que levam às mais variadas implicações. Salvo exceções, embora avancem profundamente em relação à velha concepção de que o direito é um conjunto lógico de normas, muitas teorias dos sistemas não chegam, no entanto, a ponto de compreender os nexos profundos entre o direito e as estruturas sociais, nem de reconhecer as contradições dentro do sistema jurídico e na sua relação com a sociedade. No que tange às atribuições internas do sistema jurídico em face da sociedade, no mais das vezes, as teorias dos sistemas ainda apostam que o direito pode, ao seu modo, responder a todas as estranhezas e imperiosidades não jurídicas, ainda que seja para abrigá-las como se fossem normas ou elementos advindos de uma lógica não jurídica. São teorias talhadas para explicar um funcionamento *ininterrupto* do sistema jurídico, mas não para explicar suas quebras nem suas descontinuidades. Não falam da instauração do direito, dos seus nexos estruturais, da sua origem, nem falam da sua *revolução*. No fundo, as teorias dos sistemas explicam a conservação do direito.

No entanto, o principal ponto de avanço da compreensão do direito, no que tange à sua instauração como uma totalidade sistemática, passa ao largo tanto das visões juspositivistas como a de Kelsen ou das teorias dos sistemas. O direito se constitui em um todo social não de modo aleatório, mas sim diretamente ligado às próprias estruturas dessa sociedade. No capitalismo, o direito se assume como uma forma necessária da reprodução social, espelho de outras formas sociais que lhe dão base. Categorias como mercadoria, sujeito, propriedade, autonomia da vontade, contrato, são formas sociais que se erigem em uma rede estrutural e sistemática nas sociedades capitalistas. As formas jurídicas, como sujeito de direito, direito subjetivo etc., são derivadas de tais formas sociais.

Assim se entende até mesmo a razão pela qual as eventuais regras que calibram o sistema em padrão diferente da legalidade o fazem a partir de um tecido de formas que não cambia. Se o direito passa a ser a lei do mais forte contra a legalidade, isto se dá tirando ou dando direitos a sujeitos de direito determinados, negando-lhes ou firmando-lhes o acesso a propriedades ou à liberdade, mas sempre nos marcos dessas mesmas formas necessárias das sociedades capitalistas. Ainda que se neguem específicos direitos a alguém, trabalha-se ainda de modo geral no campo da subjetividade jurídica.

As formas jurídicas não advêm de uma sistemática interna do direito. Elas não são criadas pelo sistema jurídico, compreendido, aqui no caso, como um conjunto normativo. As formas jurídicas só podem ser compreendidas como derivadas de formas sociais. A sistemática geral do direito, então, é a própria sistemática social geral. O capitalismo tem suas formas necessárias e suas estruturas de reprodução. Se o direito pretende ser mensurado como estável, tal qualidade deve ser entendida em face de tal quadro geral de tais formas e estruturas, e não apenas em sua face interna, tomado singularmente na sua eventual economia intestina autopoiética.

É verdade que o direito se planta, nas sociedades capitalistas, a partir de uma forma política estatal, que se distingue de todos os indivíduos, grupos ou classes da sociedade. Tal forma política estatal é responsável por dar ao direito tratos e manejos normativos. Os padrões como o da legalidade são os instrumentos da afirmação imediata do poder do Estado, das classes, dos grupos e dos indivíduos. O imediato das lutas de classes, inclusive, exprime-se por meio do poder. O poder revela o direito em suas circunstâncias e suas dinâmicas sociais internas ao próprio capitalismo. As formas sociais e as estruturas sociais necessárias das próprias sociedades capitalistas revelam a sistemática social geral, sua instauração, continuidade e ruptura, e o direito como um dos elementos dessa totalidade.

O direito, no todo de suas normas e instituições, não deve ser pensado como um sistema fechado, que receberia informações de fora, do meio ambiente, apenas em momentos específicos. O direito está mergulhado totalmente em estruturas e formas sociais próprias. Como a totalidade social também é contraditória, a lógica jurídica é também, em grande parte, a mesma lógica da sociedade, naquilo que se afirma em termos de formas necessárias e também naquilo em que se apresenta como reprodução social conflituosa. O direito procede diretamente de relações estruturais da sociedade capitalista; não é um sistema particular que dialoga com o sistema econômico, mas, antes, um fenômeno imbricado estruturalmente em outro. Certo é que existe uma lógica própria da sistematicidade do direito, que em geral se funda na legalidade. Mas essa lógica tem uma história que não é própria, formando-se e reconfirmando-se constantemente pelas estruturas sociais e pelos poderes que constituem e mantêm o direito. A legalidade é um padrão necessário para a reprodução do capitalismo, mas, acima dela, há formas sociais que talham as próprias formas jurídicas.

No que tange à eventual coerência do sistema jurídico, a análise do conjunto das normas e instituições do direito revela que, embora o jurista o trate como um ordenamento coerente, ele não o é na realidade. Não há norma fundamental que unifica o direito, na prática, sob os ditames totais da legalidade. No que tange às formas sociais do capitalismo, as formas jurídicas advêm delas. Em tal campo, então, há uma espécie de confluência. Mas, como no capitalismo há a separação entre Estado e agentes econômicos, há poderes, e não somente um poder, o estatal. Assim sendo, não há, necessariamente, uma política ideal e um direito ideal ao funcionamento pleno, sistemático e ininterrupto da reprodução social capitalista. Trata-se de um tecido social permeado por exploração, luta e crise. Daí que no seio das formas sociais e de suas estruturas há poder e contradição. O poder estatal é central na regulação do direito das sociedades capitalistas: há uma estrutura de exploração e reprodução social de tipo capitalista, que impõe o específico poder estatal e jurídico moderno. Além disso, no seio da lógica do capital, somam-se ainda todos os demais poderes sociais, coesos e não necessariamente funcionais, como as estruturas ideológicas, religião e cultura.

O conjunto das normas e instituições do direito se altera conforme as imperiosidades do Estado, do capitalismo e de todo o resto das relações sociais, e muitas vezes deixa de lado até mesmo a própria legalidade. No entanto, opera a partir de estruturas arraigadas, cujas práticas são reiteradas, a partir de formas sociais consolidadas. Se há uma sistemática funcional interna do direito e do Estado, a estabilidade do sistema jurídico, no entanto, é a estabilidade do próprio modelo de sociabilidade capitalista. O sistema de normas e instituições está sempre, por dentro e por fora, vinculado às estruturas, às formas, ao poder – em face da estabilidade e das contradições – da sociedade capitalista.

10

A DINÂMICA JURÍDICA

A estrutura das sociedades contemporâneas demanda uma alteração constante das normas jurídicas. Os sempre novos arranjos na dinâmica do capitalismo, nas relações entre capital e trabalho, a inovação tecnológica, as transações comerciais e financeiras, as imperiosidades crescentes da regulação econômica, tudo isso leva a uma constante produção de normas jurídicas, bem como a um sucessivo perecimento delas.

Desde há muito os Estados contemporâneos já se estruturam instituindo normas jurídicas que preveem a forma de nascimento, qualificação e morte das demais normas do ordenamento. Não é de um brotar espontâneo que o direito moderno surge. Nem tampouco é de qualquer vontade do Estado que as normas jurídicas se impõem. Aquilo que seja ou não direito é declarado e considerado como tal a partir de imposições de poder cujas técnicas sejam muito claras e previstas formalmente.

Na *Teoria Pura do Direito*, Kelsen divide o estudo das normas em estática jurídica e dinâmica jurídica. Pela estática, analisar-se-ia tudo aquilo que é próprio de todas as normas jurídicas, os elementos necessários que identificam cada uma das normas do direito. Pela dinâmica, estudar-se-ia o conjunto das normas, o seu movimento, sua criação, sua extinção, suas qualidades que advêm da relação com outras normas, como a questão da validade. Na dinâmica jurídica, as normas passam a ser estudadas em conjunto, em ordenamento, porque normas revogam outras normas, normas validam outras normas que foram criadas etc.

Assim sendo, a dinâmica jurídica, tomando as normas do direito em conjunto, incumbir-se-ia de explicar o movimento das normas, desde sua origem até seu perecimento, sua qualificação e sua correta inserção no meio das outras normas, do que surge, logo de início, a questão da origem das normas, as chamadas fontes do direito.

AS FONTES DO DIREITO

O conceito de fonte do direito será um dos temas necessários ao controle do direito. Saber de onde vem as normas é um dos postulados mais importantes para a ideia de *coerência* do ordenamento jurídico e, consequentemente, para que as necessidades da reprodução capitalista estejam respaldadas.

Na modernidade, o poder de dizer quais são as normas que devem ser aplicadas, bem como o modo pelo qual devam ser interpretadas, não é um poder deixado vagamente na mão do jurista. Em especial a partir do século XIX, com o movimento da positivação do direito e o apogeu dos Estados liberais burgueses, buscou-se, por meio de regras estatais previamente estabelecidas, determinar se uma norma é ou não jurídica, isto é, pertencente ou não ao ordenamento. Tal controle não seria possível se se julgasse, a todo momento, o mérito de cada qual das normas jurídicas do ordenamento. O direito não se prestaria totalmente à dominação e à eficácia do controle social caso as normas fossem sempre apreciadas no valor intrínseco de seu mérito pelo jurista, uma a uma. Por isso, o processo de controle das normas jurídicas se baseará no momento do próprio *nascimento* das normas, como uma qualidade formal. Ao reservar a si o poder de emanar normas, o Estado já impõe o fundamental desse controle social. E mais, ao determinar a um órgão específico – o poder legislativo – a produção das normas, já se estabeleceu o domínio específico do direito estatal por meio de uma reserva de competências formais.

Na estrutura jurídica imposta pelas sociedades capitalistas modernas, ao jurista não cabe discordar das normas emanadas do Estado. No máximo, cabe-lhe olhar se a produção de cada norma jurídica foi feita de modo correto ou não, tendo em vista a competência formal dos legisladores. Controlando-se a produção das normas – as chamadas *fontes* do direito – controla-se imediatamente a maior parte da própria atividade jurídica, restando então pouco à discricionariedade dos operadores finais do direito. O monopólio da normatização nas mãos do Estado é o grande evento do poder de dominação do direito. Tal monopólio está diretamente ligado às próprias razões de controle do Estado. Ao jurista, a quem o direito dá uma certa margem de manobra – pois é o jurista quem aplica as normas nas situações específicas – restará, na prática, pouco poder concreto. O essencial já está estruturado.

O controle da produção das normas jurídicas e o controle da aplicação das normas pelo operador jurídico passam a ser, assim, o início e o fim de uma industrialização do fazer e do saber jurídico, cujas etapas se tornam todas elas técnicas, estáveis, previsíveis, repetíveis, passíveis de controle pela mera formalidade.

Se nas sociedades pré-capitalistas – cuja figura do Estado ainda não é presente ou é ainda débil – as normas que regulam a vida social emanam de variadas fontes, no mundo moderno, capitalista, com a ascensão do Estado, passa a haver o monopólio normativo nas mãos estatais. É a forma pela qual as necessidades mercantis e produtivas capitalistas estabilizam a própria criação normativa. Já que as religiões dependem da crença, do foro íntimo, já que os costumes são variáveis, já que os mandos dos senhores podem ser múltiplos – até mesmo os mandos dos burgueses podem ser vários – então o Estado passa a centralizar a produção das normas. Somente as normas emanadas do Estado serão normas jurídicas, e somente o Estado terá o poder de dizer a respeito do que seja juridicamente válido.

Neste momento, afasta-se a autotutela, a possibilidade dos particulares legislarem por si mesmos e resolverem entre si seus problemas, e o Estado assume o poder de criar normas e de julgar. Os filósofos burgueses da Idade Moderna dirão que o Estado, então, se separa da sociedade – sendo esta agora chamada por sociedade civil, e o Estado por sociedade política –, e sob a responsabilidade estatal estará a produção do direito.

Nas sociedades mais tradicionais, mais primitivas, muito valor se dava aos costumes, à moral consagrada, aos usos reiterados, a condição de fontes do direito. Nas sociedades modernas capitalistas, sendo a fonte principal do direito o Estado, a apreciação das fontes fundamentais do direito muda: o horizonte jurídico positivista será a expressão maior da atividade do jurista, identificando a fonte do direito apenas no conjunto das normas emanadas do Estado. É uma perspectiva técnica, mais objetiva que as velhas considerações dos costumes, mais apta a uma dominação universal, e de muito mais fácil controle.

O positivismo jurídico estabelece teoricamente, então, que as normas jurídicas emanam apenas das possibilidades previstas por outras normas jurídicas. Nenhuma norma poderá ser criada se atentar contra os preceitos normativos já estabelecidos. Para ser criada, ela precisará do respaldo das normas que estipulam como surgirão as novas normas e em relação a que temas poderá versar. Esse mecanismo de controle do surgimento das normas é o próprio conceito de validade normativa. Uma norma só surge, só é admitida no ordenamento jurídico, se outras lhe deram validade, tanto no aspecto formal – se foi criada pelo legislador competente do Estado, seguindo os trâmites competentes, como votação, publicação no *Diário Oficial* etc. – quanto no aspecto material – se tal matéria de que trata a norma é passível de legislação, se tal legislador poderia versar sobre tais conteúdos etc.

Assim sendo, nas sociedades contemporâneas, o *direito positivo* é reputado como a fonte fundamental do direito. A legislação ocupa um papel ideológico central na produção da atividade jurídica. A legalidade, tomada no sentido de respeito às normas jurídicas estabelecidas, é um pressuposto para a criação de outras normas, para o julgamento de casos concretos pelos tribunais e para a realização de negócios jurídicos, como os contratos.

O direito positivo é considerado fonte do direito, mas o peso de suas normas se dá respeitando-se a sua manifestação estrutural. O jurista trata o conjunto das normas de direito positivo como ordenamento, esquadrinhando suas fontes como um todo coerente. Determinadas normas jurídicas impõem-se sobre outras por conta da sua hierarquia. Daí se dizer que a Constituição é a fonte do direito mais alta de cada Estado. Ela dá o arcabouço a partir do qual as demais manifestações jurídicas são consideradas válidas.

Abaixo da Constituição, as leis, os decretos, os regulamentos, as portarias, os tratados e convenções internacionais e as demais normas jurídicas do ordenamento também são considerados fontes do direito. Em todos esses casos, seu peso como fonte está ligado à sua hierarquia no conjunto normativo.

Mas, em muitos outros casos, os juristas costumam falar a respeito das fontes do direito reconhecendo, ao lado das fontes ditas positivas – aquelas advindas das previsões da legalidade estatal –, outras fontes, como os princípios, a moral, os costumes etc. Tais fontes são tornadas secundárias na estrutura das sociedades capitalistas modernas. Em geral, tendo o Estado o monopólio da normatização, os costumes, os princípios e a moral só passam a ser fonte de normatividade se normas do próprio ordenamento estatal assim reconhecerem.

Assim sendo, quando o Código Comercial determinava que o *costume* gerasse norma nas atividades comerciais, esta era uma aceitação do costume como fonte do direito, mas no fundo era apenas mais uma determinação de direito positivo, porque foi uma norma estatal que permitiu que se aceitasse o costume. A fonte primeira é ainda normativa estatal.

Por conta da primazia do controle normativo estatal sobre os costumes, a teoria geral do direito distingue entre costumes que confirmam a norma, que especificam a norma e que contrariam a norma. Esses últimos são abominados pela prática jurídica. Os demais são tolerados ou, em alguns casos, aceitos explicitamente pelas normas jurídicas. Ao costume que se estabelece contra as estipulações normativas, dá-se o nome de costume negativo ou *contra legem*. O costume que confirma as normas jurídicas reputa-se costume *secundum legem*. Os costumes que são práticas que detalham normas jurídicas mais genéricas, especificando pela reiteração o seu uso, são chamados *praeter legem*.

O jurista também considera como fontes normativas a *jurisprudência* e os *contratos*. Estas são fontes num sentido diminuto, porque, sendo a jurisprudência a consolidação de uma atividade emanada e prevista pelas normas do Estado, ela somente produz efeitos e implicações porque outras normas antes assim determinaram. Também quanto aos contratos, apenas geram implicações jurídicas porque normas do direito positivo assim estipularam. De tal modo, a jurisprudência e os contratos são considerados fontes do direito porque repercutem em situações jurídicas que lhe são dependentes, mas ambos resultam da própria previsão normativa estatal.

Também o mesmo se dá com os chamados *princípios* do direito. Com a evolução do capitalismo, os próprios ordenamentos jurídicos passam a determinar quais as linhas ideológicas e valorativas que deveriam ser observadas, num horizonte geral, pelo jurista. Raramente tais princípios são opostos ou resistentes à própria lógica de dominação da sociedade. Pelo contrário, são a enunciação das mesmas necessidades estruturais que regem a sociedade. Por isso, não são os princípios jurídicos que moldaram o direito, e sim o contrário. Determinada institucionalização jurídica é que proclama seus princípios. E, além disso, também não foi o direito em si mesmo que fez o princípio jurídico, uma vez que apenas exprimiu determinadas relações, estruturas, necessidades e demandas sociais.

A tradição jurídica, quando trata dos princípios como fonte do direito, costuma se referir à doutrina, aos princípios gerais de direito e à equidade. A *doutrina* é a opinião jurídica considerada abalizada, sólida, cujo poder de persuasão tenha o condão de moldar a prática jurídica. Há muita resistência em considerar a doutrina como princípio. A opinião respeitada pela venerabilidade do jurista não é um ato originário de séries jurídicas. Quase sempre é um elemento existencial que força os sentidos da hermenêutica jurídica de normas e fatos já estabelecidos pelas fontes tradicionais do direito.

Os chamados *princípios gerais de direito* se prestam também a um uso ideológico por parte do jurista. Por serem gerais, tais princípios não são estipulados nem especificados normativamente. Revelam-se como uma petição por horizontes gerais na confecção e na concretização da prática do direito. Sua vagueza os constitui como lugares-comuns ideológicos do direito. Extraídos de brocardos, de definições do direito romano ou de valores que se reputam consagrados, os chamados princípios gerais de direito serviriam, no máximo, como baliza referencial geral do direito.

A *equidade* é tratada como fonte do direito por conta da sua revelação no momento da determinação jurídica do caso concreto. Para o pensamento de Aristóteles, a equidade é a justiça que se mede no caso concreto. As normas jurídicas e os princípios gerais operam num âmbito amplo. Quando de um julgamento, verifica-se a justeza da aplicação das normas a um fato ou circunstância em específico. O bom ajuste é a equidade. Mas exatamente porque as sociedades capitalistas contemporâneas buscam um controle maquinal e repetível da sua reprodução, a equidade em geral é tolerada como bom ajuste dentro das estipulações normativas já dadas, mas nunca como exacerbação ou negação dessa mesma institucionalização estatal.

Com outras chamadas fontes do direito, como a *moral* e a *ética*, seu tratamento também costuma ser considerado a partir das referências institucionalizadas pelo Estado no direito positivo. O próprio direito, nas normas e nas jurisprudências, constrói um conceito jurídico de moral e ética, e, a partir desse conceito já retrabalhado e reiterado pelo jurista. Estabelecida a moral média e a ética declarada do jurista, ele passa usar sua medida em face dos apelos morais e éticos que lhe chegam a julgamento. Quase sempre o direito aceita como ético e moral aquilo que o próprio poder social que estruturou o direito também aceita. Como tudo isso parece coincidir, o jurista costuma dizer, então, que o direito veio da ética e garante o seu cumprimento. Trata-se de uma cadeia de reprodução da ideologia. Socialmente estabelecida, tal rede encontra no direito um dos poderosos elos de sua corrente.

Interessante é o caso no qual os princípios, as postulações éticas e morais e os imperativos sociais se insurjam contra o sistema da ordem social estabelecida. Nesta hipótese, em geral, o direito positivo os rechaça, sob argumento de subversão da ordem institucionalizada e de outros princípios já consagrados. Assim, ao contrário dos princípios conservadores, já incorporados ao sistema, o confronto entre certos princípios desestabilizadores e a ordem instituída não é visto pelo jurista a partir dos reclamos da ética, mas sempre a partir do reclamo da *ordem*. A ética do jurista em geral não foge da própria ordem instituída. Mas, caso isso ocorra, entre ética e ordem, o jurista conservador assume o imperativo da ordem.

O PERECIMENTO DAS NORMAS

O mesmo movimento de controle das fontes do direito tem sua sequência no controle do perecimento das normas, a fim de poder remover claramente as normas que não mais interessam à dinâmica social. Da mesma maneira que o positivismo jurídico considera que uma norma só é válida se a tomarmos em comparação com aquelas que lhe estão hierarquicamente acima no ordenamento jurídico, também só é possível considerar que uma norma jurídica deixou de existir se lhe forem tiradas as condições de validade.

Quando surgem novas normas no ordenamento jurídico e estas passam a tratar a respeito do mesmo objeto de que tratava uma velha norma, consideramos então que a norma velha perdeu validade. Trata-se do fenômeno da *revogação*: a extinção de uma norma jurídica por meio de outra, que lhe retira a validade. A revogação pode ser tácita ou explícita, isto é, as normas podem dizer de maneira clara ou não se estão revogando outras.

Vale lembrar que as próprias normas podem se autorrevogar, na medida em que elas próprias determinem qual é o prazo de sua vigência. Quando decorrido tal prazo, dar-se-á então a autorrevogação normativa. Tais casos são bem raros, na medida em que a maioria das normas jurídicas é criada sem que se estipule previamente seu prazo de vigência.

Em se tratando da extensão da revogação, a norma revogadora pode se contrapor a toda uma norma revogada, ou então a apenas uma parte dela, sendo que o restante desta norma velha será mantido válido e não será revogado. Pela tradição jurídica, a revogação total em geral é chamada por *ab-rogação*, e a revogação parcial, *derrogação*.

É preciso ressaltar que, se uma norma nova revoga outra velha, isso não quer dizer que, caso essa norma velha tenha por sua vez revogado outra mais velha ainda, com a revogação promovida pela norma mais nova, a primeira de todas passe a valer. Se isso acontecesse, haveria um efeito que é chamado de *repristinação*. Tal efeito faria por valer a primeira norma, se a segunda a tivesse revogado e uma terceira tivesse revogado a segunda. Como a lógica do direito abomina tal efeito, assim sendo, costuma a teoria geral do direito vedar a repristinação das normas. Caso uma norma queira fazer valer um velho conteúdo já revogado por outra norma, deve revogá-la e determinar expressamente, agora de maneira nova, um conteúdo similar àquele primeiramente revogado.

Mas há outros casos de extinção das normas que não sejam apenas os de revogação, isto é, de extinção por meio normativo. São casos em que uma norma não é revogada nem por ela mesma nem por outra, e, portanto, sua extinção se dará por uma espécie de abandono social. Nesse tipo de perecimento normativo estão a caducidade, o desuso e o costume negativo.

Na *caducidade*, verifica-se o surgimento de um evento que faz por extinguir a razão de ser de uma norma. Se, devido a um terremoto, é decretado estado de calamidade pública, cessando os efeitos calamitosos, caduca também a norma. Ocorre que o conceito é passível de interpretações variadas, por exemplo, na busca da determinação exata sobre a cessação de tais efeitos. Uma outra hipótese que poderia ser chamada de caducidade é a própria autorrevogação normativa, na medida em que a norma, por si própria, determina o prazo de término de sua vigência, caducando na prática.

No caso do *desuso*, trata-se da extinção da norma porque socialmente deixou-se de lado o seu cumprimento. No caso da proibição de se usar chapéu em prédios públicos, tal norma cai em desuso na medida em que as pessoas deixam de usar chapéu. Outra situação é a do *costume negativo*. Nessa hipótese, há uma sistemática atividade de negação da norma pelo uso quotidiano das pessoas. No caso da proibição do jogo do bicho, por exemplo, poder-se-ia argumentar que há um costume negativo que estaria por extinguir a norma jurídica, porque todos a ignoram ou passam sistematicamente ao largo do respeito às suas determinações. A teoria geral do direito também dá o nome, a essa hipótese, de *costume contra legem*.

Sendo casos de perecimento normativo distintos da revogação, a caducidade, o desuso e o costume negativo não contam com referências normativas objetivas para explicitar sua extinção. Se, na caducidade, os eventos que fazem uma norma perecer podem ser mais facilmente situados, no desuso e no costume negativo a extinção normativa será considerada a partir de uma ampla interpretação social e mesmo judicial.

Uma qualidade que poderia ser atribuída às normas jurídicas – da *derrotabilidade* – tem sido levantada mais recentemente por teóricos do direito para se referir ao afastamento da aplicação da norma em situações concretas específicas, nas quais, então, dir-se-ia que a incidência normativa foi derrotada. Assim, exceções, casos imprevistos, padrões e modelos hermenêuticos e valorativos defasados, cotejos principiológicos e morais seriam levados em consideração na aplicação da norma, afastando sua subsunção a determinado caso concreto. Na derrotabilidade, não se trata, tipicamente, de uma hipótese de perecimento das normas, porque elas se mantêm incidindo sobre a maioria dos casos previstos. Mas, sim, de uma modulação na aplicação normativa.

VALIDADE, VIGÊNCIA, VIGOR E EFICÁCIA

Quando se toma o conjunto das normas jurídicas a partir de sua dinâmica, a teoria geral do direito tem por imperativo se ocupar da qualidade das normas, tratando do seu albergue ou não junto ao ordenamento. Vários conceitos que exprimem o qualificativo da norma e o seu pertencimento ao ordenamento são utilizados pelo jurista. No entanto, na prática do jurista, os conceitos que qualificam as normas jurídicas são muito próximos uns dos outros, inclusive na nomenclatura; ocorre que, embora parecidos, remetem a qualidades distintas. Quatro grandes qualidades normativas, sendo três delas decorrentes do pertencimento da norma ao ordenamento ou ao seu relacionamento técnico com outras normas, se apresentam como conceitos importantes para a teoria geral do direito: *validade*, *vigência*, *vigor* e *eficácia*.

O conceito de *validade* é o mais relevante entre todos os que atribuem qualidades de pertencimento da norma ao ordenamento. É pela validade que se pode dizer se uma norma é legal ou ilegal, constitucional ou inconstitucional. Kelsen, ao propor um modelo piramidal para o entendimento das normas jurídicas em conjunto, atentava para o fato de que, entre as normas, há uma hierarquia. As normas da base da pirâmide só são válidas porque as normas superiores lhe dão essa qualidade.

Validade é um conceito relacional. Só é possível saber se uma norma é válida se a relacionarmos com outras normas, que estejam em geral acima dela hierarquicamente, e que demonstrem que a existência dessa norma inferior não está contrária às suas determinações. É preciso sempre compreender sob qual respaldo de outras normas está a norma que se quer reputar válida. Por isso, a validade de uma norma nunca é uma qualidade que se verifica nela mesma: só na *relação* com normas outras, em geral superiores, é que se pode extrair a validade normativa.

É a qualidade de válida que faz com que a produção de uma lei pelo legislador não seja um procedimento banal. Para que tal lei seja considerada válida, ela deverá ter sido elaborada e tramitada de acordo com os procedimentos previstos por outras normas, como o regimento interno da casa legislativa. Mas não só isso: o legislador deve observar, em outras normas, se pode ou não legislar sobre tal tema, tal matéria. A Constituição Federal de 1988, por exemplo, veda que se legisle favoravelmente à tortura, ainda que numa norma que preveja a tortura os legisladores venham a seguir trâmites válidos, tenham tido maioria na votação da matéria e publiquem a norma em *Diário Oficial* correspondente.

Por isso, para que se trate da validade de uma norma jurídica, é preciso se dar conta, ao mesmo tempo, de duas dimensões: o plano *formal* e o plano *material* da validade. No aspecto *formal*, investiga-se, em outras normas, a pertinência dos procedimentos de criação da norma. Buscam-se as normas que determinam a competência do legislador, o cumprimento dos ritos necessários etc. Já no aspecto *material*, observa-se a validade da norma no que diz respeito ao objeto normatizado, seu conteúdo. Um legislador poderá ter cumprido os trâmites formais, mas o tema – a matéria, o objeto – com o qual legisla pode não ser de sua competência. A norma somente será válida quando atender ao mesmo tempo à validade formal e material, isto é, quando encontrar total respaldo em normas outras, em geral superiores, que lhe deem guarida no que diga respeito tanto aos trâmites quanto à matéria trabalhada.

Outro conceito, distinto do de validade, é o de *vigência*. Tal qualidade da norma não diz respeito à sua pertinência em relação ao ordenamento – não é, portanto, uma qualidade relacional – e trata, sim, de uma qualidade *temporal*.

A vigência é uma qualidade que informa o momento a partir do qual a norma começa a produzir efeitos. Trata-se, portanto, de uma referência temporal. Investiga-se, para se buscar saber da vigência de uma norma, em qual tempo, em qual data, em qual época ela começa a produzir efeitos.

Em geral, imagina-se que desde a promulgação de uma norma jurídica ela já começa a produzir efeitos. Assim não o é. A fim de que a sociedade tenha conhecimento, e mesmo condições de se adaptar aos mandos normativos, as normas jurídicas são promulgadas – e, portanto, já são consideradas válidas – mas não obrigam imediatamente, ou seja, não começam a vincular as situações aos seus mandos logo da data de sua promulgação.

O tempo decorrido entre a promulgação de uma norma jurídica e o início de seus efeitos é a chamada *vacatio legis*. Trata-se do interregno temporal no qual uma norma já é válida, mas ainda não é vigente. Nesse espaço de tempo, a norma já adquiriu todas as condições que a tornam válida, apenas não tem o condão de se fazer temporalmente vinculante.

As normas jurídicas, quando promulgadas, em geral preveem estipulações a respeito de sua *vacatio legis*. Muitas normas complexas preveem *vacatio legis* de longo período, como foi o caso do atual *Código Civil* promulgado em 2002, que estipulou esse prazo em um ano. Outras preveem prazos curtos. Outras, ainda, entram em vigência na data de sua publicação, isto é, não apresentarão um prazo no qual a vigência esteja em suspenso.

A Lei de Introdução às Normas do Direito Brasileiro, que regula as determinações gerais a respeito da promulgação das normas jurídicas, prevê no seu art. 1º que, se uma norma jurídica nada fala a respeito de sua *vacatio legis*, considerar-se-á então vigente tal norma apenas quando decorridos quarenta e cinco dias da data de sua publicação.

A vigência, pois, não se confunde com a validade de uma norma. Para se saber se uma norma é válida, olha-se a outras normas do ordenamento jurídico, buscando encontrar um respaldo formal e material. Já a vigência de uma norma tem a ver com o tempo a partir do qual ela começa a vincular os casos e produzir efeitos jurídicos. Uma norma pode ser válida, mas ainda não vigente. O que nunca ocorre é o caso de uma norma vigente não ser válida. No dia em que uma norma perde a validade, perde também a vigência. Mas nem sempre no dia em que a norma se torna válida ela se torna também vigente.

Outro conceito, muito distinto do de validade e de vigência, é o de *vigor*. Tal qualidade da norma diz respeito à força de seus efeitos; a palavra vigor remete à ideia de força. Quando se diz que uma norma está em vigor, isso quer dizer que determinados casos são regulados por ela, estão sob o domínio de seu império.

O vigor não se confunde nem com a validade nem com a vigência. Uma norma promulgada e publicada oficialmente em determinada data, tendo entrado em vigência em certa data, mas tendo já sido revogada, perdeu a validade e a vigência. Mas não necessariamente perdeu o vigor. Se um fato tenha se dado no tempo de validade e vigência dessa norma, mas se esse caso só esteja sendo julgado em tempos posteriores, pode ocorrer que ele seja julgado, nesse tempo futuro, a partir das determinações dessa lei válida naquele tempo passado. Isto é, a norma jurídica continua a ter vigor naquele caso, ainda que ela já tenha sido revogada. Pode persistir o vigor da norma mesmo que sua validade e sua vigência já tenham acabado.

Quando duas partes estabelecem um contrato com determinadas cláusulas, sob vigência de uma determinada lei, e, posteriormente, tal lei seja revogada, no momento de uma discussão posterior do contrato é possível, em determinadas hipóteses, que a lei que regule a questão seja aquela do tempo do contrato. Diríamos então que essa lei já não é mais válida, nem mais vigente, mas ainda exerce seu *vigor* para o caso desse contrato.

O vigor é a força vinculante de uma norma jurídica. Em geral, o vigor se verifica no período de validade e vigência da norma, mas nem sempre, porque, como visto nos exemplos acima, ele pode prosseguir mesmo após a revogação da norma jurídica. Se a validade fala de um conceito *relacional*, da norma em relação a outras, e a vigência fala de um conceito *temporal*, do começo e do fim dos efeitos normativos, o vigor fala da *força vinculante* que une a norma aos casos concretos. Mesmo acabada a validade e a vigência, o vigor da norma pode continuar até que se resolvam os casos havidos sob a sua validade.

Como o vigor é uma qualidade que pode continuar após o fim da validade e da vigência da norma, costuma-se também chamá-la de *ultratividade*. Por ultratividade quer se dizer da qualidade de uma norma de vincular-se a casos havidos no tempo de sua validade, mesmo em tempos posteriores à sua revogação. A ultratividade ou vigor é uma qualidade da norma que impõe um cumprimento que pode ser ao tempo de sua validade, mas que pode também alcançar e repercutir em tempos posteriores à validade, futuros.

Por fim, das quatro qualidades que em geral são atribuídas à norma, a validade, a vigência, o vigor e a eficácia, é a última tecnicamente especial, diferente das três primeiras qualidades normativas.

A *eficácia* é a qualidade da norma jurídica que diz respeito à sua verificação empírica na realidade social, isto é, sua aceitação social e sua aplicação aos casos concretos previstos. A efetividade de uma norma jurídica é, portanto, a sua capacidade de produzir efeitos.

Os conceitos de validade, vigência e vigor são normativos. São qualidades dadas a partir de normas jurídicas, delas mesmas, como pode ser o caso da vigência, ou de outras, como é o caso da validade. Mas o conceito de eficácia não advém formalmente da própria norma jurídica nem de outra: é um conceito concreto, real, haurido socialmente. A eficácia qualifica o cumprimento ou o respeito socialmente dado à norma.

A qualidade de eficácia de uma norma jurídica pode ser vista em dois grandes prismas. Uma norma pode ser eficaz ou ineficaz em razão de questões sociais, concretas, existenciais, ou então por questões técnico-normativas. No primeiro caso, é a presença ou a ausência de relações concretas que determinam a eficácia normativa. No segundo caso, trata-se da presença ou da ausência de outros requisitos jurídicos.

Quando se diz que uma norma garante um tal direito, mas os termos pelos quais o Estado conformará tal direito serão regulamentados de modo melhor posteriormente, significa que tal norma já é válida, vigente e em vigor, mas lhe falta eficácia técnica. Isso quer dizer: a norma está dependendo de outras normas não para existir, mas sim para ser efetivamente aplicada.

Mas já quando se diz que todos terão direito ao ar puro, e havendo o caso de uma população que viva constantemente sob poluição, são relações concretas, existenciais, do plano natural ou social, que não dão eficácia à norma. Tal falta de eficácia pode ser tanto por carência de meios técnicos – se não houvesse como despoluir o ar – quanto pode ser por falta de ação política ou institucional – se não está havendo efetiva limitação à poluição das indústrias ou dos automóveis – ou então por desconsideração total da norma jurídica, no caso da sociedade ignorar o cumprimento da norma.

Hans Kelsen, que para a qualificação das normas jurídicas se vale apenas de instrumentos técnicos, como o atributo de validade, chega a dizer que toda norma, para que seja considerada válida, deve ter o mínimo de eficácia. Assim se exprime Kelsen porque, carecendo a norma de mínima viabilidade factual, ela será então uma norma cuja imputação na prática inexiste. Se houvesse normas que regulassem o comportamento dos humanos nas suas visitas espaciais ao Sol, essas normas careceriam de mínimo de eficácia.

A eficácia não é apenas um cumprimento reiterado das normas jurídicas socialmente. Muitas vezes, o seu descumprimento se dá às escondidas das instituições estatais, e isso revela que a norma tem sido reconhecida socialmente, embora não tenha sido utilizada como regra de conduta social. Ocorre que um caso como esse, de descumprimento às escondidas, revela o potencial de aplicação concreta da norma. A eficácia, por isso, não se mede apenas pela sua efetiva concreção social, mas também pelo seu potencial de concreção. Esse nível de apreensão da eficácia das normas jurídicas costuma ser chamado por *efetividade.*

A eficácia da norma jurídica pode ser lida, assim, como uma eficácia técnica – a existência de instrumentais normativos e jurídicos que lhe deem suporte – ou como efetividade – a possibilidade de sua concreção social. Denomina-se a efetividade também como eficácia social.

As possíveis qualificações da eficácia de uma norma jurídica, assim, não são apenas qualificações formais. São relações concretas das normas com as instituições, com atitudes sociais e com o potencial de respeito e submissão concreta para com elas. A eficácia é um qualificativo mais sociológico que normativo da norma jurídica.

11

AS ANTINOMIAS

O fenômeno jurídico nas sociedades capitalistas modernas estrutura-se a partir do monopólio da legislação e dos julgamentos nas mãos do Estado. O controle da criação das normas é feito pela instauração de trâmites formais necessários. Ao mesmo tempo, ao conjunto de normas jurídicas estatais imputa-se a necessidade de guardar algumas características comuns, unificadoras.

As necessidades do capitalismo moderno são diretamente representadas nos conteúdos das normas jurídicas estatais. Também as contingências e os interesses políticos e sociais se veem espelhados imediatamente nas diretrizes das normas jurídicas. Desse bloco unificado de interesses de poder que se espelham no direito decorre – ainda que na prática isso seja um ideal inalcançável – o pendor dos juristas por construírem um conjunto de normas jurídicas coerentes. A almejada *coerência* do ordenamento jurídico faz com que a teoria geral do direito abomine a existência de *antinomias* entre as normas.

A prática jurídica – que busca fazer do direito um sistema fechado, ordenado e bem estruturado de normas jurídicas – em geral recrimina o fato de que possa haver normas que se oponham a outras *no mesmo* ordenamento. Por isso, uma das principais inquietações do jurista sempre foi a de sanar o problema das antinomias, isto é, das normas contrárias ou contraditórias em relação a outras normas.

Claro está que o ordenamento jurídico, por ser estruturado a partir de uma pluralidade de agentes, desde os variados legisladores até a miríade de operadores, sempre será aberto, contraditório, vago, impreciso. No entanto, o esforço para controlar o direito fez com que se desenvolvessem ferramentas para identificar, tecnicamente, o que são as antinomias e como resolvê-las sem perturbar de maneira mais profunda o próprio sistema normativo.

A identificação e a resolução das antinomias dentro do ordenamento jurídico são procedimentos de poder. Arrogando uma coerência do direito que ele não tem, a partir de um prisma de coerência que é ideológico, os operadores do direito impõem uma estrutura de resolução das contradições normativas por eles mesmos assim identificadas e consideradas, e que será então reputada de boa técnica e harmonia jurídica.

A IDENTIFICAÇÃO DAS ANTINOMIAS

Em benefício do controle sobre a forma e o conteúdo das normas, a teoria geral do direito deve, logo de início, identificar as hipóteses nas quais ocorre uma antinomia, localizando-a, para depois então lançar meios a fim de resolvê-la.

Para que se possa considerar que uma norma do ordenamento seja antinômica em relação a outra, elas devem ambas tratar, de modo distinto, de uma mesma questão. Esse passo inicial é óbvio, mas importante de ser ressaltado, porque se duas normas tratam de questões distintas, então elas não são antinômicas, apenas versam sobre coisas diferentes. Para serem consideradas antinômicas, devem versar sobre a mesma coisa.

Assim sendo, pode-se identificar um grupo de fatores que, coincidindo em duas normas, faria com que estas fossem antinômicas. Se elas coincidirem no *tempo*, no *espaço*, na *pessoa* ou na *matéria*, aí então é que se tratará de uma antinomia.

No que diz respeito à *temporalidade*, se duas normas tratarem diferentemente de uma mesma coisa concomitantemente, elas serão antinômicas. Há antinomia entre duas normas que sejam dadas num mesmo tempo, mas não entre normas de tempos distintos. Isso porque, se uma norma for posterior à outra, dir-se-á então que a nova sucedeu à velha. Não se pode dizer que haja antinomia entre uma regra de vestimenta do século XVI com uma do século XXI se o tempo já revogou essa norma antiga. Mas se dissermos que no século XXI há, ao mesmo tempo, duas normas de etiqueta de vestimenta, diremos então que há costumes, na moda, que podem ser antinômicos.

Tratando do *espaço*, também só haverá antinomia se ambas as normas se referirem a um mesmo local. Se uma norma proíbe fumar no restaurante e outra permite que se fume no jardim, não há aí antinomia.

Sobre as *pessoas* a que se dirigem as normas, também só haverá antinomia se ambas as normas se referirem aos mesmos sujeitos destinatários. Se se proíbem os jogadores de futebol de jogarem armados, esta norma não é antinômica com outra que faculte aos policiais o armamento.

No que versa sobre a *matéria*, só haverá antinomia caso duas normas tratem diferentemente do mesmo tema, ou seja, do mesmo conteúdo. Se uma proíbe o roubo e outra permite os contratos, não há antinomia porque as normas não estão tratando da mesma matéria. Não falam da mesma coisa. Haveria antinomia, nesse caso, se uma norma proibisse o roubo e outra norma o permitisse, por exemplo.

As antinomias, por sua vez, podem se dar entre duas normas de modo *total* ou *parcial*. Quando uma norma proíbe o uso do álcool, e outra permite o uso do álcool e do cigarro, diremos que a segunda é parcialmente antinômica com a primeira, e a primeira totalmente antinômica com a segunda. Isso porque a totalidade da primeira norma se choca com um pedaço da segunda.

Há normas que podem se chocar ambas totalmente. Se uma norma determinar que o comércio fechará das 19h00 às 20h00 e outra determinar que ele pode ser aberto no mesmo horário, diríamos que ambas são antinômicas totalmente.

Mas, se uma norma determina a abertura do comércio das 19h00 às 21h00, e outra determina o fechamento do comércio das 20h00 às 22h00, diríamos que há uma antinomia entre uma fração de tempo estipulado por uma norma e uma fração estipulada pela outra, mas há frações em cada uma das duas normas que não são antinômicas.

Alf Ross, tentando dar uma nomenclatura à extensão dessas antinomias, dirá que são de três possíveis tipos: *total-parcial*, *total-total* ou *parcial-parcial*, correspondentes aos exemplos dos três parágrafos acima.

ANTINOMIA DE PRINCÍPIOS

Os ordenamentos contemporâneos, em especial a partir do século XX, tratando da complexidade de sociedades contraditórias, com demandas sociais as mais variadas, buscaram aliar velhos princípios de segurança, ordem, estabilidade e defesa do capital com princípios novos de solidariedade social, bem-estar ou intervenção estatal. Há ordenamentos os mais variados neste sentido. A Constituição de Weimar, por exemplo, estipulou, logo no início do século XX, na Alemanha, uma série de preceitos ditos de social democracia que, no limite, se chocavam com outros princípios basilares do capitalismo liberal.

No caso do Brasil, a Constituição Federal de 1988 revela de maneira clara essa multiplicidade de princípios. Ao mesmo tempo é capitalista, defende a propriedade privada e suas garantias de liberalismo, mas defende a intervenção do Estado na economia, defendendo também os interesses sociais e uma sociedade justa e livre. Ora, muitos desses preceitos constitucionais podem se chocar, principiologicamente, com outros. Alguns poderiam argumentar que, se o Brasil deve promover a justiça social, a propriedade privada não é um direito irrestrito. Outros argumentam que se a propriedade privada é um direito, o Estado não poderia ter caráter intervencionista.

Daí se levanta a grande questão de se saber se, teoricamente, há antinomia de princípios. Caso assim considerarmos, normas se chocam contra outras por conta de suas ideias e seus horizontes, e deverão ser reajustadas em prol da coerência. Os juristas de extrato conservador, buscando garantir certos princípios em detrimento de outros, sem querer dar operacionalidade ao combate entre os horizontes distintos, fazem da questão da antinomia de princípios um tema menor. Dizendo que lhe falta um caráter técnico, relegam o tema a uma mera opção política. Claro está que, de fato, as escolhas dos grandes princípios jurídicos são uma opção política do jurista, porque, na verdade, revelam, tão só e simplesmente, as grandes opções do poder social, político e econômico que está por detrás do Estado e do direito. Mas é preciso apontar que os cientistas que tanto insistem na clareza e na exatidão do ordenamento jurídico relegam os grandes nortes principiológicos do direito, se antinômicos, a questão menor, e as pequenas antinomias entre normas, mais fáceis de se resolver sem abalar o sistema, a questão maior.

A resolução da antinomia de princípios impõe uma opção política clara do jurista, no sentido de dar um direcionamento à economia, à política e à sociedade. Daí a dimensão do posicionamento político do jurista e da necessidade de uma envergadura sua maior que aquela meramente técnica. O jurista não se restringe à técnica jurídica, e quando assim se porta, além de se amesquinhar, esconde sua real função social.

AS ANTINOMIAS E OS FUNTORES DEÔNTICOS

Buscando ainda compreender quando duas normas são de fato antinômicas, os juristas desenvolveram, no decorrer da história do direito, instrumentos lógicos para sua identificação.

Se duas normas jurídicas permitem uma mesma coisa, não diríamos que são antinômicas, mas sim que se repetem. Seriam antinômicas, por exemplo, se uma permitisse e outra proibisse. Então, para que se entenda a antinomia, é preciso estabelecer também a compreensão dos *funtores deônticos*, isto é, dos elementos operativos das normas que determinam se elas estão proibindo ou permitindo, por exemplo.

Há, fundamentalmente, quatro funtores deônticos, e da relação entre eles sairá um quadro lógico de antinomias. As normas ou *proíbem*, ou *obrigam*, ou *permitem fazer*, ou *permitem não fazer*. Pode-se, desses quatro termos, estabelecer um quadro lógico. Norberto Bobbio, em suas reflexões sobre o ordenamento jurídico, relembra a utilidade didática de tal quadro deôntico, usado já na Idade Média, que permite entender quais normas, relacionadas entre si, tendo em vista o funtor deôntico, serão de fato antinômicas.

Se uma norma obriga a algo, e outra proíbe este algo, ambas são antinômicas. Se uma norma proíbe, e outra permite fazer, também entre si são antinômicas. Se uma norma obriga, e outra permite não fazer, há também antinomia.

No primeiro caso, entre uma norma que obriga e outra que proíbe, a antinomia existente leva o nome, pela lógica, de *contrariedade*. Entre as normas que obrigam e proíbem, de um lado, e as que permitem não fazer ou fazer, de outro, a antinomia leva o nome de *contradição*.

Mas, entre duas normas, se uma obriga e a outra permite fazer, nesse caso não há antinomia, porque se se obriga é claro que se permite fazer o que se está obrigando. Nesse caso, e também no caso entre as normas que proíbem e as que permitem não fazer, falamos de *subalternidade*. Não são casos de típicas antinomias.

Também se compararmos duas normas, uma permitindo fazer algo e outra permitindo não fazer este mesmo algo, diremos não haver antinomia, porque, tomadas apenas as duas, permitir-se-á então fazer ou não fazer. Nesse caso, falamos de *subcontrariedade*.

Assim se pode expor o tradicional quadro das antinomias, quanto aos funtores deônticos, chamando o obrigatório por *O*, o proibido por *P*, o permitido positivo por *Pp* e o permitido negativo por *Pn*:

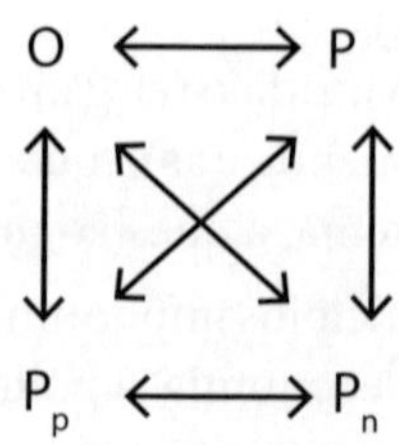

Tratando em termos lógicos, há antinomia entre *O* e *P*, entre *P* e *Pp*, e entre *O* e *Pn*. Entre *O* e *Pp*, entre *P* e *Pn* e entre *Pp* e *Pn* não há antinomia.

CRITÉRIOS PARA A RESOLUÇÃO DAS ANTINOMIAS

Ao mesmo tempo em que o pensamento jurídico se desenvolveu no sentido de identificar as antinomias, também propôs critérios e ferramentas para resolvê-las. Algumas dessas ferramentas são tradicionais no uso jurídico. Por isso, só serão consideradas antinomias, ao final das contas, aquelas normas cujo conflito não consiga ser resolvido por meio dos critérios já tradicionais e consolidados pelos juristas e teóricos do direito.

Há três grandes critérios para se resolver uma antinomia: a *cronologia*, a *hierarquia* e a *especialidade*. O primeiro critério resolve uma antinomia tomando por base uma questão de tempo. O segundo critério tem por diretriz a questão do nível da norma dentro do escalão hierárquico do ordenamento jurídico. O terceiro critério resolve o problema entre normas gerais e normas específicas.

O primeiro critério é bastante claro ao jurista: caso haja duas normas tratando da mesma questão, mas uma seja mais nova que outra, entre as duas há de se preferir a *mais nova*. Entre o velho *Código Civil* e o *Novo Código Civil*, a norma válida é o atual Código.

O segundo critério também é cristalino: entre duas normas antinômicas, se uma for de um escalão hierárquico superior à outra, prefere-se a norma *superior*. Assim sendo, caso haja antinomia entre uma norma da *Constituição Federal* e outra do Código Civil, pelo critério da hierarquia há de se escolher a norma superior, a constitucional.

O terceiro critério, embora mais difícil, será também de claro entendimento. Se uma norma trata sobre assunto geral, e outra trata de maneira distinta de um caso específico dentro desse assunto geral, a específica revoga a geral, mas apenas para o caso específico. Se há uma norma geral proibindo o uso de armas, e uma norma específica facultando o uso de armas aos militares, então diríamos que a norma especial (ou específica) revoga a geral, mas não totalmente, e sim apenas para os militares. No geral, os demais continuam proibidos de portar armas.

Há velhos brocardos latinos que resumem essas três ferramentas de resolução de antinomias: *lex posterior derogat priori* (a lei posterior derroga a anterior); *lex superior derogat inferiori* (a lei superior derroga a inferior); *lex specialis derogat generali* (a lei especial derroga a geral).

ABUNDÂNCIA OU FALTA DE CRITÉRIOS

Os critérios para a resolução das antinomias passam sempre pela escolha da lei mais nova, da superior ou da especial em face da geral, no limite da sua especificidade. Essas três ferramentas são clássicas para se resolver uma antinomia.

No entanto, a existência de três critérios pode levar a um problema: e se houver uma antinomia que, se resolvida por um critério leve a uma escolha, e se resolvida por outro critério leve a outra escolha, como proceder?

Esses casos podem acontecer quando há mais de uma ferramenta possível para a resolução de antinomias. Trata-se de um conflito de critérios. Também nesse caso o pensamento jurídico e a prática dos juristas estabilizaram uma série de escolhas.

Se para se resolver uma antinomia puder se usar ao mesmo tempo o critério da cronologia e o da hierarquia, há de se preferir então o critério da hierarquia. Isto é, se uma norma for mais nova, mas de escalão hierárquico inferior, há de se ficar com a outra, mais velha, mas superior hierarquicamente.

Assim sendo, entre a *cronologia* e a *hierarquia*, o critério mais forte para resolver a antinomia será a *hierarquia*.

De outra forma, se puder se usar ao mesmo tempo o critério da cronologia e da especialidade, há de se escolher o da especialidade. Uma norma específica, ainda que mais velha, é preferível à geral mais nova no ponto de sua especificidade.

Neste caso, entre a *cronologia* e a *especialidade*, o critério mais forte para resolver a antinomia será a *especialidade*.

A dificuldade reside em se determinar, entre uma norma hierarquicamente superior geral e uma inferior hierarquicamente mas específica, qual das duas prevalecerá. Isso porque no critério entre a *hierarquia* e a *especialidade*, não é ponto pacífico do pensamento jurídico que uma tenha que valer sempre mais que a outra. Nesse caso, não há um critério técnico estabilizado, dependendo, pois, da circunstância da questão em tela.

Assim sendo, nos casos em que há abundância de critérios para a resolução das antinomias, quase sempre os juristas já consolidaram a escolha de certos critérios em relação a outros.

Outro problema que pode surgir na resolução das antinomias é, diferentemente do caso acima (em que abundam critérios), o caso em que falte totalmente meios de resolução. Tratar-se-ia de um caso de insuficiência de critérios. Isso somente aconteceria quando as normas antinômicas fossem ambas do mesmo nível, da mesma cronologia e da mesma especialidade. Por exemplo, se o legislador, na mesma lei promulgada no mesmo dia, estipulasse, em dois artigos distintos, uma permissão e uma proibição para o mesmo assunto, não haveria critério suficiente para que o jurista, por si só, resolva a antinomia.

Nesse caso de insuficiência de critérios, em geral o legislador há de editar nova lei, refazendo sua determinação legal, ou então, em caso de omissão do legislador, há uma técnica, de caráter mais vago, porque mais dependente da aceitação de todos, que é o uso de uma ferramenta que se chama *lex favorabilis* (lei favorável).

No caso de antinomia entre duas normas, não havendo possibilidade de resolução por meio dos critérios de cronologia, hierarquia ou especialidade, se uma norma obriga ou proíbe e a outra norma permite, em geral é menos custosa socialmente a escolha da norma que permite. A permissão é percebida como mais favorável que a obrigação ou a proibição.

No caso entre duas normas, uma obrigando e outra proibindo, a *lex favorabilis* seria um tertius, uma terceira via, ou seja, a aceitação de uma permissão, o que na prática anularia a norma proibidora e a obrigatória ao mesmo tempo. Daí que a *lex favorabilis*, permissiva, seja uma construção do jurista no sentido de resolver, artesanalmente, a antinomia jurídica. Não é uma ferramenta pacífica, nem muito usada, porque em geral, nesses casos, volta-se ao legislador a pressão por criar nova norma que resolva a antinomia entre as normas já existentes.

12

AS LACUNAS

A questão das lacunas está inserida no contexto da *qualidade* do ordenamento jurídico. Desde o século XIX, quando o Estado burguês passa a dominar todos os quadrantes das relações sociais, seu ordenamento jurídico se assenta sobre a reputação de coerente, completo e unitário. Com isso, os juristas burgueses quiseram dizer a respeito do fato de que não há dois ordenamentos jurídicos válidos em um mesmo Estado; não há normas contraditórias dentro do mesmo ordenamento; e não há falta de normas para julgar qualquer caso a partir de um dado ordenamento jurídico estatal.

Por tal razão, o problema das lacunas é correlato, por exemplo, à questão das antinomias. Quando se fala que um ordenamento é incoerente, é porque se atribuem a ele muitas normas que, de modo distinto, tratam do mesmo assunto. Mas, quando se fala que um ordenamento é lacunoso, é porque se atribui a ele uma *falta* de normas para regular algum caso específico. No caso das antinomias, há excesso de normas sobre uma mesma questão. No caso das lacunas, há carência.

O DOGMA DA COMPLETUDE

A palavra *lacuna* remete à ideia de um espaço vazio, de um buraco, de algo não preenchido. No direito, quando se diz que há lacunas, em geral se quer dizer que não há normas que se refiram a uma determinada questão.

A teoria geral do direito e os juristas em seu quotidiano abominam a ideia de que o ordenamento jurídico apresente lacunas. Desde há muitos séculos, passa pelo senso comum do jurista o *dogma da completude*. O ordenamento das normas jurídicas, em geral, é tomado por completo, isto é, sem carência de normas. Para todos os casos possíveis, o direito apresentaria uma resposta.

Essa visão tem explicações históricas e sociais muito claras. A demanda por completude é moderna. No direito antigo, dos povos escravagistas, a atividade jurídica era artesanal, realizada de caso a caso, sem que houvesse uma generalização dos resultados jurídicos. Muitas coisas eram tratadas pelo direito, mas muitas também lhe eram desconhecidas. Assim sendo, não havia a ideia de um ordenamento de normas, muito menos a ideia de um ordenamento completo.

Na Idade Média, quando os juristas se puseram a comentar as compilações de jurisprudências e normas do direito romano, houve uma tendência a fixar o direito apenas nos limites dos comentários aos velhos livros jurídicos romanos, como o *Digesto*. A partir desse momento, os teóricos do direito quiseram resumir todas as possibilidades jurídicas nos institutos classicamente consolidados do direito romano. Começa aí uma tendência teórica a pensar o direito como ordenamento completo.

No entanto, é só com o surgimento do capitalismo, na modernidade, que a questão das lacunas se põe de modo claro. No capitalismo, o monopólio da violência física passa às mãos do Estado. Não há mais a possibilidade de que os particulares e os grupos sociais resolvam seus conflitos à margem do direito estatal. Nesse momento, o Estado passa a regulamentar todos os aspectos da vida social.

Claro está que as regulações do Estado, no capitalismo, versam principalmente sobre os conteúdos que diretamente se relacionam à vida econômica burguesa, seja ela nas relações mercantis, produtivas ou financeiras, tratando também sobre a própria estruturação normativa do Estado e de seus interesses. Mas o Estado não abandona aos particulares a resolução dos conflitos que não estejam regulados em lei. O Estado chama a si a regulação de todos os conflitos. O monopólio do poder político é total nas mãos dos Estados modernos.

Para a burguesia, esse é um elemento fundamental na estruturação de suas relações sociais. O Estado, regulando a maior parte das relações sociais e julgando todos os possíveis conflitos que lhe sejam apresentados, passa a ser o elemento garantidor da estabilidade do domínio do capital sobre o trabalho, garantindo também a propriedade privada burguesa e a própria reprodução do capitalismo.

Por isso, muito embora seja impossível que o Estado venha a legislar sobre tudo, ele arroga a si o direito de a tudo julgar, caso seja provocado, e, em algumas hipóteses, caso o próprio Estado diretamente queira. O direito é completo porque o Estado arroga a si um total poder sobre as relações sociais. Detendo o monopólio da violência, o Estado torna o direito completo em potencial, porque a tudo poderá se impor pela sua força.

Mas os teóricos do direito poderão argumentar que nunca as leis regulam todos os casos. Essa é uma verdade, porque não há possibilidade concreta de prever e estipular normas sobre toda a miríade de relações sociais existentes. No entanto, o pensamento jurídico, embora reconhecendo a inexistência de uma completude do ordenamento jurídico, passa a presumi-la, como se fosse um instrumento teórico fundamental para a orientação de suas técnicas e suas práticas.

Em especial a partir do século XIX, com o movimento da codificação e da positivação, os teóricos do direito põem-se a postular que todo o direito se encontrava nas normas jurídicas promulgadas pelo Estado, e que todos os fatos eram passíveis de serem regulamentados pelas normas jurídicas, não faltando norma a nenhuma hipótese factual que fosse apresentada ao julgamento estatal.

É então, a partir do século XIX, que o problema das lacunas se torna mais grave. O Estado, por demandas estruturais das contradições sociais, obriga-se a responder aos mais variados tipos de problemas e relações jurídicas. Como na prática o ordenamento não prevê tudo, o jurista passa a desenvolver ferramentas que lhe auxiliam a alcançar, na prática jurídica, o que a realidade normativa estatal não fornece. Nessa ocasião, surgem os teóricos da completude, que resolvem a lacuna por meio de uma petição de princípios teórica.

Tal movimento de postulação teórica de um ordenamento total, sem lacunas, enfrentou muitas resistências por parte de variados juristas. Na França e na Alemanha, no final do século XIX e no início do século XX, floresceram os movimentos de escolas do *direito livre*, ou da livre investigação jurídica. Eugen Erlich, um dos mais famosos juristas dessa corrente, insistia no fato de que o direito não deve ser observado tão apenas nas leis, mas sim nas próprias necessidades sociais. O direito não seria composto de um ordenamento completo, porque ele necessitaria se referir ao movimento da sociedade, que é dinâmico e aberto, mais do que à sua consolidação legislativa, que fecha e torna conservadoras as instituições jurídicas. A margem para a criação jurídica é um imperativo, e, portanto, a lacuna é um dado efetivo do direito; sua incompletude não representa um malefício. A escola do direito livre foi uma insurgência teórica contra a ideia de que o direito fosse completo, sem lacunas.

No entanto, a maioria dos juristas, tanto no século XIX quanto no século XX, quererá partir do pressuposto contrário. Tais juristas, positivistas e tecnicistas, pautam-se no pressuposto de que todo o direito está contido no ordenamento jurídico, e tal ordenamento não poderia ter falhas nem faltas. Caso elas existissem, seria preciso construir um sistema de ferramentas teóricas para dissipar do seu seio as lacunas.

TEORIAS DA COMPLETUDE

Não admitindo que o direito pudesse conter, em seu ordenamento, falhas ou lacunas, os juristas do século XIX e em especial do século XX puseram-se a construir modelos teóricos que afastassem a compreensão do ordenamento como lacunoso.

Para buscar postular que o direito nunca teria lacunas, várias explicações teóricas foram propostas. A primeira delas é a do *espaço jurídico vazio*. Por meio dessa fórmula, alguns juristas buscaram dizer que há um campo de situações normatizadas, o campo do direito, e um outro campo, composto por situações não normatizadas. Reduzindo a pretensão de totalidade do fenômeno jurídico, o direito se limita ao normatizado, e o espaço jurídico vazio não é considerado então como sendo jurídico.

Ora, dentro do campo do direito, nada falta. Todas as hipóteses jurídicas estão previstas e o demais é espaço jurídico vazio, de tal sorte que não há lacunas. Se algo faltar normativamente, é porque não pertence ao campo do direito, e sim ao campo extrajurídico. Se falta hipótese normativa, não é porque haja lacuna no direito, e sim porque o direito considera essa hipótese irrelevante, e, portanto, não jurídica.

Tal solução é uma mera interpretação do ordenamento jurídico que busca, sem precisar de qualquer reparo, tornar o incompleto completo. Mas outras teorias, de outro modo, também procederam em intuito similar. De todas essas teorias que buscaram postular a completude do ordenamento jurídico, a de Hans Kelsen é a mais canônica.

Na *Teoria Pura do Direito*, Kelsen postula que o ordenamento jurídico não tenha lacunas. Isso vai de acordo com a lógica geral de suas ideias a respeito da dinâmica jurídica. Para Kelsen, quando se observa um ordenamento de normas jurídicas, não se há de dizer que ele seja incompleto. Caso o jurista, quando se depare com uma determinada hipótese, não encontre previsão normativa para regulá-la dentro do ordenamento, ele, na verdade, há de entender que, não havendo norma proibitiva nem norma obrigatória, tal situação é considerada como possível. Se não há norma que proíba nem que obrigue a uma determinada conduta, esta é facultada a ser feita ou não.

A solução de Kelsen, assim, é dizer que o ordenamento jurídico, na prática, é completo. Mesmo que não haja norma escrita regulando uma determinada questão, o jurista não deixará de solucionar o problema que se lhe for apresentado, porque a conduta não prevista normativamente é permitida juridicamente.

Assim, Kelsen se põe no sentido contrário daqueles que tentaram resolver a questão da lacuna com a ideia do espaço jurídico vazio (os que diziam haver um campo jurídico e um campo não jurídico). Kelsen diz que todas as coisas são jurídicas. E tudo aquilo que por um acaso não estiver normatizado não é irrelevante ao direito. Pelo contrário, é jurídico, e está na categoria do juridicamente permitido, porque não há norma que o proíba ou o obrigue.

Nesse sentido, Kelsen subverte a tradicional compreensão dos juristas. Para a maior parte dos teóricos até então, era um fato que todo ordenamento tenha lacunas, e a completude do ordenamento jurídico era uma ficção. No entanto, para a *Teoria Pura do Direito*, trata-se do contrário. Sua perspectiva sobre o tema da lacuna é o da *completude* do ordenamento jurídico. O ordenamento é completo porque basta o jurista saber que o que não está regulamentado está permitido. Ao jurista, com essa ferramenta teórica do permitido para o não regulado, não há solução que não lhe seja determinável a partir da lógica do ordenamento. Nessa visão de Kelsen, então, o ordenamento é completo, e as lacunas é que são uma ficção.

Dirá Kelsen que a questão das lacunas é um problema postulado pelo jurista devido a um desacordo deste quanto à solução apresentada a algum problema. Para Kelsen, quando o jurista fala que há uma lacuna no direito, na verdade, ele está reclamando de uma solução que existe, mas que para ele é indesejável.

Se não houvesse normas que proibissem o uso das substâncias tóxicas, não estaríamos diante de uma lacuna. Isso porque, na falta de uma norma proibindo ou obrigando, o jurista há de entender que o uso do tóxico é possível. Mas essa solução pode não agradar aos valores e aos desejos da maior parte dos juristas e da sociedade. Então o jurista postula não haver norma para tratar dos tóxicos, reclamando existir, no que tange a essa questão, uma lacuna.

Para Kelsen, o problema das lacunas não é o da falta de critérios para decidir, mas sim o da recusa à solução lógica extraída do sistema. As lacunas, assim, passam a ser consideradas por ele como um problema de política jurídica, e não propriamente de técnica jurídica. Formalmente, sempre seria possível ao jurista uma solução – a da permissão – quando não encontrasse norma que regule uma determinada hipótese.

LACUNAS IDEOLÓGICAS

A proposição de Kelsen de que o direito não apresenta lacunas, e que toda vez que o jurista reclama a incompletude do ordenamento, isso se deve ao fato de que a solução possível lhe é indesejável, remete àquilo que os teóricos do direito costumam denominar *lacunas ideológicas*.

Por lacunas ideológicas quer-se falar a respeito daquelas brechas, dentro do sistema jurídico, que não são advindas da falta de normas, mas, sim, de um certo valor que é atribuído ao conjunto das normas e dos meios teóricos de encaminhamento da ausência de normas específicas a um caso concreto, o que faz com que uma dessas normas ou soluções teóricas pareça ser descompassada em face das demais.

No caso acima exposto, em relação aos tóxicos, o ordenamento jurídico, se nada previsse sobre o caso, teria mesmo assim uma resposta jurídica a lhe dar. Nada sendo previsto normativamente, então o uso dos tóxicos é permitido. Mas essa solução, socialmente, é por muitos indesejável.

Mas em outros casos, ainda que haja normas explícitas sobre uma determinada hipótese, ela também parece ser indesejável, por uma espécie de balanço ideológico. Se as normas penais previssem a punição do roubo com vinte anos de reclusão e o homicídio com três anos de reclusão, diríamos que falta carga punitiva a esse crime. Mas isso não seria, tecnicamente, uma lacuna, porque não falta uma solução jurídica à questão do homicídio, ela apenas é indesejável em face do tratamento que se dá ao roubo.

De fato, o problema das lacunas é sempre um problema relacional. Argui-se uma lacuna em comparação a uma determinada situação ideal que é reclamada. Dizemos que é preciso regulamentar o lixo espacial, então encontramos lacunas no ordenamento no que diz respeito a esse tema. As lacunas são sempre relações entre um ordenamento existente e uma ideia ou um fato externo a ele, ou então entre normas e valores mensuráveis de maneira relacional dentro do próprio sistema. Nunca uma coisa falta a si mesma; ela falta em relação a outra coisa, ou por não estar prevista ou por ser menos ou mais do que o previsto.

MÉTODOS PARA A RESOLUÇÃO DAS LACUNAS

De acordo com a específica teoria de que se parta, chegar-se-á à conclusão de que há ou não há lacunas no ordenamento jurídico. Para alguns, elas existem, e, portanto, o jurista deve aprender a resolvê-las. Para outros, como Kelsen, nunca há lacunas, pois o que não está regulamentado é permitido. Se tomarmos a primeira visão, chegaremos à conclusão de que, havendo lacunas, é preciso criar normas para os casos concretos sem norma. Se tomarmos a visão de Kelsen, não há norma a ser criada, e sim uma regra geral de teoria jurídica a ser aplicada imediatamente.

Por isso não há, no que diz respeito às lacunas, uma percepção teórica estável que permita uma solução técnica sempre satisfatória aos seus problemas. No caso dos tóxicos, se houvesse uma lacuna, ou seja, uma falta de leis regulando a questão, aquele que assim pensasse poderia tentar comparar a venda de tóxicos à venda de remédios, por exemplo. Isso levaria a uma certa solução do problema. Mas os kelsenianos poderiam simplesmente dizer que na falta de previsão o uso do tóxico é permitido. Isso levaria a uma outra solução do problema, diferente da primeira.

Daí que os métodos de solução das lacunas não são ferramentas técnicas universalizadas, utilizadas de maneira acorde por todos os juristas. A depender da visão que o jurista tenha sobre a existência ou não das lacunas, os métodos de resolução do problema são utilizados ou não. E, mesmo assim, os juristas não são unânimes em reconhecer quais dos métodos são os melhores e mais adequados.

Nesse ponto, os juristas costumam se dividir entre aqueles que, em face das lacunas, aplicam a regra geral kelseniana de que o que não está previsto está permitido, e aqueles que buscam solucionar o problema chamando, ao caso em questão, outras normas que lhe possam ser aplicadas. E a maior parte dos juristas ora adota a solução kelseniana ora adota a solução que reclama o auxílio de outras normas, variando de acordo com o caso e os interesses em jogo. O encaminhamento da questão é mais conforme a casualística que conforme um princípio teórico. A teoria das antinomias quase nunca é utilizada como uma teoria lógica e formal pelo jurista médio.

Os métodos que buscam aplicar outras normas para os casos em que não haja previsão normativa são chamados de métodos integradores. Isso porque integrarão, a um caso que se reputa sem previsão legal, alguma norma jurídica. Integrar é trazer para dentro, somar, adicionar. A integração é a busca por normas similares, fatos parecidos, circunstâncias comparáveis, trazendo-os para o preenchimento da lacuna.

A integração é a ferramenta mais comum com a qual o jurista trabalha no que tange ao problema da antinomia, ao lado da solução kelseniana de considerar o não regulamentado permitido. Em geral os juristas, a partir da nomenclatura do italiano Carnelutti, dividem os métodos de integração em dois tipos: *autointegração* e *heterointegração*, a depender do fato de buscarem uma solução à lacuna dentro ou fora do ordenamento jurídico. Também a escolha de um desses dois métodos é feita pelo jurista de acordo com as conveniências de cada caso, sem que levante uma bandeira teórica geral. A casualística resolve a teoria e a prática das lacunas jurídicas.

O método da autointegração consiste em trazer, a um caso reputado como lacunoso, uma resposta advinda de uma fonte *interna* ao próprio ordenamento jurídico. A analogia com outras normas do mesmo ordenamento e os princípios gerais de direito são as duas formas mais corriqueiras de concreção da autointegração.

O método da heterointegração consiste em trazer, a um caso dado como lacunoso, uma resposta vinda de fonte *externa* ao próprio ordenamento jurídico. Em geral, a heterointegração se faz com o recurso à comparação com outros ordenamentos, de outros Estados, mas também de outras épocas no mesmo Estado, e também com a busca de orientações fora do ordenamento jurídico.

Quando o jurista, na falta de norma para regular um caso concreto, se vale das legislações estrangeiras – o chamado direito comparado – está procedendo à heterointegração de uma lacuna. Quando, por sua vez, ele lança mão de princípios como os do chamado direito natural, ou então princípios bíblicos, religiosos etc., está também chamando, à resolução do problema da lacuna, fontes diversas daquelas estabelecidas pelo ordenamento jurídico.

De modo geral, o jurista, quando se depara com uma lacuna e se põe a saná-la por meio da integração de outros elementos à hipótese que carece de norma, dá preferência aos métodos de autointegração, por serem ferramentas que não fogem do próprio ordenamento jurídico válido. Mas isso nem sempre é um procedimento concorde para todos os juristas.

No caso, por exemplo, da regulação jurídica das questões da informática, como a Internet, carecendo o direito brasileiro de uma regulação específica para um determinado ponto, poder-se-ia fazer uma analogia de uma dada questão lacunosa sobre a Internet com a legislação brasileira das rádios e televisões. Isso levaria uma determinada solução à lacuna, por meio de autointegração. Mas também se poderia tentar sanar tal lacuna por meio do recurso à comparação com as normas que regulam a Internet em países da Europa ou dos EUA, por exemplo. Isso levaria a outro tipo de resposta, por meio da heterointegração. A escolha de uma das duas vias revela uma decisão de poder e as opções sociais que perpassam o direito.

No que diz respeito ao recurso às fontes internas ou externas ao ordenamento jurídico, dir-se-á que as lacunas podem ser preenchidas, então, por meio de auto ou heterointegração. Mas, no que diz respeito à técnica utilizada, pode-se ainda dividir tais métodos integradores entre aqueles que partem de ferramentas *quase lógicas*, como a analogia, a indução amplificadora e a interpretação extensiva, e aqueles que partem de respostas *institucionais*, já dadas e previstas por outras normas do ordenamento, como os costumes, os princípios gerais de direito e a equidade. Tercio Sampaio Ferraz Junior propõe essa divisão, com grande acerto. Ao se tratar do método para o preenchimento da lacuna, percebe-se um critério mais sistemático do que o tratamento a respeito da origem do fundamento integrador. A analogia, por exemplo, é uma ferramenta valiosa da resolução das lacunas, e pode ser tanto utilizada para a realização de autointegração quanto para a heterointegração, porque se pode buscar norma similar tanto no ordenamento interno quanto no externo.

INSTRUMENTOS DE INTEGRAÇÃO QUASE LÓGICOS

Os instrumentos quase lógicos são aqueles que partem de ferramentas construídas pelo próprio jurista que está a preencher as lacunas, por meio de argumentações como as de semelhança, extensão, dedução e indução. A analogia, a indução amplificadora e a interpretação extensiva são seus tipos.

A *analogia*, de todos os instrumentos, é o mais consagrado para a resolução de uma lacuna pelo jurista. Trata-se de uma ferramenta que opera na base da semelhança. A analogia não revela uma completa igualdade, porque se um caso fosse igual a outro, nem haveria lacuna, sendo ambos regidos pela mesma norma. A analogia, assim, trabalha justamente com a semelhança, com a constatação de ao menos uma particularidade ou generalidade comum a dois casos.

Quando se fala que um contrato é parecido com outro, e, portanto, as regras que limitam o poder de um deveriam também limitar o poder de outro, procede-se a uma analogia, tendo em vista alguma situação que pareça ser similar a ambos os casos.

A *indução amplificadora* é um procedimento que envolve a análise de vários casos específicos, descobrindo em todos eles algum princípio em comum, que depois poderá ser aplicado em outro caso também parecido com os primeiros. Na verdade, a indução amplificadora se utiliza tanto da indução quanto da dedução. A indução para concluir que vários casos diversos têm algo em comum. A dedução para aplicar, posteriormente, esse princípio comum a outro caso que esteja nesse contexto geral. Quando se verifica que todas as normas penais apresentam um dado princípio subjacente, e se afirma que uma determinada situação é um crime, então se passa a estender, a tal crime, o mesmo princípio subjacente aos demais.

A *interpretação extensiva*, por sua vez, é aquela que amplia o sentido inicial de uma situação ou de uma norma jurídica. Partindo de um determinado núcleo, alcança-se uma hipótese passível de ser regulamentada a partir das implicações desse núcleo original. Quando se considera por consumidor uma categoria a que se tinha dúvida sobre a incidência dessa regra, está se fazendo uma interpretação extensiva de uma determinada norma. Em alguns casos, a depender do ângulo que se observe o fenômeno, pode causar confusão o método da interpretação extensiva com o da própria indução amplificadora.

INSTRUMENTOS DE INTEGRAÇÃO INSTITUCIONAIS

Os instrumentos de integração institucionais são ferramentas de resolução das lacunas advindas explicitamente do próprio sistema jurídico. Quando o direito brasileiro prevê a aplicação dos princípios gerais do direito em caso de lacunas, está fornecendo instrumentais institucionais que servirão para a integração normativa. Além dos princípios gerais do direito, os costumes e a equidade costumam ser instrumentos institucionais de resolução de lacunas.

Os chamados *princípios gerais de direito* são regras cujo uso é consagrado formalmente pelo direito positivo, embora quase nunca sejam explicitados. Trata-se de uma zona de argumentos jurídicos que são reputados basilares, formadores da racionalidade jurídica e da justeza do direito. Por não serem explícitos, alguns tentam confundi-los com princípios de direito natural, outros com preceitos consolidados historicamente pela experiência jurídica. A formulação dos princípios gerais do direito envolve uma vagueza que garante o poder de domínio nas mãos do Estado, em caso de ambiguidade ou lacuna em alguma questão específica.

Os *costumes* são hábitos reiterados aos quais se dá a aura de obrigatoriedade. Sua aplicação como fonte de integração em casos de lacunas também é problemática, pela sua incerteza institucional. De qualquer modo, nas mãos do Estado também está o poder de aceitar ou não um costume como hábito que se deva aplicar a uma lacuna.

A *equidade* está ligada à situação de cada caso concreto, de suas especificidades, necessidades e conformidades próprias. Desde Aristóteles, ela é uma espécie de adequação do julgamento a uma circunstância específica superior à generalidade da lei. A equidade em geral é chamada como forma de integração de lacunas em situações muito específicas, cujas circunstâncias particulares, não previstas em regra geral, deformem resultados previstos por outras normas ou sejam flagrantemente desconfortáveis ao senso comum.

Tanto os princípios gerais do direito quanto os costumes e a equidade são formas de resolução do problema das lacunas que deixam explícito o seu caráter de vagueza e de dependência do poder de decisão institucional do Estado.

13

A HERMENÊUTICA JURÍDICA

Como se percebe o fenômeno jurídico? As relações sociais são jurídicas por conta da forma que assumem. Vinculando-se os indivíduos por laços contratuais, vão tomando forma, então, de sujeitos de direito. Tais formas sociais não são opções pessoais, mas sim construções e constrangimentos estruturais advindos da própria reprodução social. São práticas. Pode-se dizer, neste nível, que as formas do direito operam materialmente, constituindo grandes moldes às ações dos sujeitos, sejam estes juristas ou não juristas.

Mas ao mesmo tempo, agindo a partir das formas, há uma multiplicidade de situações, fatos e normas que são entendidos como jurídicos tendo em vista estruturas de compreensão e de referências que lhes são interpostas. O jurista e o não jurista, com base em experiências, hábitos, explicações, atenções e desatenções, consideram que determinados atos e circunstâncias implicam repercussões jurídicas, seja porque as normas ali incidem, seja porque tribunais e operadores do direito tradicionalmente julgam e se ocupam de tais casos, ou seja ainda pelo potencial de vir a público suas derivações possíveis. Em todos esses casos, o direito está ligado aos fatos e às situações por conta de um complexo interpretativo. Essa visão tem por horizonte a norma jurídica, as jurisprudências, mas não só: cálculos, estratégias, leituras de mundo. Além disso, há perspectivas de mundo que se impõem estruturalmente a quem percebe o direito, como a ideologia.

Daí se levanta que um dos aspectos mais importantes da teoria geral do direito versa a respeito da *hermenêutica jurídica*. Trata-se do vasto campo do conhecimento jurídico que se refere à interpretação dos fatos, das circunstâncias, das normas e de seus textos, os mecanismos de sua compreensão, tendo em vista a sua aplicação aos problemas concretos apresentados ao jurista. Ao contrário do que propõem as leituras tradicionais do direito, que entendem tal fenômeno apenas como interpretação da norma jurídica, a hermenêutica não é apenas um momento final ou ocasional do afazer jurídico. Ela é estrutural, pois implica o próprio modo pelo qual irá se compreender e construir o direito.

HERMENÊUTICA JURÍDICA E HISTÓRIA

A palavra *hermenêutica* remete à mitologia grega. O deus grego Hermes tinha a habilidade de conversar tanto com os deuses quanto com os mortais. Por isso, servia de meio de comunicação entre ambos. Desse mito decorre que o processo da interpretação seja também chamado por hermenêutica.

A hermenêutica é um problema que acompanha o jurista de há muito, embora seus alicerces teóricos tenham se desenvolvido com mais vigor a partir do mundo moderno. O procedimento da interpretação jurídica do presente é bastante distinto daquele do passado. Nas sociedades antigas, tanto os textos a serem interpretados eram tomados de modo distinto daquele da norma moderna como também o jurista se estruturava e se compreendia numa perspectiva existencial distinta.

O texto jurídico normativo, em sociedades antigas, como a hebreia, a grega ou a romana, confundia-se com a religião, compartilhando os mesmos sentidos e, inclusive, referenciando-se com o misticismo particular de cada povo. Ao mesmo tempo, o jurista, como intérprete, relaciona-se indelevelmente com a vontade direta dos detentores do poder político e físico. Não se pode tratar o jurista antigo, na hermenêutica, como um técnico neutro e alheio a outras circunstâncias, nem tampouco respaldado em competências normativas independentes da graça ou da concessão de poder dos senhores.

Mesmo assim, já no passado desponta uma reflexão a respeito das técnicas da hermenêutica jurídica. O saber a respeito das interpretações dos fatos e das normas foram objeto de alguma sistematização, o que fomentou uma consolidação de técnicas a respeito. No direito romano primevo, alguns contratos só eram considerados válidos caso certos procedimentos simbólicos fossem efetuados, como balançar ramos de videira no alto de montanha a fim de concretizar a *mancipatio*. Somente se interpretava um contrato como válido a partir de tais procedimentos, muitos deles próximos da magia, o que revela que o ato de compreender o direito não era essencialmente distinto da compreensão do universo mágico. O direito, no mundo antigo, não era um fenômeno isolado, com uma operacionalização técnica específica. Mesmo a técnica interpretativa era parelha de outros sentidos e fenômenos sociais. Horizontes não jurídicos influenciavam, de modo avassalador, a compreensão direta do que fosse o jurídico e o justo.

Se é certo que no próprio direito romano, em fases posteriores, e mesmo nas normas canônicas e jurídicas medievais, já se levantam problemas de interpretação especificamente jurídicos, que se tornarão ainda mais explicitados com o advento do Estado moderno, esse processo histórico não será simplesmente um acúmulo de conhecimento sobre a interpretação do direito, mas sim uma ruptura com o passado.

A partir da modernidade, o direito gira em torno de atos e negócios jurídicos empreendidos por sujeitos de direito tidos como livres e autônomos, fazendo com que este tipo de relação se constitua como núcleo da sociedade capitalista nascente. Em parelho à atividade capitalista, o direito que espelha tal núcleo começa a ser consolidado por meio de normas escritas, regulamentos, determinações estatais. Nesse processo histórico, começa a haver uma distância muito grande entre aquele que legisla e aquele que julga. Em períodos anteriores, com o poder político, econômico e religioso indistinto, as normas eram bastante ligadas a fatos ou a vontades insignes. O capricho e o ocasional tinham pronunciada vez. Nos tempos modernos, inicia-se um sistema de unificação e universalização de procedimentos que alcança muitos fatos e fenômenos sociais distintos, dando-lhes uniformidade de tratamento, que reflete a própria uniformidade lógica do mundo mercantil.

Nos tempos primeiros do surgimento do capitalismo, durante a Idade Moderna, o Estado absolutista ainda não deixava antever os problemas mais importantes da hermenêutica jurídica, isto porque, pelas mãos do monarca, um soberano absoluto, as normas jurídicas do Estado eram constantemente revogadas, alteradas, mutiladas, sem nenhum critério de estabilização. Daí ainda não haver se consolidado, nesse tempo, uma teoria estável sobre a hermenêutica jurídica, porque o rei legislava, julgava e aplicava de maneira muito variável, de acordo com sua vontade.

Mas no final da Idade Moderna e no início da Idade Contemporânea, com as revoluções burguesas que deram fim ao Absolutismo, o problema da hermenêutica jurídica impõe-se, tornando-se, então, um dos mais importantes da nascente teoria geral do direito. O lema da Revolução Francesa de que era preciso instaurar o governo das leis, e não dos homens, abre um novo foco das atenções do direito. Não mais se deveria privilegiar a mera opinião do arbítrio e, sim, a determinação da norma jurídica em si mesma. O jurista não era mais visto como um poderoso que fazia e desfazia em torno da norma conforme sua vontade, mas, sim, como um servidor da norma, um trabalhador que deveria aplicá-la de acordo com um modelo praticamente mecânico.

No início do século XIX teve curso, na Europa, um importante movimento de positivação das regras jurídicas e de codificação das normas. O Código Civil francês, um grande monumento representativo do espírito sistematizante dessa época, é de 1804. Também nesse período os teóricos do direito começam a refletir sobre como se deveria interpretar o conjunto dessas normas jurídicas.

Com o processo de juspositivação e de codificação normativa, a Idade Contemporânea consolida, a respeito da interpretação jurídica, um padrão de louvor às suas ferramentas de controle e previsibilidade. Os métodos, técnicas e tipos de hermenêutica jurídica passam a ser esquadrinhados, em busca de uma pretensa objetividade do processo de aplicação das normas aos casos concretos. O ideal da interpretação jurídica passa a ser, a partir daí, o da subsunção dos fatos às normas, num processo que se desejou o mais imparcial possível.

Ocorre que a hermenêutica jurídica – mesmo armada tecnicamente a partir de balizas aos textos normativos e interpretada por juristas treinados em faculdades e tribunais para um afazer técnico – é sempre um procedimento de concreção social e existencial, não apenas um afazer teorético. Daí, as próprias doutrinas jurídicas demandam o reconhecimento dessa natureza não totalmente técnica da hermenêutica jurídica para suas teorias.

O primeiro grande movimento de reflexão em torno da codificação das normas e de sua interpretação foi a chamada *Escola Histórica*. Tal movimento, constituído fundamentalmente por professores de direito alemães, se deu no início do século XIX. Carl von Savigny foi o principal teórico desse grupo para as questões da hermenêutica. O seu debate se inicia com a indagação a respeito de um tema tradicional da natureza da hermenêutica jurídica, se ela deveria buscar a vontade da lei (*voluntas legis*) ou a vontade do legislador (*voluntas legislatoris*).

As dificuldades para se estabelecer uma teoria única e consistente a respeito da interpretação das normas jurídicas são reveladas pela própria trajetória do pensamento de Savigny. Numa primeira fase de sua reflexão, Savigny dizia, do mesmo modo que o discurso jurídico tradicional juspositivista, que a interpretação das normas jurídicas deveria se fixar apenas naquilo que a lei dizia. A postulação geral era a de que a hermenêutica se restringisse às meras questões de extração direta do direito positivo.

Mas, numa segunda e mais importante fase, Savigny propõe que as normas jurídicas só são e poderiam ser interpretadas de acordo com os anseios, a cultura, as necessidades e o ambiente social do tempo em que se as aplica. Para ele, então, em tal fase do seu pensamento, o direito deveria exprimir o *espírito do povo* (*Volksgeist*, em alemão). Se é verdade que, na Idade Contemporânea, as normas e os institutos do direito se manifestam por meio de uma forma estatal, sua origem remonta à própria cultura do povo. A hermenêutica jurídica deve conseguir atravessar o nível formal para captar sua essência no espírito de onde a norma é gerada. Haurir o sentido das normas jurídicas segundo o espírito do povo representaria não se fixar apenas no texto da norma, mas sim numa interpretação mais ampla, que tenha horizonte maior que o próprio direito posto e se refira, de algum modo, à própria vida social e cultural de um povo.

Assim, distintamente daqueles que postulam que a interpretação de uma norma deveria se restringir à própria norma, o pensamento de Savigny dirá que a norma deve ser interpretada a partir da sociedade, da evolução do espírito do povo. Vê-se aqui uma variação nos modelos sobre o que viria a ser a própria hermenêutica jurídica. O propósito de Savigny, embora crítico ao juspositivismo contemporâneo, advém de uma raiz reacionária, apontando que institutos sociais tradicionais deveriam servir de referência ao direito, mesmo contra a positivação burguesa.

Além do pensamento de Savigny, diferentes visões a respeito da interpretação das normas jurídicas foram propostas durante todo o século XIX e o início do século XX. Dentre variadas correntes e escolas para tratar a respeito da hermenêutica jurídica, um dos casos mais peculiares e exemplares é o movimento do *direito livre*, apregoando, na virada do século XIX para o século XX, um afazer do direito que não se fixasse apenas no texto da norma jurídica. Pelas mãos do aplicador do direito, o direito deveria, hermeneuticamente, adaptar-se livremente às necessidades sociais e aos interesses da vida prática. O movimento do direito livre estava dentro do campo das próprias instituições jurídicas, reconhecendo as competências interpretativas do magistrado, mas liberando-o à mirada direta à realidade social.

Se é certo que variadas escolas a respeito da interpretação propuseram modelos próprios e alternativos de hermenêutica das normas jurídicas, o padrão de hermenêutica jurídica contemporânea é avassaladoramente juspositivista, limitado a técnicas de trabalho com o texto normativo. Mas as dificuldades práticas e concretas dos sistemas teóricos juspositivos serão vistas, de modo exemplar, na proposta de Kelsen a respeito da teoria da hermenêutica jurídica.

INTERPRETAÇÃO AUTÊNTICA E DOUTRINÁRIA

A teoria do direito, até Kelsen, opunha, de um lado, uma visão juspositivista automática, que via na interpretação jurídica um problema de transposição da norma ao caso e, de outro lado, leituras de tipos pré-juspositivistas ou juspositivistas ecléticos, que ressaltavam as raízes (Savigny) e o fins (direito livre) da interpretação.

Com Hans Kelsen, o problema da hermenêutica é alçado a uma nova etapa. Descartando visões pré-juspositivistas ou ecléticas, para a *Teoria Pura do Direito*, o direito somente chegaria a um patamar científico quando se desprendesse das questões relacionadas aos valores, aos fatos sociais, às circunstâncias ou aos fins e interesses particulares de cada jurista ou de cada época. A teoria kelseniana busca se restringir aos meros dados técnicos extraídos das normas jurídicas.

Mas ao mesmo tempo, para a postulação kelseniana, não é objeto da ciência do direito estabelecer qual a melhor ou a mais apropriada interpretação juspositiva das normas. Trata-se de uma impossibilidade, na medida em que a hermenêutica não é uma ciência normativa. Ela tem por estatuto uma concretude, realizando-se em ato. Assim, para Kelsen, a ciência do direito não consegue alcançar a sistematização de métodos e técnicas hermenêuticos. A teoria hermenêutica deveria se restringir a entender, num plano técnico-normativo, a natureza do procedimento da interpretação jurídica. A teoria de Kelsen, que nos campos da norma jurídica e do ordenamento jurídico é levada ao máximo, no campo da hermenêutica jurídica busca se limitar ao mínimo.

Adstrito à técnica formal, Kelsen apenas propõe que a interpretação normativa seja distinguida em dois tipos: a *interpretação autêntica* e a *interpretação doutrinária*.

A interpretação autêntica, para Kelsen, é aquela que é feita por meio da autoridade juridicamente competente para aplicar a norma jurídica. O juiz de direito, no momento em que prolata uma sentença, está impondo uma interpretação das normas que deverá ser cumprida pelas partes. O desembargador, o ministro do tribunal, quando julgam um recurso e fixam qual a interpretação correta a respeito da norma, estão procedendo a uma interpretação autêntica. Para Kelsen, considera-se autêntica a interpretação que é feita pelo órgão juridicamente competente. Não se quer dizer, com isso, que a interpretação seja boa ou ruim, correta, acertada, justa. Quer-se dizer, apenas, que o órgão tem competência formal para julgar e fixar qual a interpretação que deverá ser seguida em torno da norma jurídica.

Já a interpretação doutrinária, para Kelsen, é toda aquela que é feita por pessoas e órgãos que não sejam autoridades competentes. Um professor de direito, quando relata a respeito de uma norma jurídica numa sala de aula de faculdade de direito, faz uma interpretação doutrinária. Um pensador do direito, quando escreve um livro, também interpreta as normas doutrinariamente. O próprio juiz, fora de seu gabinete, quando escreve um livro sobre um determinado assunto jurídico, não faz interpretação autêntica, e sim doutrinária. Autêntica é somente aquela interpretação que, feita pelo órgão competente, gera uma aplicação compulsória de sua determinação.

A interpretação doutrinária não é uma interpretação que seja considerada ruim ou débil em comparação à interpretação autêntica. Não se trata de um juízo de valor sobre a melhor interpretação. Muitas vezes, os doutrinadores podem compreender uma norma jurídica com muito mais profundidade, ciência, justeza e correção que um tribunal, por exemplo. Mas sua interpretação não tem o dom de vincular os casos práticos, ao contrário daquela do tribunal.

Por isso, Kelsen foge do problema de saber se há uma interpretação *verdadeira* ou *falsa*. Esse problema não pode se apresentar dentro dos limites da sua teoria pura. Tecnicamente, pode-se apenas inferir, sobre a interpretação de uma norma jurídica, se ela é autêntica ou doutrinária, isto é, feita por um órgão competente, e então deverá ser imposta pelo Estado, ou uma opinião, bem abalizada ou não, e então não necessariamente será seguida pelos órgãos competentes. Os problemas da verdade, do acerto, da correção, da justiça da interpretação, tudo isso passa ao largo da teoria da ciência do direito kelseniana.

Reconhecendo que a hermenêutica jurídica não é uma questão de melhor interpretação nem de correta percepção da verdade jurídica, Kelsen, nesse ponto de sua teoria, não constrói um sistema automático de compreensão de normas jurídicas, meramente dedutível. As normas não são interpretadas logicamente umas das outras, como se decorressem de um procedimento mecânico. Para Kelsen, a interpretação é um ato de vontade. É uma escolha aleatória do juiz, dentro das possibilidades institucionais que lhe são dadas. As normas jurídicas estabelecem uma moldura hermenêutica, dentro da qual a interpretação é possível juridicamente. Embora o senso comum pense que Kelsen tenha feito uma teoria jurídica cujas normas ressaltassem hermeneuticamente como dados autômatos, nesse caso nele se vê a ideia de que o problema da interpretação do jurista não é um problema técnico de apreensão da verdade, e sim de vontade, portanto, de poder.

HERMENÊUTICA JURÍDICA E PODER

A teoria de Kelsen, quando trata a respeito da interpretação, reconhece a impossibilidade de se determinar uma leitura normativa direta, verdadeira ou exata, expondo um aspecto nevrálgico da hermenêutica jurídica: ela é um procedimento de *poder*. O jurista, como agente formalmente competente para argumentar e julgar, interpreta a partir de sua prática de poder, reconhecendo-a e posicionando-se a partir das possibilidades daí advindas. Essa hermenêutica do poder passa pela norma jurídica, mas nela não se encerra. Ela se estabelece envolvendo relações sociais, arcabouço linguístico, referências culturais, conhecimentos, hábitos e previsões em relação a partes, tribunais e impactos sociais etc. Interesses, estratégias, posições sociais, visões de mundo e poder impõem as concretudes da hermenêutica jurídica. A interpretação jamais é mera apreensão imediata e necessária da norma pelo operador do direito, como se uma norma jurídica, ao ser lida, saltasse objetivamente à compreensão de quem a lê, e, a partir daí, fosse aplicada também objetivamente a um certo fato, em relação ao qual esse operador do direito é imparcial. Fenomenicamente, a hermenêutica jurídica não procede a partir de objetividades automáticas.

Na raiz da própria hermenêutica jurídica está seu caráter prático. Compreende-se o direito para a aplicação em casos concretos, permeados de interesses e proveitos. Deparando-se o jurista com casos, tem ele um lado e uma específica perspectiva de seu afazer jurídico. Seja advogado ou promotor, ele está em defesa ou acusação de uma parte. Mas, ainda que seja juiz, ou então doutrinador, afastado a princípio da acusação ou da defesa do caso, ele é alguém que interpreta a partir de horizontes práticos. A melhor sentença de um juiz envolve também a expectativa de sua recepção pelo tribunal, pela opinião média dos pares ou da sociedade. Também o doutrinador do direito, ao interpretar de modo mais amplo que a referência a casos em específico, não o faz de todo afastado dos mesmos casos. Sua doutrina geral, dita científica, almeja clientes em potencial, ou busca granjear respeito e consideração em círculos sociais, ou ainda confirmar posições políticas e morais.

Assim, mesmo em uma hipotética interpretação científica, que chamasse a si uma leitura geral das normas jurídicas, dos fatos e do direito, a interpretação jurídica não procede de modo desinteressado. Não há leitura teórica das coisas e das normas afastada da realidade social; sempre a hermenêutica se dá a partir de referências gerais, externas e relacionais à própria norma e aos fatos em tela. Daí, também na leitura doutrinária, mas, explicitamente na lide nos casos concretos, o direito se assenta em uma interpretação parcial. Até mesmo o não jurista lê o direito para o seu quotidiano a partir de uma experiência que já tem ou que lhe é passada do que sejam problemas jurídicos que sobre si recaiam. O advogado orienta sua hermenêutica das normas e dos fatos buscando um determinado fim. Mas o juiz também: ele deseja julgar, por isso não quer apenas conhecer diletantemente as leis e as situações, quer decidir. Em todos os níveis, a *aplicação do direito condiciona a hermenêutica jurídica.*

Assim sendo, interpretar não é observar com olhar externo ou desinteressado o texto da norma e a narrativa dos fatos, e sim dar concretude a eles. A hermenêutica jurídica não é uma especulação isolada. Ela sempre está orientada para fins e interesses. Se houvesse no plano geral uma técnica hermenêutica desinteressada, o que não existe, ainda assim a interpretação jurídica seria diferente dela, porque reclama a si outro estatuto. A hermenêutica jurídica se faz em vista da aplicação, isto é, de questões concretas que são levantadas e cujos interesses estão em jogo, determinando as ênfases, os recortes, os horizontes e os limites de quem interpreta.

A interpretação jurídica não é uma hermenêutica apenas da norma jurídica. As normas não falam por si e nem se apresentam imediatamente jungidas aos fatos. A própria relação entre normas e fatos é um núcleo central da hermenêutica jurídica. O interpretar dos fatos é basilar para derivar, daí, possíveis incidências normativas. É justamente por conta dos fatos – já acontecidos, acontecendo ou em vias de acontecer – que se põe o jurista a especular sobre seus impactos jurídicos. São os fatos que demandam interpretação normativa, não as normas que demandam exemplos concretos. Apenas na teoria e na exposição didática do direito ao jurista e ao não jurista é que a norma se apresenta hipoteticamente, para ser aplicada a fatos. Na prática, trata-se do oposto. Assim, a hermenêutica jurídica é, ao mesmo tempo, tanto normativa quanto fática, inserida num contexto amplo, total, e somente nessa totalidade situacional é possível desvendar os impulsos hermenêuticos e seus horizontes. Se as normas surgem e se pensam a partir de um emaranhado de outras normas, elas se referem diretamente a fatos, circunstâncias, casos concretos que, a depender de seu ângulo de percepção, são e não são exatamente conformes às previsões e estipulações legais, iguais ou diferentes às jurisprudências já consolidadas. Há interesses em jogo, posições divergentes, conflito, e tudo isso gerará uma geografia distinta de constituição de cada caso jurídico. A hermenêutica se esparrama pela totalidade das condicionantes de cada problema do direito, levando-o a ser configurado de modo específico.

A hermenêutica brota do conflito e atende a determinadas posições dentro desse conflito. Há uma ligação necessária entre hermenêutica jurídica e poder. O jurista é um privilegiado da técnica, sendo o Hermes do poder estatal das sociedades capitalistas contemporâneas, porque ele compreende a linguagem técnica do direito, construindo-a conforme sua reprodução, tendo o poder de conduzir sob suas mãos os procedimentos jurídicos. Nisso, ele já se diferencia do leigo, que enxerga o direito tanto a partir de uma posição de desconhecimento quanto de carência de poder. Com base na proposição de Tercio Sampaio Ferraz Junior, que compara o processo da hermenêutica jurídica ao processo da tradução, pode-se afirmar que, por saber a língua técnica do direito e por poder socialmente impô-la aos sujeitos, o jurista seria o tradutor do direito, a quem se credita a capacidade de poder dizer, em língua inteligível e acatável, o que outra língua diz.

Com isso, a hermenêutica jurídica é, inextrincavelmente, uma relação de poder. Aquele que pronuncia o direito na qualidade de intérprete autorizado, na condição de autoridade formalmente constituída pelo Estado, está revestido de um poder que chancela uma determinada visão sobre as coisas. Esse poder fecha hipóteses, torna líquido o que é vago, restringe o que é amplo.

COMPREENSÃO E HERMENÊUTICA JURÍDICA

A natureza da hermenêutica é social. Os intérpretes não operam isoladamente, a partir de visões originais e neutras, sem um estoque de referências já constituído socialmente. O ato individual do intérprete do direito, seja ele advogado, promotor, magistrado, policial, doutrinador do direito, se instaura a partir de um horizonte de mundo que é em parte individual, mas, acima disso, é necessariamente social. Ainda que sua perspectiva interpretativa individual constitua a determinação imediata de seu poder, suas opções e suas decisões, as amarras das estruturas sociais, por seu turno, são os mais importantes constituintes da hermenêutica do jurista, porque possibilitam, conformam e limitam a própria interpretação.

Fundamentalmente, o fenômeno hermenêutico é um processo de constituição de subjetividades hermeneutas. O mesmo processo se dá no que há de especificamente jurídico na hermenêutica. A subjetividade que interpreta o mundo é constituída socialmente, por meio de referências gerais que são externas ao próprio sujeito. O horizonte hermenêutico é correspondente a formas sociais que lhe são estruturais. Na sociedade, os agentes operam como sujeitos de direito, daí advindo enquadramentos automáticos e necessários para a hermenêutica dos fatos, das situações e das normatizações correspondentes. Formas sociais balizam as possibilidades de compreender o mundo e o direito.

Duas grandes referências teóricas contemporâneas sobre a hermenêutica são fulcrais para iluminar sua natureza, as da compreensão existencial e da ideologia.

Os mais importantes filósofos da hermenêutica do século XX pensam a questão a partir do reconhecimento da situação do intérprete, propondo que a interpretação não é uma leitura direta e indiferente de normas e fatos, mas sim uma compreensão existencial. Martin Heidegger e Hans-Georg Gadamer, filósofos alemães, são decisivos para tal nova perspectiva da hermenêutica. Expõem ambos que a hermenêutica não é um procedimento desinteressado de indivíduos que cumprem mera dedução técnica, mas sim um ato existencialmente empreendido. Nem a norma jurídica é um texto puro, unívoco, nem saiu do nada, nem os fatos são meros dados curiosos à disposição de implicações sem maiores repercussões, nem o jurista, o hermeneuta da norma e dos fatos jurídicos, é um ser sem experiências e condicionantes, interesses e projeções. O jurista necessariamente interpreta a norma e os fatos a partir de sua situação existencial, de seu tempo, de suas circunstâncias sociais.

Nas palavras de Heidegger e principalmente de Gadamer, a hermenêutica não é uma leitura abstrata, mas sim uma compreensão, e esta é sempre uma *pré-compreensão*. Compreender é um *apreender com*, ou seja, é uma tomada de entendimento a partir de uma determinada situação, construída socialmente. E, partindo necessariamente de um horizonte já dado, a compreensão é uma pré-compreensão. Muitas situações, valores, conhecimentos, posições de classe e visões de mundo já informaram previamente e historicamente aquele que compreenderá especificamente alguma questão, seja esta similar ou nova em relação ao seu referencial já instituído.

Não é a partir de uma página em branco que se começa a interpretar os fatos, as normas e o direito. Previamente já há um arcabouço de experiências vividas, de situações existenciais. A hermenêutica jurídica se faz a partir desse mundo já dado anteriormente. Por isso, nas palavras de Gadamer em sua obra clássica *Verdade e Método*, a interpretação jurídica se faz com preconceitos. O jurista já tem uma visão de mundo, suas pré-concepções, uma base de referências, sua posição perante a sociedade, e a hermenêutica jurídica se estende a partir dessa base inicial.

Nisto está envolvida uma constatação existencial do processo hermenêutico e de suas mazelas, mas também está contido um germe de crítica, na medida em que se denuncia o fato jurista, no mais das vezes, só fazer por confirmar a hermenêutica de seus pré-conceitos, de sua formação intelectual, moral, social, religiosa, cultural, de seus compromissos políticos e de classe. Por tal razão, não se pode dizer que a hermenêutica jurídica seja um processo neutro, meramente técnico, desmistificando, então, o discurso de que as normas jurídicas têm objetividade independente da ideologia e do horizonte de mundo do jurista e dos que se submetem a elas. Se a hermenêutica jurídica se perfaz a partir de uma compreensão existencial, então as mesmas mazelas que constituem o horizonte situacional do jurista formam também sua interpretação.

IDEOLOGIA E HERMENÊUTICA JURÍDICA

A hermenêutica jurídica opera, fundamentalmente, a partir de grandes horizontes sociais que são estruturados como ideologia. O filósofo francês Louis Althusser é quem mais se destacou e avançou na reflexão a seu respeito. Os sujeitos, ao interagirem com si mesmos, entre si e com o mundo, constituem relações imaginárias que sustentam essas mesmas interações. Mas tais relações imaginárias não provêm de um mero universo mental. São, fundamentalmente, relações sociais, que têm materialidade, estruturadas por meio de arraigadas práticas. A ideologia, assim, não é um acaso, nem uma miragem, nem tampouco uma negação do real. É o próprio real, enquanto prática, insculpido na representação imaginária. No seu aspecto mais decisivo, sob uma sociabilidade capitalista, as pessoas de fato vendem sua força de trabalho, por meio de instrumentos jurídicos contratuais. Daí, de modo universal no capitalismo, a ideologia opera segundo parâmetros de liberdade contratual, igualdade formal e respeito aos contratos. As práticas capitalistas geram, necessariamente, uma ideologia jurídica correspondente.

Assim, nunca há uma relação entre pessoas, coisas e situações que sejam ideais ou genéricas, desnudadas das práticas que as materializam. Há relação entre homem e mulher, patrão e empregado, jurista e criminoso, branco e negro, cidadão e estrangeiro, crente e não crente etc. Nesse horizonte, ao mesmo tempo prático e material, que constitui a identidade dos sujeitos, reside a ideologia. Ser sujeito de direito, cidadão, homem, mulher, branco, negro, entender-se como tal e saber-se entendido como tal representa tanto mecanismos relacionais sociais concretos quanto impactos psíquicos que constituem a própria subjetividade, com os gozos, as dores, as repressões e as possibilidades daí advindas.

A ideologia se revela na formação da própria personalidade. Não é um efeito da sociedade que, posteriormente à existência do sujeito, venha lhe dar novas dimensões. Pelo contrário, é constituinte da personalidade, formando-a, dando-lhe identidade. Só se existe por causa da ideologia, que constitui a subjetividade do vivente. A ideologia opera em nível profundo nas subjetividades. Como atua num plano de constituição e formação dos indivíduos, a ideologia opera como inconsciente. Não está na opção ou no cálculo imediato e racional das pessoas ser ou não ser homem ou mulher, jurista ou não jurista. Tais determinações, constantes, renovadas e reiteradas na vida, agem no nível do inconsciente psíquico.

Daí, a hermenêutica se dá justamente a partir do plano da ideologia, que lhe dá os horizontes inclusive de possibilidade. O intérprete só se concebe e concebe o mundo a partir de referências que lhe são constituintes, e estas são a ideologia. Saber-se homem ou mulher é saber-se numa tessitura social que é necessariamente machista. Com isso, os papéis, os constrangimentos e as expectativas sobre homens e mulheres já estão insculpidos, inconscientemente, naquele que interpreta o direito e os fatos. As decorrências da ideologia na hermenêutica jurídica são, daí, imediatas. A hermenêutica é a partir da ideologia, na medida em que é esta que faz a própria interpretação.

O poder do capital impede uma leitura das normas desbragadamente contrária aos seus interesses, não porque o jurista não saiba fazê-lo, nem muitas vezes porque lhe falte vontade, mas sim porque, estruturalmente, a sociedade capitalista constitui uma lógica de reprodução que carreia uma determinada e necessária interpretação das coisas e das relações sociais correspondentes. Os juristas e os não juristas reproduzem automaticamente esse aparato ideológico. A identificação dos indivíduos como sujeitos de direito, sua liberdade para transacionar, a portabilidade de direitos subjetivos e deveres, a possibilidade de apropriar bens, a responsabilidade pelos atos e vínculos contratuais, todos esses elementos são estruturais, ideológicos, constituintes do cerne da própria hermenêutica jurídica. Tudo o que é objeto de discussão e debate quotidiano, no afazer jurídico, é menor que a ideologia, justamente porque já está nela contido. A realidade dos fatos, a extensão das normas, sua eventual aplicação ao caso, tudo isso é menor que a ideologia que constitui a própria estrutura relacional da sociedade. Pode-se discutir se um juiz aplicou bem ou não uma norma, mas não se discute que o Estado exista e seu juiz possa julgar.

A ideologia penetra nos fatos e se pulveriza no ocasional do quotidiano, mas sua sede é o estrutural, o que não se percebe, o inconsciente pois. Assim, o direito é dinâmico, adaptável, moldável, mas tudo isso que se maneja como o ocasional do direito e da sua hermenêutica é sempre levantado a partir de alguns eixos que nunca são acessórios. Se de um lado a interpretação jurídica é um ato subjetivo, de poder imediato do jurista, abrindo-se na extensão de todas as suas possibilidades argumentativas, de outro lado seus grandes horizontes não são variáveis, porque estão no inconsciente tanto do jurista quanto de todos os sujeitos na sociedade capitalista. O fundamental da interpretação jurídica é a ideologia da subjetividade jurídica, que por sua vez é parelha e espelho da própria ideologia do capital, que circula e passa pelas pessoas por meio dos liames do direito.

Por isso, se é verdade que o jurista interpreta a partir de uma situação existencial, também é preciso ir ainda mais ao núcleo de tal compreensão. O impulso hermenêutico do jurista não só é informado, mas, principalmente, é constituído pela própria estrutura de reprodução da realidade social, na forma de ideologia. É preciso, pois, reconhecer a hermenêutica jurídica com olhares críticos, porque ela é, estruturalmente, o mesmo que a própria ideologia da sociedade capitalista.

HERMENÊUTICA, JUSPOSITIVISMO E LINGUAGEM

Embora toda hermenêutica seja existencial e estruturada a partir da ideologia, o mundo jurídico prático afirma o contrário: o direito pretende estabelecer uma tecnicidade própria, que consiga enquadrar a interpretação. Nesta perspectiva, no todo do fenômeno jurídico, envolvendo normas, fatos e juristas, privilegia-se justamente a norma jurídica como centro da hermenêutica. O temor juspositivista é o de que o jurista poderia relativizar o direito, fazendo pender a interpretação às suas percepções, inclinações e interesses. Também os fatos não falam por si, porque são insignes, dependentes de provas, o que leva a uma relativa indeterminação. Então, para essa perspectiva jurídica que se reputa técnica, residiria justamente na normatividade a possibilidade de um maior controle da prática jurídica. Daí as tentativas históricas de "proibir" a interpretação por parte do jurista.

O apogeu do capitalismo, a partir do século XIX, estruturou formas sociais necessárias, em torno das quais gira o direito. Também o Estado é erigido no sentido de criar estabilidade e previsibilidade às atividades econômicas produtivas e mercantis e à defesa da propriedade privada burguesa. De modo cada vez mais crescente, as relações sociais são tipificadas e cobertas por previsões normativas, num processo que busca estabelecer uma espécie de narrativa jurídica total em relação aos atos, fatos, negócios e hipóteses que demandem ou venham a demandar interpretação do direito. Em tal contexto, tencionando fazer das normas jurídicas a linha de frente da juridicidade, levanta-se, por extensão, a imperiosidade do seu controle. As normas se manifestam linguisticamente, por meio de palavras, quase sempre escritas, do vernáculo nacional. No Brasil, é um dever que as normas jurídicas se conformem à estrutura da língua portuguesa. Nesse quadro, também o problema da hermenêutica jurídica acaba por se confundir, em geral, com um problema de linguagem.

Quando se toma a compreensão hermenêutica num plano profundo, vê-se que são as estruturas linguísticas que conformam e delimitam a expressão jurídica e sua interpretação. A linguagem se estrutura como forma social, ao lado de uma série de outras formas estabelecidas na reprodução social e em suas práticas. O arcabouço do entendimento e da expressão da subjetividade se dá num contexto que é necessariamente linguístico. Práticas sociais materiais, como ter coisas à mão, somente linguisticamente se revelam como ter a título de propriedade ou ter a título de posse. A língua estrutura a compreensão de fatos que, tomados apenas no plano da empiria, não permitiriam desnudar suas próprias camadas. A língua não é uma criação individual. Sua estrutura e suas possibilidades advêm de relações sociais concretas, assumindo uma forma social que constitui, então, a compreensão dos sujeitos.

Ocorre que, num plano imediato do horizonte juspositivista, a preocupação não é a de conhecer os mecanismos estruturais, sociais e psíquicos de construção da linguagem, nem de desvendar criticamente a análise do discurso, mas sim a de padronizar ou controlar a linguagem, com a pretensão de dominá-la para permitir uma conformidade sintática e semântica do direito.

Logo de início, são os aspectos sintáticos da norma jurídica que ressaltam ao seu intérprete. Quer-se que as palavras busquem uma exatidão textual, evitando ilogicidade, dubiedade ou vagueza, por exemplo. Depois, levantam-se as questões semânticas. Aqui, há a pretensão de poder balizar o sentido das palavras e dos comandos normativos. O jurista estabelece uma linguagem própria, e, a partir dela, de seus referenciais, de seus signos e significados, desenvolve-se o procedimento de criação de normas e também de sua compreensão, seja ela científica ou aplicadora. O jurista se depara, ao lado de toda a semiótica geral do poder – os símbolos visuais, o poder efetivo e bruto da violência física, do monopólio dessa violência institucionalizada – também com a semiótica do texto, no qual opera também buscando uma compreensão abalizada do discurso, reputado competente.

A norma jurídica não se confunde com o texto que é sua expressão. Muitos juristas – e a vida prática mesmo do aplicador do direito – fazem tábua comum a esse respeito, imaginando que a escrita da norma a conforma. A norma jurídica é maior que o texto. Confundir norma e texto é tanto um desconhecimento da manifestação lógica do direito bem como um fetiche do jurista conservador, que quer se restringir a um dado técnico, reificado, limitador. A limitação às palavras seria âncora da tentativa de conservação de um sentido hermenêutico privilegiado. Tomada como espelho de um texto, a norma passa a ser compreendida, desse modo, de maneira menor do que ela realmente é. Mais que um texto, a norma jurídica é um sentido normativo.

Linguisticamente, a expectativa do jurista é de dar clareza e univocidade às palavras. Busca-se com isso fazer com que a linguagem do direito não opere como a literatura ou a poesia, mas sim como uma língua técnica. Pretende-se uma operação jurídica isenta de desvios. Ocorre que, semanticamente, não há possibilidade de que a interpretação seja um trabalho que revele o único ou o melhor sentido das palavras. Toda construção da interpretação, em termos linguísticos, é empreendida em termos relacionais, a partir de referências estruturais, psíquicas e sociais que não são controladas tecnicamente em benefício de uma imaginada apropriação correta dos termos. A língua não é um objeto externo ao jurista por ele domado, mas sim seu constituinte.

A normatividade jurídica não se esgota em palavras postas. As formas sociais, a ideologia e o contexto existencial e simbólico são decisivos à própria hermenêutica do texto. A norma fala, muitas vezes, numa materialidade explícita. Quando se vê e se ouve o policial determinando algo, e assim procedendo com o revólver na mão apontando ao sujeito, a norma é esse complexo, esse todo no qual a fala, a verbalização, as palavras, são só uma de suas partes. Em alguns casos, a palavra posta nem sequer é a parte mais importante do mando normativo.

Por isso, quando as teorias da hermenêutica normativa buscam tratar da linguagem para controlá-la, trata-se de uma empreitada problemática, porque, embora um elemento fundamental e preponderante nas sociedades capitalistas contemporâneas, as palavras da norma não se exprimem direta ou univocamente e nem o seu controle permite dominar a totalidade da própria hermenêutica jurídica.

MÉTODOS DE HERMENÊUTICA JURÍDICA

Dada a pretensão de normatizar o mais possível das relações sociais e de balizar seu manejo interpretativo – embora a melhor teoria hermenêutica afirme o contrário e o próprio Hans Kelsen reconheça o caráter arbitrário do poder que interpreta as normas –, o mundo jurídico, desde há muito, construiu uma série de técnicas e ferramentas para buscar controlar a hermenêutica jurídica. Com tais ferramentas, o que se espera é proceder a um melhor acerto e controle no que tange à compreensão das normas jurídicas, na expectativa de poder ou não mudar os sentidos das normas jurídicas, buscando atender a específicas posições e interesses. Por isso, a teoria do direito tradicionalmente expõe *métodos* hermenêuticos, que tratam das ferramentas para interpretar, e *tipos* hermenêuticos, que tratam dos resultados da interpretação das normas.

No que respeita aos *métodos hermenêuticos*, a teoria geral do direito costuma dividi-los em três categorias: uma primeira, que se volta à própria textualidade da norma e à sua ligação imediata com outras normas; uma outra, que se volta ao contexto da norma; e uma terceira, que se volta aos objetivos da norma jurídica.

Na primeira das categorias quanto aos métodos, estão as ferramentas da interpretação gramatical, da interpretação lógica e da interpretação sistemática.

A interpretação *gramatical* é a compreensão que o jurista realiza a partir da própria língua, de sua estrutura sintática, do conjunto de suas palavras, dos verbos que exprimem condutas etc. É o nível mais imediato da hermenêutica, aquele que toma contato imediato com o próprio texto da norma jurídica.

A interpretação *lógica*, por sua vez, procede de acordo com as ferramentas lógicas que clarificam o sentido e a compreensão do texto. Os princípios da identidade e do terceiro excluído, por exemplo, auxiliam na compreensão das normas. Quando uma norma versa sobre o pagamento do Imposto de Renda, não está tratando sobre ICMS. Esse procedimento de apreensão lógica é também bastante primário, e se soma à interpretação gramatical.

A interpretação *sistemática*, ao seu turno, é aquela que se faz tendo por base a compreensão da norma no contexto do ordenamento ou do sistema jurídico. Trata-se de interpretar a norma relacionando-a com as outras do ordenamento, comparando-a com os princípios do sistema, descobrindo eventuais ambiguidades, antinomias ou lacunas. Também na interpretação sistemática há de se investigar a validade, a vigência ou o perecimento da norma, por exemplo. Trata-se de uma hermenêutica mais ampla, mas ainda de uma interpretação voltada diretamente à norma.

Já em outro nível hermenêutico, a interpretação deve sair do texto da norma e chegar ao seu contexto. Pertencem a esse método hermenêutico, de exigências maiores, a interpretação histórica, a interpretação sociológica e a interpretação evolutiva. Tais métodos exigem que a norma seja cotejada com suas origens, sua compreensão social, o sentido histórico de sua formação e de suas mudanças.

A interpretação *histórica* é aquela que busca fixar as circunstâncias que, em determinado tempo histórico, levaram à formação da norma jurídica. Quando o jurista busca os debates legislativos que precederam à promulgação de determinada norma jurídica, está apreendendo muito do contexto dos problemas, ideias e pretensões da época histórica do surgimento dessa norma.

A interpretação *sociológica*, por sua vez, também alcança um nível maior que o da textualidade da própria norma jurídica. Vai buscar, na sociedade, as causas que geraram base à formação da norma. Os conflitos sociais, as lutas de classe, as contradições, os interesses em jogo, a cultura, pressões políticas, econômicas, culturais, religiosas etc., tudo isso entra em campo para o entendimento da norma jurídica.

A interpretação *evolutiva*, por seu turno, é aquela que, valendo-se da própria história e da sociologia, compreenderá mudanças, correções de sentido, novos entendimentos ou rupturas no que tange à hermenêutica da norma jurídica. Olhando a norma por um prisma histórico-temporal-social, a partir de múltiplas circunstâncias, a interpretação evolutiva tem por objetivo compreender os sentidos dinâmicos que perspectivam as próprias normas, os fatos jurídicos e o direito.

Há um patamar ainda mais profundo na interpretação jurídica, que, saindo do ambiente da própria norma em si mesma e de sua ligação a um determinado contexto social e histórico, buscará desvendar sua finalidade, seus objetivos, seus valores. Para esse nível hermenêutico, os teóricos do direito ressaltam os métodos de interpretação teleológica e axiológica.

A interpretação *teleológica* é aquela que busca, nas normas e nas situações jurídicas, a compreensão de seus propósitos. A palavra *telos*, em grego, remete à ideia de finalidade, de objetivo. Buscar a teleologia da norma é vasculhar suas razões, que exprimem justificativas de suas intenções. Quando se estabelece uma série de procedimentos e aparatos do direito penal, diz-se esperar com isso um determinado objetivo social, de controle da sociedade, por exemplo. A interpretação teleológica é aquela que vasculha essas finalidades do direito.

Por sua vez, a interpretação *axiológica* é aquela que se fundamenta numa compreensão dos valores que estão relacionados tanto à norma jurídica quanto às questões de direito que sejam objeto de hermenêutica do jurista. A axiologia é o estudo dos valores. Neste método hermenêutico, vai-se não só buscar a compreensão dos objetivos da norma jurídica, mas também investigar, valorativamente, a orientação desses objetivos. A axiologia da norma jurídica é uma hermenêutica de nível profundo, pois envolve fixar, delimitar ou mesmo criticar visões de mundo subjacentes às normas e às situações jurídicas.

TIPOS DE HERMENÊUTICA JURÍDICA

Os *métodos* de hermenêutica jurídica são ferramentas para a fixação do entendimento do jurista. Tais métodos, em geral, acabam por restringir, por ampliar ou por simplesmente fixar melhor os termos de sua compreensão. No que diz respeito a essa dimensão da interpretação, tendo em vista os seus resultados, costuma-se falar de *tipos* de hermenêutica jurídica. Tradicionalmente, a teoria do direito trata, nesse campo, da interpretação especificadora, da interpretação restritiva e da interpretação extensiva.

A interpretação *especificadora* é aquela que fixa os limites de um determinado conceito jurídico, sem pretender estendê-lo para outras circunstâncias nem sequer reduzi-lo para menos do que se apresenta. O jurista, objetivando adequar os conceitos a determinadas situações típicas, especifica sua interpretação, ajustando a previsão normativa a certos fatos, atos, condutas, omissões etc.

No direito penal, quando se trabalha com a ideia de tipo penal, está a se fazer, em geral, uma hermenêutica jurídica de tipo especificador. Por furto, por exemplo, entende-se a subtração de uma coisa alheia móvel para si ou para outrem. Por roubo, por sua vez, entende-se a subtração de uma coisa alheia móvel para si ou para outrem mediante ameaça ou violência, conforme os artigos 155 e 157 do Código Penal Brasileiro. Ao interpretar de maneira especificadora tais artigos, o jurista dará, a cada tipo penal, o seu âmbito específico, sem confundir furto e roubo, nem ampliando nem restringindo o conceito de cada qual.

No caso da interpretação *restritiva*, o jurista procede a uma hermenêutica das normas jurídicas que delimita a sua compreensão, de modo a diminuir as hipóteses de sua aplicação. Se o texto normativo fala de variadas *facti species*, mas, para a visão do jurista, algumas dessas hipóteses são inconstitucionais ou ilegais, então se fará um procedimento de redução do alcance da hermenêutica normativa. Se uma norma jurídica determinasse o pagamento de um determinado imposto, e impusesse alíquotas maiores para os contribuintes de ascendência japonesa, por exemplo, o jurista faria uma leitura restritiva da norma jurídica, considerando que um de seus pedaços é altamente atentatório aos direitos fundamentais, que preveem a igualdade entre todos.

A interpretação *extensiva* é aquela que aumenta o campo de possibilidades hermenêuticas de uma norma jurídica. As hipóteses normativas são ampliadas pelo jurista, de tal modo que previsões originalmente não estipuladas passem a ser compreendidas no âmbito de implicações de uma determinada norma. Em casos de direitos cujas determinações são frágeis, não muito regulamentadas, a sua vagueza facilita uma compreensão extensiva, já que o uso não técnico de suas palavras presta-se a uma ampliação de sentidos. Normas jurídicas principiológicas costumam ser objeto de disputa hermenêutica extensiva.

Em alguns ramos do direito, como no direito penal, a interpretação extensiva é afastada, porque os tipos penais não se interpretam de forma a ampliar suas hipóteses. Também no direito tributário assim se dá, abominando-se a extensão dos tributos a hipóteses de incidência não previstas textualmente.

INTERPRETAÇÃO E INTEGRAÇÃO

É costume que a teoria do direito faça uma distinção entre os métodos de *interpretação* e os métodos de *integração* do direito. Os métodos interpretativos, em geral, partiriam da própria norma jurídica, buscando fixar-lhe os conteúdos precisos. Já a integração partiria de lacunas no ordenamento jurídico, e, perante tais situações não normatizadas, o jurista busca trazer elementos novos que preencham o alegado vazio normativo.

Os métodos e tipos hermenêuticos trabalham com normas já existentes, aplicando-as a casos concretos. A integração, justamente por trabalhar em casos nos quais se alega falta de norma, busca trazer aos casos concretos outras normas, princípios ou orientações.

Por não trabalhar diretamente com normas jurídicas que se refiram explicitamente a determinados casos, o jurista juspositivista tem muita desconfiança dos métodos de integração do direito, considerando-os vagos e discricionários. Nesses casos estão em tela as questões e os problemas das lacunas.

Fundamentando a discussão a respeito da possibilidade de se fazer a integração normativa está a clássica divisão liberal-burguesa dos três poderes estatais: executivo, legislativo e judiciário. O pensamento jurídico tecnicista abomina a integração porque ela constituiria uma espécie de poder legislativo dado às mãos dos juristas, que deveriam estar restritos apenas ao campo do poder judiciário. Essa estrita divisão do Estado em três poderes é tradicionalista, conforme aos propósitos do antigo liberalismo burguês, e na realidade jurídica contemporânea já não se pode dizer que o executivo não legisle, nem se pode considerar que o campo judiciário seja uma máquina inerte que simplesmente aplica leis a casos concretos como se fosse um robô, cuja mecânica não se ligasse ao poder e à discricionariedade.

Mas é preciso ressaltar que, tanto no caso da interpretação das normas quanto no caso da integração, o jurista opera tanto com uma discricionariedade existencial quanto com uma reprodução ideológica estrutural, constituindo sua hermenêutica jurídica a partir de relações de poder.

14

DECISÃO E APLICAÇÃO DO DIREITO

A aplicação orienta o direito. As estruturas e formas sociais capitalistas perfazem a forma jurídica e, operando a partir desta, há uma multiplicidade de fatos específicos, demandados constantemente a se qualificarem juridicamente. Nesse vasto campo, a operação do direito se realiza, então, no solo de relações sociais permeadas por formas sociais e pela forma do direito que encontram normas jurídicas, fatos, hermenêuticas, conflitos, interesses e estratégias, tudo isso expresso linguisticamente e balizado em argumentações, tendo por orientações finais decisões jurídicas. A prática e a decisão revelam a natureza do afazer jurídico.

A UNIDADE DO FENÔMENO DECISÓRIO DO DIREITO

A teoria do direito costuma separar a atividade prática e mesmo a compreensão científica a seu respeito em níveis operacionais ou momentos específicos. Nessa didática do direito, num primeiro grande momento, avultam questões pertinentes às normas jurídicas, em si mesmas e em suas relações recíprocas. Após a fixação da norma jurídica, caberia ao jurista interpretá-la, daí que a hermenêutica jurídica seria o momento que se segue à analítica da norma. E, num terceiro momento, caberia ao jurista aplicar a norma interpretada ao caso, decidindo, tomando caminhos jurídicos concretos, julgando. Nesse último momento, ocorreria a aplicação do direito.

Tal divisão das tarefas do jurista e da teoria geral do direito em três instâncias, se é útil em termos didáticos, a fim de facilitar a exposição dos temas e a apreensão de suas noções por parte dos alunos das faculdades de direito, é, no entanto, desconhecedora da realidade do fenômeno jurídico. Os momentos que se reputam distintos, na verdade, estão profundamente interligados e se constituem num todo complexo. Fenomenicamente, não se distinguem as atividades jurídicas em momentos teoricamente isolados.

A aplicação do direito orienta a busca das normas no ordenamento, ou mesmo a sua interpretação. Por isso, a didática juspositivista, que vê na norma jurídica o centro da ocupação jurídica e na aplicação uma mera decorrência prática, não atenta ao fato de que o fenômeno jurídico não constitui essas instâncias em termos quantitativamente indiferentes. Pelo contrário, a hermenêutica não é um processo que se inicia apenas depois de ter sido escolhida a norma a ser aplicada a cada caso concreto. A decisão do jurista, a partir de seus interesses e posições, orienta a escolha das próprias normas e dos métodos hermenêuticos mais apropriados a determinados fins. A hermenêutica se constrói em face desse todo. Toda compreensão do caso concreto, da norma que se lhe aplica ou não, é expressão da decisão jurídica tomada como um processo complexo. O fenômeno jurídico não se divide em fases estanques na realidade. Apenas numa teoria idealista, ou meramente como didática, esses momentos são diferenciados.

Quando em um curso de teoria geral do direito primeiro se estuda a norma jurídica para depois se estudar a sua interpretação e depois se estudar a sua aplicação, na verdade, está se fazendo o exato procedimento contrário àquele da realidade. O conhecimento jurídico é eminentemente voltado à decisão, à aplicação do direito. O operador do direito, nos seus afazeres quotidianos, não especula sobre as normas e as situações jurídicas por puro esmero teórico. É verdade que, nos anos de faculdade e em toda a literatura que o instrui constantemente, o jurista aprende o direito a partir de sua sistematicidade ideal – ramos do direito, conjuntos normativos e suas hierarquias etc. Mas, na prática da operação do direito, o advogado se vale das normas jurídicas orientado por um fim, que é o interesse de seu cliente. Seu conhecimento nunca é frio, como se especulasse sobre normas abstratas para mero benefício teórico. Sendo uma estrutura de conflito e dominação, o direito é construído e interpretado de acordo com as relações em jogo e o poder que mais alto se imponha.

Um juiz, quando se depara com as demandas que lhe são levadas a julgamento, já apresenta um horizonte de mundo que opera na compreensão de tais situações. Sua decisão leva em conta sua história pessoal, sua estratégia de convivência no tribunal, suas relações sociais, sua prática forense já consolidada, sua argumentação e suas balizas decisionais já lavradas em outros casos. Ao lado das questões que se possam pressupor meramente técnicas, sua decisão se constrói por meio de sua ideologia, seus valores, sua cultura, seus preconceitos, seus traumas, vícios, sua posição de classe, seus compromissos sociais e, também, suas estratégias pessoais e seus interesses – ainda que seja o interesse de buscar estar o mais possível adstrito à hermenêutica conservadora das normas para não sofrer nenhuma contrariedade das partes ou do tribunal. Esse complexo de fenômenos, conscientes e inconscientes, levanta-se para determinar o resultado de sua decisão. A leitura do caso em questão e a busca da norma a ser-lhe aplicada é um movimento interpretativo e argumentativo que já tem por base essa hermenêutica prévia.

Na escrita de uma sentença, embora primeiro venham apresentados os fatos e as normas jurídicas para apenas depois vir o dispositivo que decide, no magistrado já estava dado previamente o impulso específico de decisão que fez ler e interpretar o mundo, os fatos e o direito a partir de um determinado horizonte. Assim o é para o juiz, assim o é também para o advogado, para o policial, para o legislador, para o carcereiro. A decisão jurídica, pois, não é um ato isolado. Está mergulhada em um todo existencial, e se orienta a partir de formas sociais e da ideologia, que operam no inconsciente.

A decisão jurídica se estrutura numa somatória de camadas de poder advindas do Estado e do direito, mas, também e em especial, a partir da materialidade das práticas sociais, constituindo relações "naturais", nas quais a hierarquia, a exploração e a opressão se engendram.

No plano mais visível, a decisão jurídica imediatamente é institucional: o Estado dá poderes, formalmente, a determinados agentes, a fim de que decidam. O policial decide ou não atirar porque, em primeiro lugar, foi-lhe constituído juridicamente um poder para tanto, tendo lhe sido dada inclusive uma arma. O magistrado libertará ou não o encarcerado porque foi investido de competências formais para julgar questões de execução penal. Nesse grande campo, a decisão jurídica depende, justamente, das instituições político-jurídicas que lhe dão o talhe.

Ao mesmo tempo, a decisão jurídica opera de acordo com as próprias estruturas das relações sociais gerais, e tal sociabilidade é capitalista. A materialidade das práticas sociais se dá a partir das relações de produção, compreendendo a divisão entre capital e trabalho, suas formas sociais correspondentes, o reconhecimento das subjetividades, a ideologia. Daí se desdobram culturas, valores, possibilidades e mesmo a linguagem do jurista. As concreções e os constrangimentos estruturais do poder advêm da articulação daquilo que é explicitamente jurídico e dado como competência normativa com aquilo que é estrutural das relações sociais e que age dando às subjetividades horizontes de mundo e posições específicas. O saber-se poderoso ou não é um resultado tanto do direito institucionalizado quanto da tessitura das práticas sociais onde se opera. Somente com esse todo complexo, que aparece sempre em conjunto e dialeticamente, é possível entender os quadrantes da decisão jurídica.

ÂMBITOS DA DECISÃO JURÍDICA

No plano didático, o momento exemplar da decisão jurídica é a sentença judicial. O magistrado, ao analisar o fato a que é apresentado, estabelece quais normas jurídicas lhe correspondem, após isso sentenciando. Se é este o momento exemplar da decisão jurídica, não é o único nem o mais privilegiado. A decisão jurídica opera tanto na prática dos juristas quanto da dos não juristas. A subjetividade, no capitalismo, é tornada jurídica para que todos possam comprar e vender, em especial vendendo-se como força de trabalho. Nesse grande campo das relações necessárias do capitalismo, a decisão jurídica é ato inexorável e quotidiano. Os contratos são decisões jurídicas, no mais das vezes feitos por não juristas.

A decisão jurídica é tanto a sentença do juiz no fórum, a escolha de um determinado caminho de argumentação por um advogado na defesa de um réu, a opção da empresa por sonegar impostos correndo o risco de uma fiscalização pelos órgãos tributários, quanto a escolha por estacionar o veículo em local proibido e sofrer as possíveis consequências de uma multa de trânsito. Ela não está vinculada apenas ao processo judicial, embora os trâmites processuais sejam momentos bastante simbólicos de sua natureza.

Também nos processos judiciais, não é apenas a sentença a única decisão jurídica. Todos os atos do itinerário processual são explicitações nesse sentido. Uma petição inicial já é, de pronto, uma escolha de uma via para a solução de um conflito, a via judicial. A contestação, por sua vez, é uma decisão de como responder a essa acusação. A condução, pelo juiz, de todas as fases processuais, a produção e colheita de provas, as decisões interlocutórias e, por fim, a sentença, são manifestações claras de decisões que são práticas de poder.

A decisão jurídica envolve, ainda, o cálculo da margem de manobra dos atos e das relações com as instituições que decidem o direito. Aquele que comete um ato criminoso, mas calcula os riscos de sua atitude, porque eventualmente é amigo de delegados, promotores ou juízes, está tomando uma decisão jurídica. Esta se ampara num jogo de poder: a amizade, as influências, a falta ou a presença de uma rede de articulações sociais, o prestígio dos bons advogados, o peso do dinheiro para solucionar a questão por meio do pagamento de suborno ou multa judicial etc. A decisão mais simples de um criminoso em assim proceder já manifesta uma ampla rede do poder e de suas imbricações jurídicas, que não é apenas aquele patente na norma jurídica, mas é enraizada e estruturada socialmente.

No campo empresarial, a decisão jurídica é nitidamente estratégica, abrindo-se em múltiplas possibilidades. Empresas calculam seus negócios a partir de crimes, como os de sonegação fiscal, prevendo, muitas vezes objetivamente, o custo das fiscalizações e também o poder das suas influências: os legisladores por elas financiados, a possibilidade de se furtar ao enquadramento judicial e mesmo a eventualidade da utilização do seu peso econômico e político para a mudança das normas jurídicas estatais que lhes sejam desfavoráveis.

No que tange ao seu âmbito de manifestação, o campo das decisões jurídicas é feito tanto por juristas quanto por não juristas, na medida em que, nas sociedades capitalistas, as relações sociais são todas permeadas pelo direito, sendo o contrato seu mecanismo basilar. No mais das vezes, as decisões jurídicas são, pois, decisões sociais gerais permeadas pela forma do direito.

DECISÃO E ARGUMENTAÇÃO

O fenômeno da decisão jurídica se liga também imediatamente à questão da argumentação. O direito se estrutura a partir de procedimentos comunicativos. Os processos judiciais são escritos, os testemunhos orais são recolhidos e em geral transcritos à linguagem escrita, as sentenças são redigidas em vernáculo. Em sociedades primitivas, não necessariamente as palavras, mas sim determinados signos semióticos representavam a decisão jurídica. Quando se balançava o galho de uma videira em Roma, confirmava-se uma transação de troca. Mas a decisão jurídica, nas sociedades capitalistas, além desses signos, como a batida do martelo, a toga, o espaldar mais alto da mesa do juiz em relação às partes, vale-se, fundamentalmente, de argumentos comunicacionais utilizáveis e controláveis por meio da língua.

A argumentação é o meio constituinte, por excelência, da atividade jurídica, também porque se levanta, no direito moderno das sociedades capitalistas, como um instrumento de controle das próprias decisões jurídicas. A comunicação se estrutura ao mesmo tempo como um controle da qualificação dos fatos jurídicos, bem como um controle dos julgamentos posteriores desses fatos.

Para o direito moderno, mais que os fatos em si, são específicas qualificações ou formalizações dos fatos que acarretam consequências jurídicas. Quando alguém paga alguém, de tal ato não exsurge a prova de que o pagamento tenha sido realizado a não ser se determinados meios formais o puderem demonstrar, como por exemplo o depósito em conta bancária, um recibo de quitação etc.

Os fatos não se apresentam imediatamente para os instrumentais jurídicos operacionalizados pelo jurista; apresentam-se mediatizados por uma série de procedimentos formais e comunicacionais que os qualificam, constituindo o seu caráter jurídico. Assim sendo, atividades costumeiras e fatos isolados necessitam de um arcabouço formal para serem qualificados nas instituições jurídicas modernas. O dado só é jurídico quando narrado segundo os meios reconhecidos pelas normas jurídicas.

Também a questão da prova jurídica representa uma instância de argumentação para a aplicação do direito. Os institutos jurídicos filtram os possíveis meios de prova, estabelecendo os tipos de narrativas dos fatos albergados pelo direito. As provas ilícitas, no mais das vezes, são rejeitadas não pelo que revelam em seu conteúdo, mas sim porque sua forma foi obtida por via inconstitucional ou ilegal. Os fatos podem até saltar aos olhos de cada um dos juristas envolvidos em uma demanda, como, por exemplo, as imagens que comprovem a traição de um marido em relação à sua mulher. Mas, para o direito, tais fatos somente ingressarão na esfera do processo judicial no tempo correto, sob as formalidades devidas, e também desde que essas provas não sejam eivadas de vícios jurídicos quando de sua colheita.

O controle da argumentação na decisão jurídica se torna bastante claro no que diz respeito às próprias sentenças judiciais. O juiz julga cada caso necessitando explicitar os fundamentos de sua decisão. A argumentação se revela, então, o meio mais importante tanto para estruturar a institucionalização do direito quanto para controlá-lo.

Nas sociedades pré-capitalistas, o poder estava quase sempre ligado diretamente à pessoa que dava a norma e julgava. Sua discricionariedade era enorme. O senhor de escravos decidia a vida e a morte de seus escravos. Não se verificava a necessidade de uma argumentação dos detentores do poder como forma de legitimação de suas decisões. No passado, apenas em sociedades mais dinâmicas e urbanas tal processo de politização da argumentação ocorreu.

A ancoragem da argumentação jurídica no juspositivismo é um produto que foi sendo consolidado apenas durante a história moderna do direito. Em sociedades pré-capitalistas, como as escravagistas, não havia um controle das decisões jurídicas, tampouco uma estruturação técnica do poder jurídico. O mando do vitorioso da guerra é um dado de força, não de um arrazoado que busque legitimação. E em situações nas quais a argumentação jurídica se impunha, como nos julgamentos dos pretores romanos, caso a caso, não se buscava uma lógica universalizante para fatos similares.

No mundo medieval, a argumentação jurídica servia a propósitos conservadores. Com a consolidação da experiência do direito romano em livros como o *Digesto*, estes foram tidos pelos juristas como fontes em relação às quais não seria possível fazer alterações. A argumentação sobre tais textos era eminentemente explicitadora, não inovadora. O texto da decisão romana, da lei ou dos livros jurídicos passou a ser um objeto praticamente sagrado ao jurista. No tempo da Idade Média, tal rigor da submissão do jurista ao texto andava a par da submissão do teólogo aos livros sagrados.

Já na Idade Moderna, com o surgimento das relações capitalistas e a estruturação política dos Estados, a dinâmica dos vínculos sociais explode e suas formas impõem crescente necessidade de uniformidade no tratamento dos fatos, de tal sorte que a antiga arte dos juristas de julgar caso a caso foi sendo paulatinamente substituída por uma crescente reiteração e universalização de procedimentos e técnicas jurídicas. As normas estatais ganham relevo, pela possibilidade de um controle genérico e prévio da dinâmica das relações sociais. O jurista não mais se definiria como um artista do justo, mas sim como um técnico das leis. A argumentação jurídica vai sendo considerada uma fala da norma jurídica.

Com as revoluções liberais, como a Revolução Francesa a partir de 1789, e a posterior positivação das normas e o surgimento de grandes codificações, o prestígio da lei foi tamanho que ao jurista se alimentava a ilusão de que nada fazia a não ser a aplicação imediata das normas aos fatos. Havia até mesmo a proibição de interpretar as normas jurídicas, como se se imaginasse que elas pudessem falar por si próprias, sem que o jurista, quando as lesse, já não as estivesse interpretando situacionalmente.

No capitalismo, as estruturas sociais funcionam na base de direitos e deveres esparramados indistintamente por todos os sujeitos de direito. A mecânica do capitalismo se pauta na livre compra e venda da força do trabalho, na autonomia da vontade, na garantia do direito individual de propriedade. Os motores das relações sociais são os sujeitos, talhados por formas sociais e constituídos por meio de arcabouços linguísticos advindos estruturalmente das suas práticas sociais. São os sujeitos que operam o capitalismo. O jurista, nessa estrutura social, não pode representar um risco à dinâmica do sistema. Pelo contrário, o Estado, que se materializa em cada caso concreto na figura do juiz, deve deixar passar suas estipulações gerais sem que haja variações bruscas em cada julgamento. Daí a imperiosidade do controle das decisões jurídicas. O juiz julgará argumentando a respeito dos fundamentos de sua decisão, de tal sorte que possa haver recurso e o controle consiga então se estreitar, chegando até aos órgãos de cúpula do Poder Judiciário, que por sua vez unificam ideologicamente e estruturalmente a qualificação dada aos fatos jurídicos, a partir de balizas jurisprudenciais.

Assim, a argumentação jurídica se revela, ao mesmo tempo, a forma de constituição e expressão da técnica jurídica contemporânea e a forma do controle do poder que se materializa no direito. A linguagem técnica do direito qualifica as situações, alija os fenômenos de seu estado bruto para apenas aceitá-los mediante a sua expressão em termos normativos e afasta do senso comum a possibilidade de controle das implicações do direito. E ainda, materializada via de regra pela forma escrita, em papéis e em textos, a decisão jurídica se presta a estar estruturalmente perpassada pelo crivo de um controle argumentativo de igual expressão, por meio dos poderes estatais que lhe sejam superiores.

Mas se o direito das sociedades capitalistas modernas se estrutura pela linguagem, quase sempre escrita, e se as decisões jurídicas são assim apresentadas, não são tais procedimentos meros atos mecânicos e imediatos de representação da realidade por meio da linguagem. Há uma distância muito grande entre a realidade factual em si mesma e sua expressão jurídica. O direito se constitui sempre como uma linguagem de nível diverso daquela do senso comum. A partir de suas próprias referências, o direito qualifica ao seu modo as situações e as implicações jurídicas. E assim procede não em termos lógicos ou ideais, mas sim em termos de referências argumentativas oriundas do seio das próprias relações sociais, das suas contradições e do poder.

Quando um juiz determina que em uma demanda judicial uma das partes tem toda a razão, não está mecanicamente e automaticamente explicitando o óbvio ou o que seria extraído, objetivamente e por todos, das leis ou dos fatos, e sim está decidindo, valendo-

-se do poder que lhe é dado por meio das competências estatais. Tal ato de decisão é argumentado, mas o controle dessa argumentação e de sua congruência com a realidade vai apenas até um certo ponto.

Em muitas ocasiões, argumentações que fujam dos fatos concretos ou mesmo da lógica podem determinar decisões jurídicas estranhas a uma fria análise de uma subsunção de uma norma a um fato. No caso exemplar do tribunal do júri, os advogados e os promotores podem recorrer a armadilhas emocionais a fim de conduzir o julgamento dos jurados a determinados fins. Não se pode dizer que tal aplicação posterior das normas aos casos concretos seja um mero procedimento de subsunção, automático e objetivo. A comunicação jurídica não se faz como um espelho necessário dos fatos e das suas justas decorrências normativas: é, acima de tudo, uma construção de um complexo decisional. A linguagem do direito não é lógica, fria, objetiva; pelo contrário, é emocional, valorativa, atinente à prática, dependente de referências sociais e culturais as mais variadas.

Horizontes que transbordam as normas e os fatos jurídicos específicos, confirmando ou mesmo negando a lógica jurídica e sua sistemática, revelam que o fundamento concreto e último das decisões jurídicas não é técnico-normativo. Embora estipulações normativas e institucionais sejam mecanismos para constituir a expressão e o controle dessas decisões, ainda assim o fenômeno jurídico está atravessado pelas situações existenciais e pelo poder, estruturado por formas sociais e pela ideologia. Relações de poder advindas de injunções sociais e políticas, mesmo quando não estejam sustentadas em normas jurídicas, exprimem uma moldura das possibilidades de argumentação que pode ser mais determinante que o nível da expressão técnico-normativa do direito.

ARGUMENTAÇÃO JURÍDICA E SUBSUNÇÃO

Em sociedades pré-capitalistas, o controle das decisões jurídicas não se condensava no Estado. Via de regra, o poder político se confundia com o poder econômico: as decisões ou estavam concentradas nas figuras dos senhores escravocratas ou senhores feudais ou, então, fragmentados em variadas instâncias sociais como a da religião, que representava um grande elemento de orientação e decisão dos casos e conflitos sociais.

No entanto, o mundo moderno, capitalista, separa o poder econômico do poder político. Sociedades burguesas concentram a decisão jurídica nas mãos estatais. A partir do século XIX, com o controle pleno do Estado pela burguesia e com a instauração de uma ordem jurídica baseada nas leis e não no arbítrio dos reis e monarcas, a decisão jurídica passa a ser tomada como um procedimento técnico. O juiz e os operadores do direito deveriam silenciar para, em seu lugar, falar mais alto a explicitude da lei.

Assim sendo, espera-se, desde então, que os fatos apresentados ao direito sejam claramente identificáveis a partir de hipóteses e tipos já previstos pelas normas jurídicas promulgadas pelo Estado. Tal pretensão é a de uma técnica que fosse mecanicamente perfeita. Os casos deveriam ser objetivamente rotulados em determinadas previsões normativas. A partir daí, então, ao juiz bastaria proceder a um ato mecânico: dada a norma e dado o fato que está previsto nas estipulações dessa norma, o juiz conclui e decide.

Tal método de aplicação do direito é chamado de *subsunção jurídica*. Por meio da subsunção, tomam-se as normas gerais que regulam o caso específico e passa-se à conclusão, com a decisão do juiz ou do operador do direito. É o modelo mais acabado do tecnicismo jurídico. Teoricamente, por meio dele, o espaço para a discricionariedade do operador do direito seria muito pequeno. Se as previsões e os fatos fossem claros, não haveria dúvidas a respeito das decisões jurídicas.

O modelo teórico que estaria subjacente à ideia de subsunção é o da lógica formal, e, em especial, o método da *dedução*. Esta é uma ferramenta lógica que parte do geral para o particular. Se há uma norma geral que prevê que o ladrão deve ser punido com a reclusão por *x* anos, e se *Y* é um ladrão, então a *Y* cabe uma pena de *x* anos. Tal método dedutivo excluiria do jurista uma apreciação de valores ou a subjetividade. Ele não deveria tomar parte da decisão jurídica, não deveria, por meio de seus entendimentos, valores e referências, indagar a respeito das causas que levam o ladrão ao crime, nem sobre a justeza da pena. Seu ato seria mecânico, meramente lógico: proceder à dedução do geral ao particular, aplicando a norma ao caso concreto.

A subsunção foi o modelo buscado pelo jurista do século XIX e que perpassou todo o século XX como sendo o ápice da mecânica de aplicação do direito positivo. A objetividade é seu corolário. Em várias ocasiões, quando os juristas se depararam com a possibilidade do uso da informática aplicada ao direito, valendo-se de robôs ou computadores, o ideal da subsunção esteve presente: se um robô pudesse identificar claramente os casos, ele processaria diretamente essas situações, encontrando as normas que as regulassem, dando, também objetivamente, a conclusão dos casos, sem corrupção, fraquejamento e nem dilemas emocionais. As decisões seriam frias, objetivas, calculáveis, matemáticas, lógicas. O ideal da subsunção é o ideal da plena instauração da lógica do direito positivo no mundo jurídico.

Obviamente, a realidade nunca procedeu dessa forma. O modelo tecnicista da subsunção serve como uma máscara ideológica que tenta dizer que o direito é uma instância social isolada da realidade, descontaminada dos interesses concretos. Trata-se de uma mentira, porque o direito está mergulhado nessa realidade e só se realiza nela, a partir de suas formas, suas estruturas e seus interesses.

Hans Kelsen, na *Teoria Pura do Direito*, do mesmo modo pelo qual constrói sua visão da hermenêutica jurídica, não há de dizer que a decisão jurídica seja um mero ato mecânico diretamente extraído, pelo juiz, das normas jurídicas. Para Kelsen, o juiz decide a partir da sua discricionariedade, de seu poder, num quadro de possibilidades que está respaldado pelas competências estatais que lhe são atribuídas.

HORIZONTES TEÓRICOS DA ARGUMENTAÇÃO JURÍDICA

O dogma de que o direito, quando é aplicado aos casos concretos, assim o faz por meio de uma mera subsunção da norma geral ao caso particular, é o artifício de base para a argumentação juspositivista. Desde o século XIX, a teoria geral do direito se converteu quase que totalmente a tal lógica. O apogeu das sociedades capitalistas modernas tornou-se também o ápice de uma visão tecnicista do jurista. Tal tecnicismo, no que diz respeito à decisão jurídica, representou encaminhar a subsunção como método canônico de conclusão. A ideologia jurídica juspositivista louva a possibilidade de um procedimento neutro de mera aplicação imediata da norma jurídica a um caso concreto.

O procedimento consagrado de argumentação jurídica passa a ser, então, o da dedução. Do geral da norma aplicado ao caso se deduz o particular da decisão. Assim a técnica jurídica da subsunção, como forma reputada lógica e universal, passou incólume por guerras e por todas as mudanças de conteúdo normativo necessárias ao capitalismo até que ele chegasse ao seu apogeu no século XX.

No entanto, o juspositivismo, tomado num rigor estrito ou exacerbado, foi objeto de críticas teóricas também especificamente no campo da argumentação. Tais postulações são mais percebidas a partir de meados do século XX, desgarrando-se do estrito juspositivismo justamente no seu auge. Muitas de tais leituras teóricas se encaminham por dizer que o direito não procede com base em argumentos de lógica, mas sim de retórica. Outras críticas, pelo contrário, buscam ressaltar, no seio do próprio direito positivo, aquilo que pudesse conter uma sistematicidade de ideias, princípios, valores ou conteúdos.

O primeiro conjunto de críticas à argumentação juspositivista pode ser identificado com as perspectivas teóricas de juspositivismo eclético, ou, no limite, de não juspositivismo. Já o segundo conjunto de críticas à argumentação jurídica constitui aquilo que denomino por juspositivismo "ético". Em todas essas perspectivas, o direito positivo ainda é a base de explicação do direito. Não se trata então, como no não juspositivismo de Gadamer ou na filosofia do direito crítica do marxismo, de uma plena investida contra os fundamentos da própria argumentação juspositivista, mas, sim, de uma crítica parcial, que em um caso ajusta seus termos e em outro caso aprofunda-os, levando-os a campos valorativos.

As teorias que apontam para a inexistência de uma argumentação estritamente dedutiva têm por mote então apontar para a retórica, a razoabilidade ou a tópica como suas principais bases. Chaïm Perelman, Luis Ricaséns-Siches e Theodor Viehweg são seus principais pensadores. Já as teorias que investem na argumentação como problema ético, principiológico, racional ou valorativo, têm em pensadores como Robert Alexy e Ronald Dworkin seus expoentes.

ARGUMENTAÇÃO JURÍDICA, RAZOABILIDADE E TÓPICA

Já em meados do século XX, alguns teóricos dirão que o direito não consegue proceder, na decisão jurídica, por meio de deduções fixas, partindo da lógica ou da mera subsunção de normas a fatos concretos. A universalidade da dedução não é típica da argumentação jurídica.

Amplos movimentos de teoria do direito passam a explicitar, então, que o direito se estrutura não a partir de argumentação *racional*, mas sim por meio de argumentação *razoável*. De fato, num fórum, quando o advogado fala ao juiz ou aos jurados, assim o faz com uma estrutura retórica própria, intentando o convencimento, buscando que aceitem seus argumentos. O juiz, da mesma maneira, ao decidir, fundamenta sua sentença em artifícios comunicacionais que possam garantir-lhe a autoridade de seu julgamento. A dedução que leva à subsunção é um construto altamente desejado pelo jurista, mas não é a ferramenta única nem a mais frequente na argumentação da decisão.

Nos dizeres de pensadores como Ricaséns-Siches ou Perelman, o jurista não se vale de uma argumentação racional, e sim de uma argumentação razoável. As técnicas de exposição e convencimento do jurista não são lógicas nem dedutivas. Nos termos de Perelman, são quase lógicas.

São exemplos dessa quase lógica o recurso a comparações, a paralelismos entre ideias, de tal sorte que se as julguem como incompatíveis, o uso da noção de probabilidade. Não são procedimentos lógicos, dedutíveis, formais. Pelo contrário, são argumentações que se valem da disposição do auditório que as recebe e decidirá por meio delas. O argumento jurídico busca o acordo, o envolvimento daquele que ouve nas ideias de quem fala. Mais do que a lógica objetiva e absoluta dos fatos e das normas, a argumentação jurídica busca o *convencimento*.

A lógica jurídica, assim, é a *lógica do razoável*, daquilo que parece ser justo, adequado, daquilo que mais convence ao jurista e aos operadores do direito, conforme propõe Ricaséns-Siches. Quando se reclama a autoridade de uma pessoa para ratificar um determinado argumento, não se está utilizando da objetividade dos fatos ou da frieza lógica da técnica, mas, sim, está se valendo de uma ferramenta do convencimento. A autoridade de quem fala então se arrasta para o objeto em discussão.

A explicitação dessa argumentação razoável, que é típica ao direito, vai contra o apogeu da técnica jurídica normativa, que postulava ser a decisão jurídica, eminentemente, um procedimento de mera subsunção. No entanto, a lógica do razoável não é criação nova. Já na antiguidade, a filosofia de Aristóteles distinguia entre os procedimentos lógicos, analíticos, e os procedimentos por ele chamados de dialéticos, que envolviam o diálogo e o convencimento: uma quase lógica. Em Roma, a oratória teve grande peso. Cícero e Quintiliano, dentre outros, valorizavam as estratégias de argumentação voltadas à prática, à persuasão. No entanto, no mundo medieval e no mundo moderno, sempre se deu mais ênfase à lógica analítica de Aristóteles do que propriamente à sua dialética, que foi reputada como uma arte de convencimento e, portanto, uma espécie de ilusionismo ou fuga da verdade. Dos antigos e medievais aos modernos, embora muitos valorizassem a argumentação como elemento de persuasão, exatamente essa condição não necessariamente lógica ou inferente da verdade pesava contra a retórica de modo geral.

No século XX, juristas como Theodor Viehweg na Alemanha (e, no Brasil, Tercio Sampaio Ferraz Jr.), reabilitam a postulação da argumentação jurídica como um procedimento de tipo quase lógico. Para Aristóteles, a argumentação dialética se valia de *topoi*, isto é, lugares-comuns, conceitos vulgarmente aceitos ou convencimentos da maioria. Sendo os lugares-comuns a matéria da argumentação jurídica, dirão tais pensadores que o direito moderno não procede de maneira lógica, formal e mecânica, e sim de maneira *tópica*, isto é, por meio desses *topoi* que são ideias cuja referência é comumente aceita por muitos.

O reconhecimento da argumentação no fenômeno jurídico moderno como uma lógica tópica, reelaborando a tradição aristotélica, demonstra que o direito não é um mero automatismo mecânico de aplicação de normas a casos concretos. Não é uma estrutura formal objetivamente afastada das contradições da sociedade, mas, antes, surge delas e se vale de sua ideologia comum como meio de sua propagação. O direito se manifesta como poder, e sua argumentação não é distinta de sua origem nem de seus objetivos: é uma argumentação tópica no sentido de que seus procedimentos buscam alcançar uma razoabilidade para sua imposição circunstancial ou estrutural. O poder se esconde, mostra-se, afirma-se e se legitima por detrás desse senso comum.

ARGUMENTAÇÃO JURÍDICA E PRINCÍPIOS

Já em meados do século XX e, em especial, a partir de suas últimas décadas, a teoria do direito, principalmente a de base anglo-saxônica, tem apontado para uma outra frente no que tange à aplicação do direito. Para além das normas jurídicas que se instituem como regras, há também normas que são princípios jurídicos. Para a construção teórica que daí surge, o manejo dos princípios jurídicos se faz de modo distinto daquele relacionado às regras. A subsunção seria o modelo típico da aplicação das regras. A ponderação seria o modelo típico da aplicação dos princípios.

Com a distinção entre regras e princípios jurídicos, gerar-se-iam afazeres específicos no que tange à concreção do direito. As regras jurídicas teriam âmbitos cerrados de implicação. Os princípios jurídicos, por sua vez, seriam amplos, permitindo balizar vastas séries de situações do direito. As regras jurídicas se refeririam a incidência ou não incidência, ocupando uma validade única no que tange à sua aplicação aos casos: se uma regra se aplica a um fato típico, então outra não se aplica. Já no que tange aos princípios, o procedimento seria distinto. Vários princípios aplicam-se a uma mesma situação, de tal sorte que, então, não se trata de dizer qual é o válido, já que todos o são, mas, sim, busca-se realizar uma ponderação entre tais princípios.

Toda norma jurídica, seja regra ou princípio, tem um grau de generalidade. Nesse espaço normativo geral, comum a ambos os tipos de normas, a distinção é que a regra teria por alvo de sua tipicidade situações e fatos específicos; os princípios, por sua vez, comportariam múltiplas aplicações, tantas quanto os fatos que vierem a se apresentar ao manejo do jurista. É possível projetar de antemão, intelectivamente, os núcleos fundamentais de incidência das regras. No caso dos princípios, as situações de sua incidência podem ser virtualmente inesgotáveis.

A natureza aberta dos princípios enseja múltiplas possibilidades em suas incidências aos casos. Para cada situação jurídica específica, pode haver recortes e ênfases distintos na sua ponderação. Por isso, o afazer jurídico, no que tange aos princípios, menos que propriamente teorético, num estabelecimento de critérios preliminares de valores ou pesos entre princípios, seria muito mais artesanal, vinculado às situações e seus insignes contornos. Os próprios princípios do direito, por portarem pesos variados e serem, no limite, até mesmo contraditórios, demandam uma resolução que jamais é ideal, e sim casual.

A proposição de que as normas do direito se distinguem entre regras e princípios leva tanto a uma ampliação do estoque de ferramentais normativos do direito quanto a uma expansão da própria teoria da aplicação do direito. Reconhecer princípios jurídicos e manejá-los dogmaticamente representa avançar para além da tradicional ação jurídica em torno apenas de regras. Os princípios, por sua vez, passam a ser considerados não apenas horizontes vagos ou extraídos da moral, mas sim mecanismos operativos efetivos. Sua enunciação pelas constituições contemporâneas obriga a prática jurídica a lidar com uma quantidade maior de informações normativas envolvendo os casos e as situações do direito.

De outro lado, a expansão da teoria do direito para o trabalho com princípios propõe outros mecanismos de aplicação jurídica. Se o modelo de incidência mais direto é típico das regras, há outras normas, principiológicas, que não operam segundo o esquema anterior. A incidência dos princípios nos fatos e nas situações não é excludente, de tal sorte que uma seja válida e as demais inaplicáveis ao caso, mas sim modulada, de tal sorte que a validade dos princípios permanece a mesma, variando então a ponderação de seu peso no caso concreto. Ao invés de negar a incidência de demais princípios a uma situação, trata-se de dar a precedência a um deles. Isso implicaria, pois, manejos diversos em relação às normas de regras.

Ocorre que a distinção apontada pela teoria contemporânea entre regras e princípios, se tem o mérito de incorporar à decisão jurídica os referenciais principiológicos, em termos fenomênicos é menor do que a pretendida. De um lado, porque as regras jurídicas não são mandamentos cuja incidência seja necessariamente focada. De outro lado, porque os princípios têm múltiplos caracteres, não sendo possível tratá-los todos como antípodas das regras. A linha que separa as regras e os princípios do direito é tênue.

A teoria crítica do direito já há muito aponta a inexistência de um caminho direto e lógico entre norma jurídica, caso concreto e decisão jurídica. A subsunção, se é modelo ideal do jurista, não se apresenta na realidade do direito como tal. A hermenêutica jurídica, sendo feita a partir das formas sociais, da ideologia, do poder e da pré-compreensão, desconhece uma linearidade que anele regras jurídicas a incidências estritas. Além disso, na multiplicidade das regras do direito, se há tipificação muito clara em muitas delas, em outras suas incidências são bastante generalistas.

No que tange aos princípios, os horizontes do jurista em sua aplicação são os mesmos daqueles das regras. Porque de início mais abertos que as regras, não são distintos em termos de sua concretização na hermenêutica e na decisão. Também na inteligibilidade e na concreção dos princípios operam formas sociais, ideologia, poder e pré-compreensão. A própria noção de princípio jurídico, em diferença de regra, já pressupõe também horizontes valorativos que são sociais, advindos de bases extranormativas.

Se os teóricos que afirmam a ponderação de princípios insistem numa não linearidade de sua aplicação, isto, em verdade, deve ser estendido a todo o manejo do direito, na medida em que as regras não operam de modo distinto. A ponderação não deve ser pensada apenas como objeto de labor cerebrino do jurista quando se depara com princípios, mas como artesanato próprio da hermenêutica e da aplicação de todo o direito. O jurista não age alheio às condições históricas, sociais e existenciais que lhe constituem e orientam. Até a noção do que seja regra objetivamente incidente é uma ponderação que tem por cerne uma relação do jurista com outras estruturas sociais e circunstâncias compreensivas.

Além disso, são problemáticas a própria natureza e a identificação dos princípios jurídicos. Há aqueles que assim são considerados pelo jurista porque estão inscritos diretamente na Constituição Federal ou em outras normas, mas há princípios que são apenas implícitos, inseridos na prática jurídica como elementos de baliza ideológica do próprio sistema. Mesmo naquilo que se pode afirmar como rol constitucional assentado de princípios, autodeclarado pelo texto da Constituição, residem muitas distinções e divergências no que tange à sua aplicação. A diferença proposta pela teoria do direito entre princípios de aplicação imediata e princípios programáticos é exemplar das dificuldades em identificar com clareza a natureza operativa dos princípios. Assim, pelo manejo dos princípios jurídicos perpassam, de modo ainda mais explícito, as mesmas contradições e condicionantes gerais do fenômeno jurídico.

E, ainda, é preciso avançar criticamente na pretensa associação de princípios jurídicos com valores, ética ou cidadania.

Foi a fase do pós-Segunda Guerra Mundial que gerou, em algumas sociedades, uma preocupação que se reputava de fundo humanista, quanto a valores balizadores das instituições jurídicas e políticas. Esse movimento é exatamente inverso àquele do início do século XX, que buscou então investigar uma ciência do direito apartada de valores. Na verdade, a busca por princípios, desde a segunda metade do século XX, tem por pano de fundo a presunção de que o modelo institucional político e jurídico assentado nas sociedades capitalistas possui, por si só, valores que devem ser resguardados, estabilizados e mantidos. Assim sendo, o manejo de princípios jurídicos representa a afirmação de que o capitalismo gira em termos de valores suficientes e necessários.

A partir das últimas décadas do século XX, tal leitura ganha mais corpo no mundo jurídico. Em especial porque se faz acompanhar por um novo arranjo dentro da sociabilidade capitalista. A economia gira em termos pós-fordistas. Empregos e vínculos sociais se tornam mais tênues. Ao mesmo tempo, dá-se a desregulamentação das amarras do capitalismo de bem-estar social. Em termos políticos, tal nova fase capitalista deriva no neoliberalismo.

O ambiente jurídico passa a ser, então, diretamente dominado pelo mundo dos negócios, girando em especial em torno do centro do capitalismo, nos EUA. Em tal contexto, a lógica sistemática do direito é rebaixada em termos de autonomia. Ela deverá dialogar com o interesse econômico capitalista e com seus cálculos negociais, numa cultura de aproximação entre direito e economia que, em inglês, gerou um movimento teórico correspondente, *Law and economics*.

Em tal ambiente neoliberal, de aproximação da lógica do direito à lógica dos negócios capitalistas, os princípios jurídicos passam a ter papel preponderante. Eles asseguram a reprodução do capital em termos ótimos, porque a liberdade negocial, a igualdade formal e a defesa da propriedade privada são seus corolários. A segurança jurídica resulta, então, como sendo a divisa fundamental da preocupação da teoria jurídica e dos problemas de aplicação do direito nesse período.

Trazendo-se o eixo da aplicação do direito para os princípios jurídicos, procede-se também a uma higienização ideológica da reprodução capitalista. Isso porque, acoplados aos princípios que sustentam a lógica do capital, como os de segurança jurídica e propriedade privada, há também a disputa por princípios políticos que, se não são necessários a tais centrais do capitalismo, não lhe são estruturalmente opostos. Assim, os direitos humanos, tomados apenas pela ótica dos direitos individuais fundamentais, olvidando-se os direitos sociais, são bandeira de frente de um manejo jurídico que se reputa, a partir daí, ético.

Assim, uma parte da teoria do direito, em especial a inglesa e norte-americana, a partir da década de 1980 até a atualidade, tem-se valido das questões da argumentação e da aplicação do direito para lhes propor conformações diferentes, abrindo-se para modelos de atribuição ética ao direito. Na visão desses teóricos, o consenso, o convencimento, a comunicação ideal, a fala sem imposições, o acordo de todos, todos esses ferramentais argumentativos levariam a um direito eticamente responsável e fundamentalmente democrático, que é espelho dos próprios princípios do capitalismo. Assim postulam pensadores como John Rawls e Jürgen Habermas, num plano filosófico mais geral, e Ronald Dworkin e Robert Alexy, no plano da teoria do direito.

O manejo de princípios, para os novos teóricos da aplicação do direito, não é feito para desmascarar a técnica jurídica nem para mostrar o seu caráter de dominação e não de uma mera lógica formal. Procede-se a um movimento inverso: naquilo que é a denúncia de que o direito não é ético, nem correto, nem moral, nem justo, nem democrático, busca-se fundar então uma possível ética, uma democracia e uma justiça do discurso jurídico.

Para Habermas, por exemplo, a possibilidade de regras jurídicas mínimas e universais de convivência daria ensejo a uma interação entre os indivíduos e as sociedades forjando uma comunicação democrática, porque consensual. O direito, assim, não seria apenas uma técnica neutra, como diriam os juspositivistas, mas tampouco um instrumento tópico a serviço de qualquer domínio, porque o direito, haurido de instrumentos publicizantes e democráticos, se prestaria a solidificar essa democracia e essa ética do consenso. A forma jurídica, quando possibilita o consenso, é ética e democrática.

Tal novo moralismo jurídico observa o direito pelo prisma de uma pretensa concórdia na origem de sua forma e na possibilidade de concordância de todos que o fazem e a ele se submetem. O direito, nessa visão edulcorada, revela-se uma ferramenta que resulta de uma ética social mínima e que ao mesmo tempo garante essa mesma ética. Mas nunca se deve perder de vista que a argumentação jurídica, se por vezes pode se prestar a mínimos consensos éticos, é, principalmente, uma ferramenta da dominação jurídica, que, por sua vez, tem por origem as próprias estruturas da reprodução social capitalista, de exploração e dominação. O consenso em torno de princípios, nas sociedades capitalistas contemporâneas, pode até ser conseguido, mas é forjado pela ideologia do capital, pela sua reprodução e pelos seus poderes.

Assim sendo, pode-se vislumbrar uma dupla movimentação da teoria jurídica a partir da segunda metade do século XX no que tange à argumentação e à aplicação do direito. De um lado, a afirmação de que a argumentação jurídica não é técnica, e sim tópica, leva a uma denúncia do tecnicismo jurídico exacerbado e da ideologia do direito como uma técnica insípida e pretensamente objetiva. De outro lado, a aplicação jurídica a partir de princípios, arrogando ao direito uma ética que é a exata reprodução da sociabilidade capitalista, amplia o escopo do direito da subsunção para a ponderação, mas reinveste de ideologia valorativa o próprio afazer jurídico, que é espelho e estrutural à exploração do capital.

DECISÃO, ARGUMENTAÇÃO, PODER E CRÍTICA

Os atos de decisão jurídica são muito maiores que as decisões judiciais. São, também, maiores que as opções internas às instituições ou à legalidade. Ainda mais, são conformados estrutural e ideologicamente, e sua tessitura concreta, empreendida por meio da linguagem, vale-se mais de instrumentos quase lógicos que de ferramentas lógicas, como a subsunção.

A argumentação e a decisão jurídica são, pois, uma estratégia de poder. Elas estão imbricadas, quotidianamente, nas próprias estruturas das relações sociais. Todo ato jurídico é uma decisão que representa um ato de poder. Tal prática muitas vezes se conduz mediante caminhos meramente normativos, defendendo-se em um processo judicial por meio de provas lícitas, por exemplo, mas é também muito maior que o poder institucionalizado. Ao alterar a lei que lhe constrange, o poder econômico determina as decisões jurídicas de forma muito mais ampla que a mera influência junto aos trâmites judiciais, por exemplo.

O direito opera a partir de formas sociais, sua concretização e sua aplicação se dão por meio de estruturas ideológicas, mas sua institucionalização passa por uma dinâmica de pressões, conflitos, embates e lutas. As relações sociais forjam a decisão jurídica em dois grandes níveis. Uma não opção de decisão é estabelecida socialmente, na medida de um limite "natural", para depois, então, a decisão jurídica poder operar no seu seio. A não vontade é a condição da plena vontade da decisão jurídica.

As formas sociais do capitalismo se apresentam, ideologicamente, como espaço naturalizado a partir de onde o agir do direito pode se perfazer. Estão de fora da decisão jurídica perquirições sobre a possibilidade de apropriação da riqueza por meio de alguns, e, portanto, a automática segregação da maioria que não terá acesso à riqueza da sociedade, ou, ainda, sobre a própria instauração do Estado e de seu poder para jungir relações e pessoas. Eventuais contestações parciais a um capitalista ou a uma decisão opressora do Estado não conseguem constituir um outro espaço decisório, externo à ideologia dada, mas, sim, apenas um negativo desse mesmo espaço.

É somente essa grande dimensão do poder ligado ao direito que poderá explicar e dar melhores contornos ao fenômeno da decisão jurídica. Quando o jurista quer ser crítico dos problemas jurídicos, em geral denuncia a injustiça de algumas normas, ou aponta para o fato de que há certos juízes, promotores ou delegados que são corruptos, vendendo suas decisões em determinadas causas em favor de pessoas ricas e poderosas. Também criticamente se aponta que alguns advogados procedem de maneira antiética, utilizando seu poder persuasório para mascarar fatos em prol de seus clientes. Tudo isso é uma crítica do direito ou do poder no direito, mas pequena, casualística, pontual.

A grande crítica do poder no direito se revela na própria estrutura da sociedade capitalista. As estruturas de reprodução social organizam os que possuem e os que não possuem e, depois, as instâncias estatais e jurídicas operam na repressão e no julgamento de ricos e pobres. O problema maior que se verifica, pontualmente, na decisão jurídica, não está, em verdade, na influência desproporcional de um capitalista em específico na tessitura de uma lei ou no julgamento de um processo. Está na cisão estrutural da sociedade entre o capital e o trabalho. As mazelas do poder se revelam na sociedade e em suas relações de produção, e apenas depois se desdobram para os problemas gerais e pontuais do direito.

Por isso mesmo, toda tentativa de converter o problema jurídico em questão moral tende a ser uma questão restrita ao âmbito da decisão jurídica, porque, nesse campo, o contingente e o pessoal operam sobremaneira. Ao assim fazer, põe-se em xeque a pessoa, sua decisão ou suas contingências, mas se acaba por resguardar as próprias estruturas sociais e as formas do direito, como se se dissesse que o direito está certo e erradas estão as pessoas. Tal processo não percebe que as mesmas relações sociais perfazem o direito e operam pelas e nas pessoas.

As tentativas de instaurar uma ética das decisões judiciais, um controle moral da atividade jurídica ou um afazer jurídico a partir de princípios jurídicos estão fadadas ao fracasso relativo, tanto porque os princípios manejados pelo jurista são aqueles mesmos da sociabilidade capitalista, quanto porque os casos concretos da tomada de decisão jurídica estão condicionados pela própria estrutura geral da sociedade. A preocupação do jurista com a ética na aplicação do direito aos casos concretos deve vir acompanhada de uma ocupação crítica ainda mais forte em relação à estrutura da sociedade capitalista. Mas essa crítica, em geral, inexiste. Critica-se um operador do direito ou uma determinada aplicação do direito ao caso concreto, mas não a estrutura da sociedade que gera a atividade do jurista e o seu poder específico.

É verdade que a crítica à sociabilidade capitalista só se faz a partir de dentro dessa mesma sociabilidade, enredada por estruturas capitalistas e estatais já dadas, daí sua dificuldade. Mas tal crítica não logra alcance quando intenta ser parcial, pontual. Sua força só é alcançada quando é revolucionária, porque aí não será apenas o negativo desse mesmo espaço, mas se põe à forja de outro, para além desse espaço constituído.

15

DIREITO E JUSTIÇA

A referência à justiça é a mais recorrente legitimação ideológica da atividade jurídica prática e de sua teoria. Do mesmo modo que um religioso lastreia seus mandamentos na moral, o jurista se reporta à justiça de seus atos e suas normas. Nas sociedades contemporâneas, lastreadas no Estado e no direito, por justo se trata, quase sempre, uma expressão retórica de consenso ideológico médio que serve de referência à argumentação prática dos operadores do direito.

O conceito de justiça ao qual se refere ideologicamente o jurista é uma qualidade: a qualidade *justa* de alguma coisa. Quando se diz que uma roupa está ajustada ao corpo daquele que a veste, tal exemplo consegue oferecer o sentido do que vem a ser essa qualidade justa. No caso do direito, dir-se-ia, então, que é justo que tal norma seja aplicada a tal caso concreto, ou, então, que é justo que tenha havido um crime, porque o réu agira sob legítima defesa.

A justiça, assim, não é um dado objetivo, algo concreto ou palpável por si só: o justo é uma relação, uma medida, uma proporção. Essa velha concepção de justiça como *relação* vem dos antigos filósofos, em especial de Aristóteles, que desenvolveu, na sua obra *Ética a Nicômaco*, no livro V, uma sistematização a respeito sobre o justo que marcou as referências de muitos filósofos posteriores, como foi o caso, na filosofia do direito dos medievais, do pensamento de São Tomás de Aquino.

Para Aristóteles, não há nada justo em si e para si. Só é possível aferir a justiça de alguma coisa a partir de alguma relação, na medida de uma referência a uma situação, a uma coisa, a um dado, a uma circunstância. Daí que a justiça não se refere apenas à norma jurídica, mas à pessoa em relação à qual a norma se aplica, à circunstância em que se situa, aos seus atos, às coisas sobre as quais se disputa.

Também a velha tradição dos filósofos do direito, lastreada em Aristóteles, reconhece que a justiça é uma virtude que se exprime numa *ação*. Ser justo é dar a alguém o que é dele. Ser justo é fazer justiça, dar, agir justamente. O justo não é um dado contemplativo, não é um ato de fé, é, sim, uma ação concreta. Além disso, não se trata de ser justo para consigo mesmo. A justiça, nos dizeres aristotélicos, é bem para o outro. A ação justa se faz em referência a um outro, a um terceiro, a alguém que não seja o próprio que dá. É característica do justo, então, sua *alteridade*, a sua referência ao outro.

JUSTIÇA E HISTÓRIA

A referência à justiça é sempre histórica, ideológica, carregada da visão de mundo dos detentores do poder. Perder de vista tal historicidade da justiça é imaginar que haja conceitos etéreos, que pairaram acima da existencialidade humana. Além disso, deve-se fazer uma diferença entre as visões filosóficas sobre a justiça, que são vistas há muito na história do pensamento jurídico, e a própria efetividade do que se considerou por justiça. O justo e o injusto, muito mais do que inventariados no pensamento, devem ser historiados na prática efetiva das relações sociais. O pensamento filosófico pode espelhar o conceito social de justo. Em alguns casos, pode influir sobre as concepções efetivas a esse respeito, e, quase sempre, é influenciado pela realidade.

Em cada um dos grandes modos de produção da história, chamou-se por justiça a sua exata reprodução social. Considera-se justo o que mantém a ordem existente. Os grandes horizontes do escravagismo construíram um conceito de justiça antigo. O feudalismo impunha uma percepção de justiça típica do mundo medieval. As sociedades capitalistas consideram por justo as balizas que garantem sua reprodução. Na antiguidade, a força justificava o mando. O senhor se sustenta pelo domínio bruto, e o seu mando sem peias é considerado justo. Na Idade Média, a conservação da posse e a submissão dos servos são tratados como uma espécie de justo estático, espelho de uma vontade divina. No capitalismo, o cumprimento dos contratos e a manutenção das suas instituições jurídicas correlatas - Estado, direito subjetivo - é o próprio justo moderno.

Nas sociedades pré-capitalistas, a noção de justiça é fortemente influenciada pela própria organização das sociedades escravagistas e feudais. A justiça se referencia na sorte, na interferência divina, porque também o poder de dominação é ocasional, dependente da força bruta, da violência, dos engenhos diretos de exploração social. De fato, nas sociedades antiga e medieval, sem uma estrutura formal e mecânica de exploração, a concepção de justiça está, então, carregada de referências teológicas, típicas da sorte, do acaso, do acidente, das vontades e deliberações divinas.

A justiça da exploração antiga era legitimada pela vontade divina. Dizia Santo Agostinho que a justa ação do servo era a de conformar-se à condição servil, porque assim Deus o quis. Ora, algumas das mais altas aberrações de injustiça da história humana, como a escravidão e a servidão, eram consideradas situações justas porque, teoricamente, essa seria a vontade de Deus.

Essas velhas concepções sobre a justiça, lastreadas no acaso, na oportunidade, na mera deliberação pessoal do dono do poder, ou então reputadas na conta de vontade divina, são deixadas de lado com a estruturação da sociedade capitalista. A modernidade não pode conservar as antigas referências sobre a justiça. O capitalismo não se assenta no acaso, na vontade instituidora da ordem, mas sim numa reprodução contínua de seus padrões. Atomizando seus núcleos reprodutores - lastreando-se no sujeito de direito -, sua noção de justo é uma mecânica universal desses mesmos núcleos. O capitalismo gesta e exponencia o fenômeno da processualização, da formalização e da tecnicização da justiça. Com o capitalismo, o justo e o injusto não se referem mais a situações concretas ou a vontades divinas, mas sim a perspectivas técnicas, normativas. A forma revela o justo.

A estrutura política do capitalismo se funda no monopólio do poder formal e da violência nas mãos do Estado. O lastro estrutural dessa organização política estatal está na própria circulação mercantil, na individualização e atomização dos interesses, na defesa dos contratos e na propriedade privada burguesa. O direito e os seus atributos de justiça não se ligam mais, diretamente, a uma apreciação da justeza das coisas, das pessoas e das situações. No capitalismo, as referências concretas, estruturais, existenciais, históricas e sociais sobre o justo são relegadas a segundo plano. A referência maior da justiça, no capitalismo, é o cumprimento do estabelecido pela própria norma jurídica estatal.

Em sociedades antigas, como as escravagistas, era considerado justo que o poderoso, por ter ganho uma guerra, fizesse do outro seu escravo. Tal justeza da situação era reputada pelo seu heroísmo, ou pela sua força, ou pela ascendência resultante de seu mérito, ou pela natureza das coisas, pelo fato de que alguém sempre mandará em alguém, ou pela vontade divina. Se um escravo mendigasse pão, sua petição não seria tida como um constrangimento à justiça daquela situação. Se era natural que fosse escravo, natural também seria que seu destino fosse tão só e meramente aquele que seu dono lhe quisesse dar. Essa era a injustiça antiga, que se reputava uma forma de justiça.

Mas, nas sociedades capitalistas modernas, também não se trata de dizer, a princípio, que seja injusto que o mendigo não tenha um pão para comer. O jurista procede, no que se refere ao assunto do justo, de uma forma diversa: analisa as normas jurídicas para constatar se há norma que se refira à questão. Caso haja normas que estipulem que o furto de um pão é crime, então esta será a consequência justa a ser imputada caso o mendigo furte um pão de uma padaria. A referência de justiça ou injustiça do jurista não é a situação diretamente analisada. À fome de um ser humano há apenas uma apreciação de justiça de referência indireta, já que a referência primeira sobre o justo é às normas jurídicas.

Trata-se de uma concepção de justiça meramente convencional, técnica e formal. Considera-se justo aquilo que as normas jurídicas estatais determinam, porque se considera justo, no final das contas, o poder do Estado de subordinar as pessoas e o funcionamento contínuo, reiterado e ininterrupto dessa ordem. Ressalta, nessa concepção de justiça, o grande fetiche da legitimação do poder do Estado e do caráter justo da submissão das pessoas aos mandos estatais.

Daí ocorre que a alma do jurista moderno, em geral, é carregada da mais profunda frieza e calculabilidade técnica e formal, e o operador do direito considera essa frieza a expressão mais típica possível do fazer justiça. Para o técnico, o cumprimento das normas do direito já é toda a justiça que o direito pode e deve realizar. A frieza de não se inquietar com a existência do mendigo, mas sim de apenas manejar tecnicamente normas jurídicas estatais, é considerada virtude ao jurista moderno.

Claro está que este não é um processo de legitimação totalmente concorde. Durante toda a evolução do capitalismo, houve tentativas distintas para explicar a legitimidade da justiça estatal. Alguns pensadores, adeptos das teorias do *direito natural*, dirão que as normas estatais são sempre justas porque expressam justas estipulações da natureza, de Deus ou da razão. Mas, ainda que afastando a imediata redução do justo à forma normativa, tais adeptos das teorias do direito natural também acabam por legitimar o Estado, e às vezes de modo pior que os juristas tecnicistas, porque, para os jusnaturalistas, por detrás do Estado estaria a natureza das coisas, Deus ou a razão. Enquanto os juspositivistas consideram que é justo se submeter à estipulação das normas nazistas porque elas, sendo estatais, devem ser cumpridas, alguns tipos de jusnaturalismo, no limite, levariam a pensar que as normas nazistas estariam revestidas de elementos superiores ao mero poder concreto do Estado alemão, emanando uma vontade da razão ou de Deus, devendo ser cumpridas por causa de seu fundamento último.

Na maioria das vezes, fala-se em razão e justiça para confirmar a ordem estatal existente. Mas é importante lembrar que alguns se valem do conceito de direito natural para dizer que há referências de justiça que se levantam *contra* as normas positivadas do Estado. Esse uso do conceito de direito natural é muito raro, e os juristas que assim procedem em geral se referenciam a um direito natural *de combate*. Para eles, é preciso desvendar algo por detrás das normas do Estado, a fim de modificá-las. Se há injustiça estrutural na sociedade, é preciso combatê-la, transformando as relações sociais e inclusive o direito que as sustenta.

Em linhas gerais, o capitalismo torna as referências sobre o justo meramente formais. Afastando a sua aferição e concreção social, é ensinado nas faculdades de direito que as concepções da justiça são relativas, subjetivas, que cada um faz um juízo próprio e distinto a respeito do justo, e daí a necessidade do Estado ser a voz única a verbalizar a apreciação de justiça. O arbítrio e a vontade do Estado seriam preferíveis à livre investigação social sobre o justo.

Justiça, no capitalismo, passa a ser sinônimo apenas de justa aplicação das normas jurídicas estatais. Isso porque a forma normativa estatal é a expressão muito clara e direta das próprias estruturas de reprodução do capital. O capitalismo fragmenta o todo em indivíduos, divide a sociedade em classes, explora o trabalho, garante o acúmulo de capitais nas mãos de alguns, e as normas jurídicas, que estruturam política e juridicamente a tudo isso, também legitimam todas essas situações. A exploração de classes, filtrada pelo direito, passa a ser considerada justa. Como o controle social, a dominação política e a exploração econômica de classes estão no direito, que é uma das engrenagens que os garantem, tudo isso é considerado justo, porque tudo isso é jurídico.

O DIREITO É DISSOCIADO DA JUSTIÇA

É preciso claramente dissociar o fenômeno jurídico da qualificação de justo. Se no ângulo de sua legitimação são tratados como sinônimos, na efetiva concretude social são coisas distintas, e, nas sociedades capitalistas, são tornadas praticamente opostas uma a outra.

O problema do justo quase sempre é reduzido a horizontes muito pequeno de apreciação. As inquietações do jurista médio só falam de assuntos sem relevância estrutural. Seu impulso crítico contra as injustiças alcança esferas pontuais, ou, quando gerais, ainda assim no limite de sua atividade quotidiana. O advogado se indaga sobre se é justo que o seu cliente pague pelo que não fez. O juiz se indaga se é justo condenar um homem à prisão. São angústias amargas de juristas, mas são angústias restritas a fenômenos parciais do todo da verdade social do direito.

Como os contratos são considerados fenômenos arraigados, naturais do capitalismo, o juiz quase nunca se indaga se é de fato justo conceder a alguém o direito à execução de um contrato qualquer. Mas, muitas vezes, o juiz tem pruridos ao condenar alguém à prisão e lhe tirar a liberdade. A prisão até já lhe parece desumana, mas o contrato lhe parece natural. Peculiarmente, o fenômeno que gera a angustiada reflexão sobre o dom de condenar alguém à prisão é o mesmo que não gerou nenhuma reflexão no caso da execução de um contrato: trata-se do *poder*, que se manifesta nas situações mais graves, mas também nas mais corriqueiras. Condenar alguém à prisão e executar um contrato são duas faces do mesmo fenômeno, ainda que a moral média faça grande drama da condenação e quase nada do contrato, embora seja este que instrumentaliza o ter e o poder de alguns e o não ter e a submissão da maioria. O fato de que haja um aparato institucional de poder que dá ao juiz o condão de julgar e condenar deve ser a grande reflexão, não só aquela pequena reflexão angustiada sobre o mérito de um julgamento específico.

Pode-se perceber que o tema do justo é bastante dissociado de sua real fonte social. O jurista não se indaga a respeito das causas sociais profundas do fenômeno jurídico. Ele para em algum ponto menor dessa grande estrutura de poder. O jurista mais acurado chega a criticar o poder excessivo que se dá a um juiz de tribunal em face de um juiz de primeira instância. Outro chega a criticar o fato de um juiz ser muito jovem e sem experiência profissional. Mas quase nenhum chega a criticar a própria existência dos juízes, que é a própria existência do Estado.

Da mesma maneira, critica-se o furto, mas não a sociedade que se estruturou na base da propriedade privada, isto é, na base de que as coisas são de alguns e não de todo o resto. Critica-se a fome do mendigo, mas não o fato de que a terra tem proprietários e o fruto da terra não é de quem nela trabalha nem de quem precisa dele para comer e sobreviver, mas sim do proprietário formal da terra. O jurista médio se incomoda um pouco, mas evita criticar mais profundamente o direito. Evita enxergar longe, e por isso desconhece, na profundidade, o objeto com o qual trabalha.

O direito é dissociado do justo porque o fenômeno jurídico é um fenômeno histórico específico, haurido de determinadas relações sociais de exploração. Suas razões são devidas a específicas relações e estruturas sociais, e não a apreciações do justo. Desde que não se tome o justo como o espelho imediato dessas mesmas relações – o que a maioria o faz –, o direito é dissociado de uma apreciação real do justo. Dado o fato de que a sociedade que gera o direito é estruturalmente cindida, explorada, dominada – portanto é estruturalmente injusta, a partir de uma apreciação direta das próprias relações sociais –, o direito, que é um fenômeno decorrente dessa sociedade, é também injusto. Se o jurista chama a manutenção jurídica das injustiças sociais por justiça, isso se deve ou à má-fé ou à mais profunda alienação do profissional do direito, que é decorrente da própria reprodução ideológica que o perpassa. A sociedade vive em exploração, a maior parte do mundo sofre a injustiça e a crueza da vida. A fome, a dor, a miséria, a falta de cuidados, a repressão, a segregação, a humilhação, a desigualdade, tudo isso é a característica padrão da maior parte da humanidade até hoje. Chamar a isso de sociedade justa é zombaria.

O DIREITO NÃO É DISSOCIADO DA JUSTIÇA

É até possível que o jurista tecnicista também chegue à constatação de que a sociedade é injusta, e o direito corresponde a um dos elos dessa grande cadeia de explorações. Mas, para muitos juristas então, o direito não versaria sobre a justiça ou a injustiça das coisas, mas, sim, sobre as normas estatais, meramente sobre elas. Daí que se o mundo é injusto e o direito também, isso não é um problema do jurista, que só cuida do fenômeno jurídico enquanto técnico-normativo.

Hoje, no século XXI, é essa a visão que mais vem angariando adeptos no meio do direito: o mundo é injusto, ninguém o nega, mas o direito nada tem a ver com isso. Os juspositivistas falam: seria muito difícil determinar o que é justo; seria questão ideológica tocar no assunto; trata-se de um problema político. Aos técnicos, não se reservaria outra coisa a não ser cumprir leis. A justiça não seria ocupação para o jurista.

Trata-se justamente do contrário. A preocupação sobre o justo e o injusto deve ser a mais alta preocupação do jurista. Aquele que disser que não quer trabalhar com os problemas da justiça porque essa é uma questão ideológica, automaticamente já escolheu um lado e tomou partido, ideologicamente, da questão. Sua omissão é uma posição ideológica: quem nada faz pela justiça do mundo não é um técnico neutro; pelo contrário, é um omisso que legitima a injustiça pelas suas mãos lavadas. Quem se nega a fazer juízo de valor sobre a sociedade existente, querendo ser apenas um técnico jurídico, já fez o juízo de valor de apoiar e legitimar esse atual estado de coisas. Portanto não é nem neutro nem técnico. É, deliberadamente, conservador, e lhe agrada o podre cheiro das injustiças sociais presentes.

Aquele que não quiser se debruçar sobre as injustiças do mundo não está procedendo a uma opção técnica, imparcial, impessoal. Pelo contrário, está junto com a maioria que, alienada, renunciou a pensar e a ser crítica. Tal maioria, que está na alienação, já adotou uma opção política, embora muitas vezes nem o saiba: a opção de manter as coisas como estão.

O padrão de conservadorismo ideológico do jurista é reflexo de sua posição estrutural na reprodução da sociedade capitalista e da ideologia de classe que o atravessa. Homem de classe média, prestando serviço ao poder econômico, pretensamente mais letrado que o povo, o jurista é espelho das classes conservadoras. Seus valores de ordem, sua preferência pela legalidade em face da transformação social, seu gosto pela hierarquia das competências, seu apreço pela razão técnica e seu desapreço pelas reflexões e indagações profundas das ciências humanas revelam a sua posição de classe. O horizonte do jurista médio é o horizonte das classes imediatamente adjacentes ao poder do capital.

Mas os juristas críticos não hão de se conformar e se resignar a esse tipo de reprodução social injusta. O direito não é apenas um aparato de técnica normativa. Por ele se relaciona, sim, a apreciação ideológica da justiça e da injustiça. Se até hoje a legitimação do direito vem sendo feita com o argumento de que o direito é necessário à ordem, à estabilidade social, à segurança das relações e é necessário para que a vida social seja justa, então não se há de renunciar à investigação sobre se, de fato, a ordem proposta pelo direito é a única ou a melhor, ou se o direito torna a sociedade segura – a reprodução do domínio de poucos é uma constante insegurança – ou se o poder, a dominação e a exploração do Estado e do direito são necessárias – há quem aposte que a liberdade seja melhor que a dominação.

Muitos dirão que certos fenômenos sociais são apenas indiretamente ligados ao direito, e que a apreciação ideológica do justo e do injusto escapa ao fenômeno jurídico. Quando um mendigo pede esmolas nas ruas e nós consideramos essa situação como sendo injusta, essa questão seria apenas mediatamente jurídica, porque não se trata de um fato que se relacione diretamente às normas do direito. Mas isso se deve à mentalidade reducionista que há muito é típica do juspositivismo.

Os assuntos justos ou injustos – ainda que de início não importe qual o critério de apreciação dessa justiça – são assuntos que se reforçam como jurídicos. O direito reforça a construção ideológica do justo. Deve também, então, ser reinvestido da crítica a essa mesma ideologia. Ao dizer que a existência do mendigo exprime uma sociedade injusta, esta é uma preocupação que perpassa o fenômeno jurídico, ainda que seja para se constatar que o direito nada fala sobre as injustiças sociais, e, portanto, é altamente omisso quanto ao tema. Mas constatar a omissão do direito é também um tema jurídico.

Para as pessoas conservadoras, há um horror em considerar que as avaliações sobre o justo e o injusto sejam temas jurídicos. Mas o são, porque a ideologia do justo se sustenta no direito, e, daí, a via reversa de crítica há de perpassar a ambos. As preocupações críticas avançam até mesmo naqueles terrenos onde nem as normas, nem o Estado, nem as instituições, a princípio, tenham algo a dizer. Não se trata de fixar previamente o que se entende por justo ou injusto. Mas a simples arguição da injustiça de uma situação já reclama uma questão que é também jurídica. O fenômeno jurídico não é e não pode ser estranho às múltiplas opiniões e avaliações sobre o justo e o injusto.

O reducionismo do juspositivismo fez crer que o direito se limitaria apenas às normas estatais. Por isso não se tem compreendido a necessidade – profunda e crítica – de entender o direito nas grandes contradições sociais. Para a ideologia moderna do fenômeno jurídico, capitalista, o direito é técnico e formal, e, portanto, não se ocupa das situações, fatos, distribuições e ações justos ou injustos. O fenômeno jurídico pré-capitalista, em alguma parte, deles se ocupava, mas então quase sempre para legitimar o poder bruto. No futuro, numa sociedade pós-capitalista, livre das explorações de classe e de suas amarras institucionais, numa sociedade não mais cindida, também se poderá voltar a tratar das questões justas e injustas diretamente, sem o conforto alienante de se limitar ao formal jurídico.

Onde haja fome, miséria e dor, ali fala o direito, que sustenta tais situações. Mas a ideologia do direito técnico faz entender que ali não fala. Ou ali o direito é omisso, ou fala e legitima, por meio de suas normas, esse estado de coisas. Mas, falem ou não falem as normas do direito, a posição crítica do jurista é mais alta que o próprio afirmar juspositivista do direito. A crítica ao direito deve mergulhar no todo social. O grande jurista, aquele que se destaca na multidão informe dos profissionais do direito, é aquele que se ocupa do mundo injusto, buscando torná-lo justo, transformando-o. Para isso, insere-se no todo das contradições sociais, constituindo seu posicionamento e sua prática ao lado dos movimentos políticos e sociais de luta e transformação.

Como as injustiças do mundo são pontuais, mas, principalmente, estruturais, o jurista há de se ocupar das pequenas injustiças, no seu labor imediato, mas, principalmente, das grandes injustiças sociais, no seu labor profundo político e social. O jurista crítico, consciente, avançado e destacado, não é o elemento da reprodução da injustiça presente. O justo é o novo. Não se dando no presente, o justo exsurge de luta, revolução, transformação. Apontando para o futuro, o justo se constrói com o perecimento dos sistemas da dominação presente, da exploração e da injustiça de nosso tempo, a fim de instaurar novo tempo, que seja estruturalmente mais justo, mais socialista e mais fraterno.

DAS ESPERANÇAS DO JURISTA

Para entender o fenômeno com o qual trabalha, o jurista é aquele que olha para o hoje com os olhos no ontem, mas também deve ser aquele que olha ao hoje com os olhos no amanhã. De fato, o direito moderno capitalista só consegue ser entendido quando o comparamos com o passado, com as formas de direito pré-capitalistas. O passado era artesanal, dependente das variações e fragilidades do poder escravagista ou feudal. No presente, o direito é técnico, frio, impessoal, calculista.

Mas o jurista também só consegue entender o hoje se tiver o olhar voltado ao amanhã. As profissões do jurista não são contemplativas: o advogado quer que a demanda de seu cliente seja ganha e as coisas sejam então colocadas no seu devido lugar. O juiz compreende um caso para lhe dar uma futura decisão. O agir do jurista, ainda que brigue hoje pelos fatos de ontem, espera sempre algo no amanhã.

Todo jurista olha para o amanhã porque espera, na sua atividade, uma decisão que lhe seja a melhor ou a mais favorável. Mas os grandes juristas, aqueles que transcendem os afazeres do dia a dia nos fóruns, são aqueles que têm os olhos voltados ao amanhã observando também os mais altos horizontes da justiça: se o mundo capitalista é estruturalmente injusto, é preciso transformá-lo estruturalmente, e, no lugar de seus escombros, construir então uma sociedade justa.

Daí, então, o posicionamento crítico do jurista é o seu mergulho no todo social. As contradições do mundo passam pela sua formalização jurídica, mas são maiores que o direito. As lutas políticas e sociais de transformação é que tornam um jurista um homem crítico e pleno, não por conta seu afazer de jurista crítico, mas pela sua luta estrutural travada no conjunto dos explorados.

Tal é a diferença entre um jurista tacanho e um jurista aguerrido e honorável: a consciência política do seu papel, que se traduz na compreensão científica da sociedade, no entendimento profundo das causas das grandes injustiças do mundo, na denúncia violenta dessas estruturas de exploração, poder e dominação, e na ação coletiva, política e social plena - essa arte inspirada e iluminada - da transformação das estruturas sociais.

O jurista médio, frio e tecnicista, só tem olhos às normas jurídicas estatais. O grande jurista tem olhos voltados à esperança de um mundo justo.

BIBLIOGRAFIA

A bibliografia de Introdução ao Estudo do Direito e de Teoria Geral do Direito é ampla no exterior e no Brasil. Abaixo segue a indicação de algumas obras de referência sobre a temática ou no seu entorno, em língua portuguesa, para finalidades didáticas dos estudantes e pesquisadores da área jurídica.

ADEODATO, João Maurício. *Uma teoria retórica da norma jurídica e do direito subjetivo.* São Paulo: Noeses, 2011.

AGUILLAR, Fernando Herren. *Metodologia da ciência do direito*. São Paulo: Atlas, 2009.

AKAMINE JR., Oswaldo. *A teoria pura do direito e o marxismo*. São Paulo: Lado Esquerdo, 2017.

ALEXY, Robert. *O conceito e a natureza do direito*. São Paulo: Marcial Pons, 2013.

ALEXY, Robert. *Teoria da argumentação jurídica*. Rio de Janeiro: Forense, 2013.

ALTHUSSER, Louis. *Aparelhos ideológicos de Estado*. Rio de Janeiro: Graal, 2001.

ALVES, Alaôr Caffé. *Dialética e direito. Linguagem, sentido e realidade*. Barueri: Manole, 2010.

ASCENSÃO, José de Oliveira. *O direito: introdução e teoria geral*. Rio de Janeiro: Renovar, 2001.

ÁVILA, Humberto. *Teoria dos princípios*. São Paulo: Malheiros, 2010.

BASTOS, Aurélio Wander. *Introdução à teoria do direito*. Rio de Janeiro: Lumen Juris, 1999.

BATISTA, Paula; RAMALHO, Barão de. *Hermenêutica jurídica: compêndio de hermenêutica jurídica; cinco lições de hermenêutica jurídica*. São Paulo: Saraiva, 1984.

BITTAR, Eduardo Carlos Bianca. *Introdução ao estudo do direito: humanismo, democracia e justiça*. São Paulo: Saraiva, 2019.

BITTAR, Eduardo Carlos Bianca. *Linguagem jurídica*. São Paulo: Saraiva, 2008.

BOBBIO, Norberto. *O positivismo jurídico*. São Paulo: Ícone, 1995.

BOBBIO, Norberto. *Teoria geral do direito*. São Paulo: Martins Fontes, 2010.

CALDAS, Camilo Onoda. *A teoria da derivação do Estado e do Direito*. São Paulo: Contracorrente, 2021.

CALDAS, Camilo Onoda. *Teoria Geral do Estado*. São Paulo: Ideias & Letras, 2018.

CALDAS, Camilo Onoda; MERINO, Lucyla; ALMEIDA, Silvio Luiz; BARBOSA JR, Silvio. *Manual de metodologia do direito: ensino e pesquisa*. São Paulo: Quartier Latin, 2010.

CAMPILONGO, Celso Fernandes. *O direito na sociedade complexa*. São Paulo: Max Limonad, 2001.

CAMPILONGO, Celso Fernandes. *Política, sistema jurídico e decisão judicial*. São Paulo: Max Limonad, 2002.

CANARIS, Claus-Wilhelm. *Pensamento sistemático e conceito de sistema na ciência do direito*. Lisboa: Fundação Calouste Gulbenkian, 2008.

CARVALHO, Paulo de Barros. *Direito tributário, linguagem e método*. São Paulo: Noeses, 2009.

CARVALHO, Paulo de Barros. *Teoria da norma tributária*. São Paulo: Quartier Latin, 2009.

CASTRO, Marcus Faro. *Formas jurídicas e mudança social: interações entre o direito, a filosofia, a política e a economia*. São Paulo: Saraiva, 2012.

CHIASSONI, Pierluigi. *O enfoque analítico na filosofia do direito: de Bentham a Kelsen*. São Paulo: Contracorrente, 2017.

COELHO, Luiz Fernando. *Aulas de introdução ao direito*. São Paulo: Manole, 2004.

COELHO, Luiz Fernando. *Teoria crítica do direito*. Belo Horizonte: Del Rey, 2002.

DIMOULIS, Dimitri. *Manual de introdução ao estudo do direito*. São Paulo: Revista dos Tribunais, 2010.

DIMOULIS, Dimitri. *Positivismo jurídico: introdução a uma teoria do direito e defesa do pragmatismo jurídico-político*. São Paulo: Método, 2006.

DINIZ, Maria Helena. *Compêndio de introdução à ciência do direito*. São Paulo: Saraiva, 2010.

ENGISCH, Karl. *Introdução ao pensamento jurídico*. Lisboa: Fundação Calouste Gulbenkian, 2008.

FERRAZ JR., Tercio Sampaio. *A ciência do direito*. São Paulo: Atlas, 2010.

FERRAZ JR., Tercio Sampaio. *Direito, retórica e comunicação*. São Paulo: Saraiva, 1997.

FERRAZ JR., Tercio Sampaio. *Introdução ao estudo do direito*. São Paulo: Atlas, 2018.

FERRAZ JR., Tercio Sampaio. *Teoria da norma jurídica*. Rio de Janeiro: Forense, 2006.

FOUCAULT, Michel. *A verdade e as formas jurídicas*. Rio de Janeiro: PUC-RJ/NAU, 2002.

FOUCAULT, Michel. *Microfísica do poder*. Rio de Janeiro: Graal, 2008.

FRANÇA, Rubens Limongi. *Hermenêutica jurídica*. São Paulo: Revista dos Tribunais, 2010.

GADAMER, Hans-Georg. *Verdade e método*. Petrópolis: Vozes, 2008.

GENRO, Luciana. *O novo sempre vem: estudos sobre política, economia e direito*. São Paulo: Quartier Latin, 2019.

GONÇALVES, Guilherme Leite. *Direito entre certeza e incerteza: horizontes críticos para a teoria dos sistemas*. São Paulo: Saraiva, 2013.

GRAU, Eros Roberto. *O direito posto e o direito pressuposto*. São Paulo: Malheiros, 2008.

GRILLO, Marcelo Gomes Franco. *Direito processual e capitalismo*. São Paulo: Outras Expressões, 2017.

GROSSI, Paolo. *Primeira lição sobre direito*. Rio de Janeiro: Forense, 2006.

GUASTINI, Riccardo. *Das fontes às normas*. São Paulo: Quartier Latin, 2005.

GUERRA FILHO, Willis Santiago. *Teoria da ciência jurídica*. São Paulo: Saraiva, 2009.

HART, Herbert. *O conceito de direito*. São Paulo: Martins Fontes, 2009.

HERRERA, Carlos Miguel. *A política dos juristas*. São Paulo: Alameda, 2012.

HIRSCH, Joachim. *Teoria materialista do Estado*. Rio de Janeiro: Revan, 2010.

HOSHIKA, Thais. *Pachukanis e a forma jurídica*: contribuição à crítica da teoria geral do direito. São Paulo: LavraPalavra, 2022.

KASHIURA JR., Celso Naoto. *Crítica da igualdade jurídica*. São Paulo: Quartier Latin, 2009.

KASHIURA JR., Celso Naoto. *Sujeito de direito e capitalismo*. São Paulo: Outras expressões, 2014.

KELSEN, Hans. *Teoria geral das normas*. Porto Alegre: Sérgio Fabris, 1986.

KELSEN, Hans. *Teoria geral do direito e do Estado*. São Paulo: Martins Fontes, 2005.

KELSEN, Hans. *Teoria pura do direito*. São Paulo: Martins Fontes, 2009.

LARENZ, Karl. *Metodologia da ciência do direito*. Lisboa: Fundação Calouste Gulbenkian, 2009.

LEGRAND, Pierre. *Como ler o direito estrangeiro*. São Paulo: Contracorrente, 2018.

LYRA FILHO, Roberto. *O que é direito*. São Paulo: Brasiliense, 2000.

LOSANO, Mario. *Sistema e estrutura no direito*. São Paulo: Martins Fontes, 2008.

MACEDO JUNIOR, Ronaldo; BARBIERI, Catarina H. C. (Org.). *Direito e interpretação: racionalidade e instituições*. São Paulo: Saraiva, 2011.

MACHADO SEGUNDO, Hugo de Brito. *Fundamentos do direito*. São Paulo: Atlas, 2010.

MAGALHÃES, Juliana Paula. *Crítica à subjetividade jurídica*: reflexões a partir de Michel Villey. São Paulo: Contracorrente, 2022.

MAMAN, Jeannette Antonios. *Fenomenologia existencial do direito*. São Paulo: Quartier Latin, 2003.

MAMEDE, Gladston. *Semiologia do direito*. São Paulo: Atlas, 2009.

MARANHÃO, Juliano. *Estudos sobre lógica e direito*. São Paulo: Marcial Pons, 2013.

MARANHÃO, Juliano. *Positivismo jurídico lógico-inclusivo*. São Paulo: Marcial Pons, 2012.

MARX, Karl. *O Capital*. Livro I. São Paulo: Boitempo, 2013.

MASCARO, Alex Antonio. *Segurança jurídica e coisa julgada*: sobre cidadania e processo. São Paulo: Quartier Latin, 2010.

MASCARO, Alysson Leandro. *Crítica da legalidade e do direito brasileiro*. São Paulo: Quartier Latin, 2019.

MASCARO, Alysson Leandro. *Crítica do fascismo*. São Paulo: Boitempo, 2022.

MASCARO, Alysson Leandro. *Estado e forma política*. São Paulo: Boitempo, 2013.

MASCARO, Alysson Leandro. *Filosofia do direito*. São Paulo: Atlas, 2019.

MASCARO, Alysson Leandro. *Sociologia do direito*. São Paulo: Atlas, 2022.

MAXIMILIANO, Carlos. *Hermenêutica e aplicação do direito*. Rio de Janeiro: Forense, 2017.

MIAILLE, Michel. *Introdução crítica ao direito*. Lisboa: Estampa, 2005.

MONTORO, André Franco. *Introdução à ciência do direito*. São Paulo: Revista dos Tribunais, 2009.

NAVES, Márcio Bilharinho. *A questão do direito em Marx*. São Paulo: Outras expressões, 2014.

NAVES, Márcio Bilharinho. *Marx, ciência e revolução*. São Paulo: Quartier Latin, 2008.

NAVES, Márcio Bilharinho. *Marxismo e direito*. São Paulo: Boitempo, 2000.

NAVES, Márcio Bilharinho (Org.). *O discreto charme do direito burguês*: ensaios sobre Pachukanis. Campinas: IFCH/Unicamp, 2009.

NAVES, Márcio Bilharinho (Org.). *Presença de Althusser*. Campinas: IFCH/Unicamp, 2010.

NINO, Carlos Santiago. *Introdução à análise do direito*. São Paulo: Martins Fontes, 2010.

OLIVEIRA, Marcos Alcyr Brito de. *Sujeito de direito e marxismo: da crítica humanista à crítica anti-humanista*. São Paulo: Alfa-Ômega, 2017.

ORLANDI, Eni P. *Interpretação: autoria, leitura e efeitos do trabalho teórico*. Campinas: Pontes, 2012.

PACHUKANIS, Evguiéni. *Teoria geral do direito e marxismo*. São Paulo: Boitempo, 2017.

PÊCHEUX, Michel. *O discurso: estrutura ou acontecimento*. Campinas: Pontes, 2008.

PEREIRA, Aloysio Ferraz. *O direito como ciência*. São Paulo: Revista dos Tribunais, 1980.

PERELMAN, Chaïm; TYTECA, Lucie. *Tratado da argumentação*. São Paulo: Martins Fontes, 2005.

POULANTZAS, Nicos. *O Estado, o poder, o socialismo*. Rio de Janeiro: Graal, 2000.

PUGLIESI, Marcio. *Teoria do direito*. São Paulo: Saraiva, 2009.

RÁO, Vicente. *O direito e a vida dos direitos*. São Paulo: Revista dos Tribunais, 2005.

RAZ, Joseph; ALEXY, Robert; BULYGIN, Eugenio. *Uma discussão sobre a teoria do direito*. São Paulo: Marcial Pons, 2012.

REALE, Miguel. *Fontes e modelos do direito*. São Paulo: Saraiva, 1999.

REALE, Miguel. *Lições preliminares de direito*. São Paulo: Saraiva, 2009.

ROBLES, Gregorio. *O direito como texto*. Barueri: Manole, 2004.

ROCHA, Leonel Severo *et alii*. *Introdução à teoria do sistema autopoiético do direito*. Porto Alegre: Livraria do Advogado, 2005.

RODRIGUEZ, Caio Farah. *Juízo e imaginação: da indeterminação jurídica à inovação institucional*. São Paulo: Malheiros, 2016.

ROSS, Alf. *Direito e justiça*. São Paulo: Edipro, 2007.

ROTHENBURG, Walter Claudius. *Princípios constitucionais*. Porto Alegre: Sergio Fabris, 2003.

SCHMITT, Carl. *O guardião da constituição*. Belo Horizonte: Del Rey, 2006.

SERBENA, Cesar Antonio (org.). *Teoria da derrotabilidade: pressupostos teóricos e aplicações*. Curitiba, Juruá, 2012.

SERBENA, Cesar Antonio. *Teologia política*. Belo Horizonte: Del Rey, 2006.

SGARBI, Adrian. *Clássicos de teoria do direito*. Rio de Janeiro: Lumen Juris, 2009.

SGARBI, Adrian. O mundo de Kelsen. São Paulo: Marcial Pons, 2019.

SHECAIRA, Fábio P.; STRUCHINER, Noel. *Teoria da argumentação jurídica*. Rio de Janeiro: PUC-Rio e Contraponto, 2016.

SOLON, Ari Marcelo. *Dever jurídico e teoria realista do direito*. Porto Alegre: Sergio Fabris, 2000.

SOLON, Ari Marcelo. *Hermenêutica jurídica radical*. São Paulo: Marcial Pons, 2017.

SOLON, Ari Marcelo. *Os caminhos da filosofia e da ciência do direito: conexão alemã no devir da justiça*. Curitiba: Prismas, 2015.

SOLON, Ari Marcelo. *Teoria da soberania como problema da norma jurídica e da decisão*. Porto Alegre: Sergio Fabris, 1997.

SOUSA JUNIOR, José Geraldo de. *Para uma crítica da eficácia do direito*. Porto Alegre: Sergio Fabris, 1984.

SOUZA, Luiz Sergio Fernandes de. *O papel da ideologia no preenchimento das lacunas no direito*. São Paulo: Revista dos Tribunais, 2005.

STRECK, Lenio Luiz. *Hermenêutica jurídica e(m) crise*. Porto Alegre: Livraria do Advogado, 2008.

STUTCHKA. *Direito de classe e revolução socialista*. São Paulo: Instituto Sundermann, 2009.

SUDATTI, Ariani. *Raciocínio jurídico e nova retórica*. São Paulo: Quartier Latin, 2003.

TELLES JÚNIOR, Goffredo. *Iniciação na ciência do direito*. São Paulo: Saraiva, 2008.

TEUBNER, Gunther. *O direito como sistema autopoiético*. Lisboa: Fundação Calouste Gulbenkian, 1989.

TIGAR, Michael; LEVY, Madeleine. *O direito e a ascensão do capitalismo*. Rio de Janeiro: Zahar, 1978.

VASCONCELOS, Arnaldo. *Teoria da norma jurídica*. São Paulo: Malheiros, 2006.

VASCONCELOS, Arnaldo. *Teoria pura do direito*: repasse crítico de seus principais fundamentos. Rio de Janeiro: GZ, 2010.

VENOSA, Silvio de Salvo. *Introdução ao estudo do direito*. São Paulo: Atlas, 2010.

VILANOVA, Lourival. *Estruturas lógicas e o sistema de direito positivo*. São Paulo: Noeses, 2010.

VILLAS BOAS FILHO, Orlando; GONÇALVES, Guilherme Leite. *Teoria dos sistemas sociais: direito e sociedade na obra de Niklas Luhmann*. São Paulo: Saraiva, 2013.

VILEY, Michel. *A formação do pensamento jurídico moderno*. São Paulo: Martins Fontes, 2009.

WARAT, Luis Alberto. *O direito e sua linguagem*. Porto Alegre: Sergio Fabris, 1995.

WEYNE, Gastão. *A integração do direito com as ciências naturais*. São Paulo: Scortecci, 2006.

WOLKMER, Antonio Carlos. *Introdução ao pensamento jurídico crítico*. São Paulo: Saraiva, 2009.